哥本哈根的守夜人

——克尔凯郭尔短暂的一生

[美]沃尔特·劳瑞　著

刘邦春　田王晋健　主译

刘宇英　巩欣妍　彭也　副主译

上海社会科学院出版社
SHANGHAI ACADEMY OF SOCIAL SCIENCES PRESS

图书在版编目(CIP)数据

哥本哈根的守夜人：克尔凯郭尔短暂的一生 /（美）沃尔特·劳瑞著；刘邦春，田王晋健主译 . — 上海：上海社会科学院出版社，2023
ISBN 978 - 7 - 5520 - 3935 - 1

Ⅰ.①哥…　Ⅱ.①沃… ②刘… ③田…　Ⅲ.①克尔凯郭尔（Kierkegaard，Soeren 1813 - 1855）—传记　Ⅳ.①B534

中国版本图书馆 CIP 数据核字(2022)第 141198 号

哥本哈根的守夜人
——克尔凯郭尔短暂的一生

著　　者：[美]沃尔特·劳瑞
主　　译：刘邦春　田王晋健
责任编辑：赵秋蕙
封面设计：黄婧昉
策　　划：哥本哈根的守夜人工作室
出版发行：上海社会科学院出版社
　　　　　上海顺昌路 622 号　邮编 200025
　　　　　电话总机 021 - 63315947　销售热线 021 - 53063735
　　　　　http://www.sassp.cn　E-mail：sassp@sassp.cn
排　　版：南京展望文化发展有限公司
印　　刷：上海展强印刷有限公司
开　　本：889 毫米×1194 毫米　1/32
印　　张：8.625
插　　页：4
字　　数：230 千
版　　次：2023 年 1 月第 1 版　2023 年 1 月第 1 次印刷

ISBN 978 - 7 - 5520 - 3935 - 1/B·322　　　定价：58.00 元

致普林斯顿神学院院长

神学博士约翰·A.麦凯

无论在苏格兰还是美洲大陆

无论在成为美国人之前还是之后

他都是一位克尔凯郭尔研究者

谨以本书深情地献给他

目　　录

译　者　序

一、我与克尔凯郭尔的邂逅

第一次接触克尔凯郭尔是 20 岁的时候，那时我同时在读大四和研一（根据湘潭大学当时的政策，如果学生在大一和大二期间的成绩总绩点达到 3.0 以上，可以选择在大三考研，但是只能报考湘潭大学本校的专业。我备考 71 天成功地考上了研，成了湘潭大学 2006 级研究生中最小的学生之一）。从进入大学起，我就经常去图书馆借书，最常去的是一楼的社科哲学厅和五楼的文学厅，一楼的那个大厅大概是由于楼层较低，弥漫着一股陈腐的书香，五楼的大厅则是明朗的。我平均一年要从其中借书一百册左右，自己的借书卡册数不够，有时就用一个经常泡网吧的室友的借书卡。每一次借到后就拿到自习室或宿舍去阅读。

湘潭大学图书馆的馆藏相当丰富，自然收录了一些与克尔凯郭尔有关的书籍。我经常去图书馆找书，穿梭在一排排的书架中，在进入大学的第四年，我终于在一楼社科哲学厅的一根柱子旁遇见了克尔凯郭尔的《一个诱惑者的日记》。书的封面破破烂烂的，纸张也严重泛黄，但是我觉得书名很有趣，简单地翻了几下便决定借出来。从此我开始接触这位丹麦哲学家，并且冥冥中感到自己和对方气质相似，是一类人：诗人。我认为这是读懂克尔凯郭尔的一个重要条件，过于理性的人，往往会对克尔凯郭尔的极度感性产生反感，总是以局外人的姿态读他。

我当时的确自诩为诗人。有一次在旁听外语系的课程时，我了解到聂鲁达的《二十首情诗与绝望的歌》，就找来读，从此对诗歌产生了浓厚的兴趣，从图书馆借的书有很大一部分变成了诗集。我好像突然获得了写诗的能力，想要与那些诗坛大师们一较高下。我写自己所能观察到的一切微观事物，也写自己的情感世界，我当时从来没有谈过恋爱，但是我可以将暗恋写成一首首情诗。之后我顺理成章地加入了湘潭大学历史悠久的旋梯诗社，和趣味相投的同学们混在一起；我在校内的报刊上发表自己的诗作，成为校内小有名气的诗人；在研三的时候，凭借十几首别人无法理解的诗歌，我夺得了文学与新闻学院主办的研究生征文比赛唯一的一等奖。

拥有细腻的情感，并且有能力用诗句将其描绘出来，似乎成为我的一种资本和优势。但是我发现一个悖论，多变的情绪背后却是抑郁和阴暗的底色，就好像诗经中的《蒹葭》是一首很美的诗，但是这首诗却注定是因为求之不得的苦闷而诞生。我的诗写得越来越多，也越来越好，但是我读着自己的诗，一遍遍地品味其中的意境之时，我的心却好像在滴血，而且伤口越来越深。不知从何时起，大概是诗兴大发三四年之后，我决定再也不写诗了，每当心中有情绪浮动，并且这种情绪就要幻化成文字、变成一首诗歌之时，我就劝告自己：不要再写了。然而真正界定一个诗人的，不是他写或者不写下文字，而是，他是否是一个情绪化的、容易被情绪掌控的人。我的本质并没有因为不写而改变，但是决定不再写诗以后，我的情绪变得稳定和正面一些了。我不再将写诗和品味其中的文字当成一种快乐，相反，我持保留态度、我退避三舍、我一朝被蛇咬十年怕井绳。去年，我将那段时期的诗作结集出版，书名为《铜牛中的歌唱》（四川民族出版社，2021 年），借用了克尔凯郭尔《或此或彼》开头关于铜牛酷刑的典故。

二、学术之路

我硕士论文的题目是《论克尔凯郭尔的诗意生存》，当时参考的中外文材料十分有限，但是我能比较清楚地看出在克尔凯郭尔的著作中，诗人居于一个重要位置，他描摹出了一种诗意生存。在这样的生存中，诗意就是统治者和宪法。我表达出了一些初步的观点，但是没有深入地探讨下去。硕士毕业以后的几年，我的工作断断续续，待遇很低，我也不想浪费一生的时间在一些没有意义的事情上。我想自己内向的性格更适合学术方面的职业生涯（丹麦有一位克尔凯郭尔研究者伊尔斯·桑德在《高敏感是种天赋》中认为，用"高敏感"来形容内向的人更为恰当）。坚持几次考博后，我终于考上了四川大学文学与新闻学院的博士，师从曾经翻译过《或此或彼》的阎嘉教授，继续从事克尔凯郭尔方面的研究。因为专业是文艺学，所以博士毕业论文的选题要与文学、美学挂钩，最终选定的选题是《克尔凯郭尔与审美现代性》（将在 2022 年拓展成《西方生命美学研究》作为专著出版，增加了对尼采的讨论）。

　　我出生在一个普通的家庭，家乡又是一个资讯闭塞、教育较落后的五线城市，我能读到博士阶段很不容易，也从来没有出国的想法，30 岁以前甚至都没坐过飞机。但是博士一入学，阎嘉教授就经常在课堂上鼓励学生们争取公派出国的机会，到外面的世界去看看，国际经历和国际视野对于未来的学术道路很有帮助。别的同学都有各种家庭的、工作的事情缠身，只有我决定申请出国。我申请的单位是丹麦哥本哈根大学克尔凯郭尔研究中心，是世界上研究克尔凯郭尔的最权威的机构，该研究中心的克尔凯郭尔图书馆尽可能多地搜罗了关于克尔凯郭尔的文献和资料（排在第二位的是美国的圣奥拉夫学院，那里的克尔凯郭尔图书馆馆长是《存在主义救了我》的作者戈登·马里诺教授）。2013 年进入四川大学学习不久，我就参加了哥本哈根大学的网络公开课"索伦·克尔凯郭尔：主体性、反讽与现代性的危机"，从头到尾学完了课程，并且与主讲老师江思图（Jon Stewart）教授取得了联系。他是克尔凯郭尔研究中心的副教授，已在那里工作了十几年，并且主编了不少与克尔凯郭尔相关的杂志和丛书。当我跟他提起想去克尔凯郭尔研究中心学习这件事时,他欣然应允担任我的国外博导,并让我按照流程申请研究中心的邀请函。申请和等待结果的过程是漫长的,在此期间,江思图教授希望我能为这门课程制作中文字幕,让更多的中国学生参与到课程中来。我就按照他的意思办了,尽管耗费了好几个月,不过译出的字幕还有不少纰漏。

第一年申请出国失败,第二年终于成功。我在 2015 年 10 月 31 日第一次踏出国门,从广州出发(在新华社工作的刘大江师兄为我饯行并将我送到白云机场),经过 17 小时的航程,在荷兰阿姆斯特丹中转然后去往丹麦哥本哈根。到克尔凯郭尔研究中心后,我被分配坐在克尔凯郭尔图书馆进门的第三张大书桌,伴着旁边市政厅的钟声,我度过了 13 个月难忘的留学时光。后来,克尔凯郭尔研究中心迁往了阿玛岛。

2016 年 9 月,尼尔斯·约根·凯普伦(Niels Jørgen Cappelørn,中心前主任)教授、热内·罗斯福特(René Rosfort)副教授、尤金姆·加尔夫(Joakim Garff,中心现主任)教授与译者田王晋健在丹麦哥本哈根大学克尔凯郭尔研究中心合影。

　　我到丹麦不久,江思图教授说已经将公开课的大纲整理成一部书稿 *Søren Kierkegaard: Subjectivity, Irony, & the Crisis of Modernity*,2015 年底由牛津大学出版社出版。他对我说,计划将这本书翻译成各种语言,希望我能按照英文版翻译成中文,并且试图在中国寻找出版机会。我之前承担了字幕翻译的任务,可以说前期工作已经做得比较充分。但是从中文字幕到中文译稿,经过几次修改和校对,到正式印刷出版时,这个过程经历了两年之久——我在相当长的一段时间里已经决定放弃翻译。我找的出版社是华夏出版社。2013 年 10 月份,著名学者刘小枫来四川大学做讲座,我知道他在自己的著作中经常会提到克尔凯郭尔,也很青睐克尔凯郭尔。我斗胆跟他要了一个联系方式,并且告诉他自己是做克尔凯郭尔研究的。2016 年回国后,春节期间我初步跟他提起这本书,他说可以考虑,并让我将书的内容简介和价值给华夏出版社的领导看。华夏出版社同意出版,但是解决版权问题就耗费了半年以上的时间。绕了一大圈我才弄清楚,牛津大学在中国地区的所有版权都由安德鲁公司负责,针对过高的版权费,华夏出版社与安德鲁公司展开了漫长的谈判。到版权问题最终尘埃落定,我发了几十封与此相关的邮件,进行沟通和协调。最后成书的书名为《索伦·克尔凯郭尔——丹麦黄金时代的苏格拉底》(华夏出版社,2019 年)。它的出版一波三折。它的出版有以下一些意义:首先,它是克尔凯郭尔研究中心在中国出版的第一部专著,作为一本指南性质的书,它将吸引更多的中国人开始阅读和关注克尔凯郭尔;其次,它对于丹麦这个国家很有意义,因为克尔凯郭尔与安徒生、格伦特维、玻尔等人都是丹麦的瑰宝,为世人留下了丰富的精神文化遗产,这本书的出版将使中国人对丹麦这个国家有更全面的了解;再次,对于我个人很有纪念意义,这是我的第一本出版的译作,也是对过去学习、研究和生活的一个总结。

三、克尔凯郭尔的中国传播史

　　国内有关克尔凯郭尔的第一本专著,大概是中国现代哲学家李石岑的《体验哲学浅说》(商务印书馆,1931 年)。① 《体验哲学浅说》只是介绍性的著作,没有深入挖掘克尔凯郭尔思想的某一方面。但这部著作的出现,说明中国对克尔凯郭尔的关注还是相当早的。李石岑认为,克尔凯郭尔并不是个人主义的宣扬者,相反,他“极端攻击个人之享乐,而特重超越个人抓住一个伟大的中心作一切行为的对象。质言之,与其说是重个人毋宁说是重人类”。② 李石岑所指的,正是克尔凯郭尔以伦理超越审美。克尔凯郭尔劝诫读者对女色保持警惕,因为,那是“个人之享乐”的重要组成部分。③

　　虽然尼采与克尔凯郭尔都在民国时期被介绍到中国,但是,在相当长的一段时间里,国内对克尔凯郭尔的研究甚少。刘小枫认为,汉语思想界更偏爱尼采,克尔凯郭尔却被冷落一旁。但是,他强调,克尔凯郭尔研究是解读西方现代性的重要一环:“无论如何,克尔凯郭尔思想之在是对每一当下属己的个体之生存脆弱的痛惜。”④对尼采的偏爱,反映了中国 20 世纪美学的发展走向。审美一定能成为救赎、并使人的生存状态变得更好吗?这恰恰是克尔凯郭尔思考过的问题。汝信在接受采访时,也提到尼采比克尔凯郭尔更受青睐:

---

　　①　2013 年,这本书由岳麓书社重新印刷出版,与介绍尼采的《超人哲学浅说》合为一本,名为《超人哲学浅说　外一种:体验哲学浅说》。

　　②　李石岑:《超人哲学浅说　外一种:体验哲学浅说》,长沙:岳麓书社,2013 年,第 126—127 页。

　　③　李石岑:《超人哲学浅说　外一种:体验哲学浅说》,前引书,第 127 页。

　　④　刘小枫:《十八训导书·克尔凯郭尔文丛总序》,参见[丹麦] 克尔凯郭尔:《十八训导书》,吴琼译,中国工人出版社,2006 年,第 2 页。

改革开放以前，尼采在中国，上世纪 20、30 年代，一度相当盛行，国内研究尼采的，包括早年的鲁迅、郭沫若，都曾受到他的影响。也还有一些研究尼采的著作，尼采著作的翻译，那时候都有。但是克尔凯郭尔，解放以前，中国是没有的，更谈不上专门的研究。有一些文章提到，比如鲁迅谈到过，我后来看冯至先生的文章中也提过。①

鲁迅和冯至都将克尔凯郭尔看作文学家。20 世纪 60 年代中国学界开始翻译卢卡奇(Georg Lukacs, 1885—1971)的《理性的毁灭》，使克尔凯郭尔作为哲学家被引入中国。"我看了这篇文章之后，才知道原来还有一个专门批判黑格尔哲学的重要思想家，叫克尔凯郭尔。"②就这样，卢卡奇成为几十年前中国人一星半点地了解克尔凯郭尔思想的一位引路人。这之后的几十年，甚至是改革开放以来大量引入西方思想和文献的十几年，国内出版的书几乎没有提及克尔凯郭尔。直到 1989 年翁绍军出版了《人的存在："存在主义之父"克尔凯戈尔述评》这本书，从那以后，关于克尔凯郭尔的译著和研究专著开始陆续出现。虽然1931 年李石岑的《体验哲学浅说》出现得很早，但是在它以后出现了将近 60 年的断层。我更倾向于将 1989 年视为克尔凯郭尔正式进入中国的元年，三十多年来，国内出版的直接与克尔凯郭尔相关的译著和专著已超过 70 本，平均每年要出两本。可以说，这些书籍(以及刘小枫频繁提起克尔凯郭尔的著作)渐渐地使克尔凯郭尔在国内读者那里积聚起了相当高的人气。中国的很多文人都知道这样一位丹麦的哲学家，而且藏书中往往会有他的一些书。

中国社会科学出版社的十卷本《克尔凯郭尔文集》已经出齐，这算一个里程碑式的事件。然而，我觉得还远远不够，克尔

---

①② 刘悦笛：《在哲学与美学之间——汝信研究员访谈录》，载《文艺研究》2009 年第 7 期，第 81 页。

凯郭尔最新版的丹麦语全集有 55 卷,其中将近一半是克尔凯郭尔的著述,另一半是克尔凯郭尔研究中心的学者们作的详细注解。也就是说,将克尔凯郭尔的所有国内出版物放在一起,还是无法向中国读者完全呈现克尔凯郭尔的思想。我和京不特先生都有通过丹麦语原文翻译《克尔凯郭尔全集》的想法(正如沃尔特·劳瑞先生当年凭一己之力,翻译了克尔凯郭尔许多的著作)。① 我想,当有一天完整的《克尔凯郭尔全集》在中国面世时,才会大大地推动国内的克尔凯郭尔研究。在学丹麦语时,我有了将《丹麦语语法大全》翻译并出版的想法,并且获得了丹麦范岁久基金会的资助,它的面世不仅有助于《全集》的翻译,也为更多的丹麦语原文著作在中国出版提供了可能性。

四、我们对克尔凯郭尔的三大误解

第一大误解:克尔凯郭尔是一个只强调感性的诗人。

一谈到克尔凯郭尔,很多人的第一印象就是,这不就是写了《一个诱惑者的日记》的那个强调感性的诗人吗? 这不就是那个严厉地抨击黑格尔的非理性主义者吗? 我觉得这样的印象不一定正确。我的博士论文想要解决的一个问题是,克尔凯郭尔到底是支持诗人还是反对诗人? 他到底是支持审美还是反对审美? 他到底是支持感性还是反对感性?

我们知道,西方近现代有一些标志性的事件或运动,比如地理大发现、文艺复兴、宗教改革、启蒙运动等。启蒙运动的一大特色是高举理性,以取代基督教的上帝。但是伴随着启蒙运动的是另一大思潮:浪漫主义,它高举感性,也同样地与基督教对立。这两个运动对于基督教的根基造成了重创,但是这并不等

---

① 沃尔特·劳瑞(Walter Lowrie, 1868—1959)写过两本克尔凯郭尔的传记,较早的一本有 600 多页,更加详细,而本书初版为 300 多页,影响更广。

于基督教已经彻底消失。克尔凯郭尔就是站在基督教的立场上，对这两方面都进行了坚决的批判。

克尔凯郭尔对启蒙运动的批判主要体现在反对黑格尔的系统哲学，最能体现这一点的是他的《结论的、非科学性的附言》这本书。克尔凯郭尔注意到世界上存在着一种金玉其外、败絮其中的知识，对于人的生命没有意义，甚至会产生负面影响。在他眼中，黑格尔这样的哲学家是可怜的，他制造的哲学体系就像一座金碧辉煌的大房子，而黑格尔自己却蜗居在这座房子的地下室中。

克尔凯郭尔对浪漫主义的批判主要体现在他反对德国早期浪漫派的诗意主张，从他的博士论文《论反讽概念》里我们就可以看出这一点。克尔凯郭尔有长达两年之久的审美经历，曾经深深地浸淫在浪漫主义的熏陶里。在 1836 年与父亲决裂后，克尔凯郭尔毅然决然地投身审美的生活长达两年之久。他停下了自己的学业，尝试着生活的各种可能性。父亲的去世最终使克尔凯郭尔幡然醒悟，他逃离审美的生活，完成学业并成为一名专职的基督教作家。克尔凯郭尔的早期著作是审美著作，但是，他并不希望读者只看到表象，陷入审美的生活中。克尔凯郭尔的《或此或彼》通过展示反面例子，企图对读者产生警示的效果。彼得-安德雷·阿尔特（Peter-André Alt，1960—　　）著有《恶的美学历程：一种浪漫主义解读》一书，他认为克尔凯郭尔将美与恶联系起来，在时间上比夏尔·波德莱尔（Charles Baudelaire，1821—1867）还要早。"对于恶的心理和美学上的关联，在十九世纪上半叶没有其他哲学家像克尔凯郭尔那样做出如此积极的反映。"①尽管波德莱尔最早从审美的角度为现代性下定义，但是，克尔凯郭尔早就通过德国早期浪漫派，体验到了将审美奉为真理的危害。克尔凯郭尔比波德莱尔更早地开拓了"恶的美

---

　　① ［德］彼得-安德雷·阿尔特：《恶的美学历程：一种浪漫主义解读》，宁瑛、王德峰、钟长盛译，北京：中央编译出版社，2015 年，第 207 页。

学"。同样表达"恶",克尔凯郭尔与波德莱尔的动机正好相反,克尔凯郭尔是久病成医、迷途知返,波德莱尔则是破罐子破摔。克尔凯郭尔希望读者像自己一样,逃离审美的生活,审美的人因为脱离现实而并未真正地活过;波德莱尔将尘世当成了天堂,他的诗歌充斥着太多世俗的享乐——女人、酒、鸦片、大麻等。刘小枫认为,对审美现代性的理解,要紧紧抓住"身体"这个关键词:"审美主义的推进是神化身体情状的感性,它走向的所在是身体之在,扩展感性的身体触角,以达到对我在真实的感觉性把握。唯有在身体状态中,审美主义才找到自己的生存论上的确定位置,而且是最终的位置。"①感性,与身体息息相关,各种各样的感性都是从人的肉体生发出来的。从某种程度上说,感性的主体性比理性的主体性更为纯粹和直接。感觉转瞬即逝,相比之下,理性的反思就显得迟延一些。

　　克尔凯郭尔通过写诗意小说的形式,来吸引诗人们走向基督教,这既是一个创意,也是一个冒险。他很容易遭受误解,人往往通过表面状况来作出判断。绝大多数人可能看到克尔凯郭尔的《一个诱惑者的日记》这些充满诗意的文字时,就觉得他骨子里就是一位诗人,并且这些诗性著作也能使读者成为诗人。但从《或此或彼》下半部威廉法官语重心长的劝告就能看出,克尔凯郭尔其实是在批判负面的案例。联系若干年后克尔凯郭尔对自己作品的解释,也可以知道他是故意在吸引诗人去读自己的诗性著作。在他看来,常规层面的布道,并不是传扬真理的唯一方式。他也可以通过小说来传扬真理。这并不是他的发明,他的这一手法和耶稣用各种比喻来讲道理是一样的。

　　在我的博士论文里,我认为浪漫主义的影响仍然在当今世界发挥着重要的影响,它的具体体现是现代社会中各种各样的瘾。**"瘾的共同点是,借助于某种尘世中的物质使参与者通过身**

---

① 刘小枫:《现代性社会理论绪论——现代性与现代中国》,上海:上海三联书店,1998 年,第 348 页。

体的感官反应体验到某种超脱于现实的状态。世界上已知的瘾有烟瘾、酒瘾、毒瘾、咖啡瘾、贪食瘾、性瘾、购物瘾、游戏瘾、网瘾等等，'美瘾'是什么呢？过度沉溺、依傍审美和艺术而带来的瘾。或许它可以成为一个新的文学术语或医学术语。克尔凯郭尔本人就是一名美瘾的病患，久病成医以后才有了他那一系列的审美著作，呈示后人，引以为戒。"

　　而在中国学术界，近百年来"以美育代宗教"似乎成为不可撼动的真理，搞美学的、学美学的人心中好像都崇敬一种审美的理想——我的文学理想、我的艺术理想——并且整个人生寄托都在其上。我认为这是偏颇的、片面的。美与宗教（基督教）的结合期被彻底遗忘了。在中世纪，美是上帝的婢女。西方艺术中的许多伟大成就，都与基督教有关。克尔凯郭尔是为数不多的从基督教视角来看待美、诗人的思想家。用他自己的话来说，他就是那一小撮被献身的"香料"。20世纪一位著名的天主教思想家巴尔塔萨受克尔凯郭尔很大的影响，写成的《主之荣耀：神学美学》七卷本是一部集大成之作，详细地总结了历史上基督教在美、艺术方面取得的巨大成就。

　　第二大误解：克尔凯郭尔鼓吹个人主义。

　　在基督教内部，对克尔凯郭尔最常见的批评可能是，这个人在晚年猛烈地批判教会，不参加聚会，拒绝圣礼，主张个人与神单线联系。他们倾向于将克尔凯郭尔当成一个瓦解教会的叛徒，其著作也是有毒的、煽动性的。我觉得这样的结论，来自人云亦云和鹦鹉学舌。很多人没有读过克尔凯郭尔，很多人读过一点但是浅尝辄止，克尔凯郭尔的审美作品本来就有点天马行空，跳跃性很强。一般人觉得很难读懂克尔凯郭尔的文字，不知道他的意图，往往就根据某些书上的只言片语，或者其他人的口头说辞下了定论——有些作者以及做出这种判断的"权威"，他们是否对克尔凯郭尔的著作有一个俯瞰式的理解，是否真的有克尔凯郭尔的书，并且好好地阅读过，这是值得商榷的。我想可以从三个方面来反驳这一点：

耶稣说:"你要尽心、尽性、尽意,爱主你的神。"在克尔凯郭尔那里,这种爱是人与神之间单独的关系,不能被其他任何事物和群体阻碍。一个人必须割舍他最爱的事物,像亚伯拉罕甘愿向神献上自己的儿子以撒那样,像克尔凯郭尔放弃与心爱的蕾琪娜步入婚姻殿堂那样——在他做出这个决定的时候,他无法求助场外观众,他必须自己一个人、只是在神的眼前完成自己的决定(可参考克尔凯郭尔的《恐惧与颤栗》一书)。一个人必须冲破群体可能带来的迷障,像克尔凯郭尔那样,敢于戳破丹麦国教大大降低得救标准的谎言,像朋霍费尔和卡尔·巴特那样,在教会普遍失声的时候,他们敢于蚍蜉撼大树一般地与向希特勒的政权发起挑战(参见《希特勒的十字架》一书)。

克尔凯郭尔赞同"爱人如己"而非自私自利,这主要体现在他的《爱的作为》一书中。克尔凯郭尔详尽分析了"爱人如己"的涵义,它出自马太福音22章39节,"其次也相仿,就是要爱人如己。"诗人的"情欲之爱"之根源是自爱,他人在他的心中要么地位很高,要么极其卑微。克尔凯郭尔认为"爱人如己"是一条极为严苛的诫命,谁能完全地做到像爱自己那样爱他人呢? 它完全颠覆了诗人的爱观。"如果一个人要爱人如己,那么这条诫命就像万能钥匙一般拧开自爱之锁,并且将自爱从一个人身上抢走。"①这是不是意味着一个人不能爱自己呢? 一个人可以继续爱自己,但是限定条件是,对自己的爱的程度要等同于对他人的爱的程度,而且自己对他人的爱也是一视同仁,不偏重这个也不轻视那个。诗人很容易爱某一个人高过自己,高过上帝,然而克尔凯郭尔所希望的是诗人重新回到爱上帝高过自己的轨道,并且爱人如己,既不高于自己,也不低于自己。除了"如己",克尔凯郭尔还认为爱的对象"人"也要重新进行定义,这个"人"不再

①　Kierkegaard, Søren. *Works of love*, edited and translated with introduction and notes by Howard V. Hong and Edna H. Hong, Princeton, N. J. : Princeton University Press, 1995: 17.

是与诗人最为亲密的几个人，而是世界上所有的人，包括仇敌。靠着圣灵的帮助，一个人不再戴着有色眼镜专注于他人身上的差异性，而是带着上帝视角一般，平等地对待他所遇到的每一个人，并且爱他人如同爱自己。克尔凯郭尔以上帝之爱，融化和磨平了诗人带有偏爱、注重差异的"情欲之爱"——一个人首先与上帝立约，作为单独的个体悔改、相信，然后与世人立约，去爱人如己。这并不是一件容易完成的事情，因为一个诗人凭借自爱和偏爱，与他心目中有分量的人已经形成一个团结的、安全的社群，去实践"爱人如己"就意味着这个社群的破灭，意味着冒险，意味着效法《恐惧与颤栗》中的亚伯拉罕和信仰骑士，为着上帝的缘故作出无限弃绝的运动，放弃世俗能带给他的各种甜头，然而"爱人如己"却是圣经中表明得很清楚的每一个人应该遵守的诫命。"但是诗人不能理解这一点；即，一个诗人如果是单独的个体，他有能力理解它，但是只要他是诗人，他就无法理解它，因为诗人无法理解它。诗人能理解一切难解之谜，但是他无法理解自己或者认识到他自己就是一个谜。"①"爱人如己"也就成为衡量一个人是不是基督徒的标尺，如果一个人自称是基督徒，但是在爱的方式上传承的是诗人的"情欲之爱"或者其他异教所教授的爱的方式，那么他就做不到"爱人如己"，那么，他不过是一个虚假的基督徒。

那么，有没有一种绕开上帝而消灭差异的途径呢？如果人能发明一些方法消灭差异、达到平等，难道不也是达到了"爱人如己"的目标吗？克尔凯郭尔提醒读者警惕世俗的平等理想，因为那些关于平等的理论既是绕路，也无法抵达平等的终点，差异是无法消灭的，关键在于用怎样的眼光看待差异。在一个世俗的世界里，尽管有各种关于平等的长篇大论，但现实中的人们仍

---

① Kierkegaard, Søren. *Works of love*, edited and translated with introduction and notes by Howard V. Hong and Edna H. Hong, Princeton, N. J.：Princeton University Press, 1995：30.

然极其关注差异性——对品牌的追求、对身份的注重——一个人甚至通过文身、穿孔、吸毒来表明自己的差异性,差异性是无法消除的,每一个人生来就有许多不同的特性,而通常关于平等的理论都试图通过消灭差异性来达到平等,它们的双眼仍然紧紧地盯着人的差异。"然而基督教真理直接告诉一个人发现至高者的捷径:进入内室向上帝祷告——因为上帝确实是最高的。"①克尔凯郭尔看到基督教并没有抹灭人的差异,因为那是抹灭不了的。即使同样名为基督徒,也具有各种各样的差异性,也有不同的国籍、种族等。而要做到"爱人如己",就要做到不看人与人之间的差异,即使邻舍有这样、那样的差异,但仍然以一以贯之的爱去爱邻舍,邻舍不是具体的这一个人、那一个人,而成了一个抽象的却又包括所有人的概念。"千真万确(前面已经指出,就是表明邻舍是一个纯粹的精神范畴),一个人闭上眼睛或者不看差异性的时候,他才看见邻舍。感官的眼睛总是看见差异性,并且盯着差异性。"②反讽的是,丹麦走上了世俗地追求平等、消灭差异性的道路,并且平等程度在世界上排名数一数二——通过制度、法律、民主、福利等手段去实现"爱人如己",在舒适的生活中,绝大部分的丹麦人不再去思考圣经中严苛的、弃绝自我的"爱人如己"。

第三大误解:克尔凯郭尔是存在主义之父。

克尔凯郭尔为什么被称为存在主义之父呢?

首先还是与他为了"那个个体"而反对黑格尔有关。他反对黑格尔完美却僵死的知识体系,强调人的内在生命之重要性。每一个人都是独一无二的活生生的存在,他应该活在当下,活在此时此地,而不是被某种哲学、理论蒙蔽了双眼,活得不再像人。

---

① Kierkegaard, Søren. *Works of love*, edited and translated with introduction and notes by Howard V. Hong and Edna H. Hong, Princeton, N. J.: Princeton University Press, 1995: 51.

② Kierkegaard, Søren. *Works of love*, Ibid. , 68.

而存在主义的关切点也是人，而非人之外的客观事物。克尔凯郭尔和存在主义的这种由外而内的视角转向，其实和苏格拉底很相似。苏格拉底之前的思想家都爱思考人以外的知识，比如世界的起源是什么。而苏格拉底提醒人们关注人自己，他的那句著名的口号是：认识你自己。在雅典城邦看来，尊重已知的神明们是统治得以维持下去的重要基础，然而苏格拉底的心里住着一位"守护神"，苏格拉底做任何事情都听从这位守护神的，已知的神明们和传统成了摆设。

而在克尔凯郭尔所处的时代，基督教开始式微，启蒙运动和浪漫主义运动如火如荼地影响着世界，前者强调人的理性，后者强调人的感性。神退场了，人的地位得到了提升，但是，人的生存处境却越来越恶劣，人越来越渺小、可怜。理性像无形的枷锁，束缚着人的自由。我觉得理性说得更精确和具体一些，是指科学理性，一切符合科学的、实证的东西和事实才是好的，那些模棱两可的、具有超越性的信息则成了迷信和虚假。如果只看重理性，社会是很可怕的：如果一个医生是这样的，那么在他的眼中，病人无非就是手术刀下的一个试验品；到了希特勒那里，先进的科学技术成了提高杀人效率的工具。克尔凯郭尔认为理性是不完全的，真理有的时候是悖论，是不能通过推敲和计算得出来的。譬如童女怀孕，譬如耶稣死而复活，等等。推崇理性的背后，其实是一个过于强大的认为人定胜天的内心。

再次，克尔凯郭尔有好几种著作都与人的心理（讨论人的内在而非外部世界）有关。《恐惧与颤栗》《致死的疾病》《畏惧的概念》等。可以说，是克尔凯郭尔而非弗洛伊德开创了现代的心理学。

最后，19世纪的克尔凯郭尔、叔本华、尼采、陀思妥耶夫斯基等人身上都已经有了存在主义的因素，但是克尔凯郭尔出生的年份比其他几个人都早；就影响而论，克尔凯郭尔对20世纪存在主义哲学的影响也更为直接。

需要注意的是，将克尔凯郭尔称为存在主义之父并不准确。

存在主义思潮中的雅思贝斯、海德格尔是最早开始发现克尔凯郭尔价值的。存在主义分两种，有神论的存在主义和无神论的存在主义，如果要更准确地表达，他是有神论的存在主义之父，继承者有马塞尔(存在主义这个词是他创造出来的)、西蒙·薇依、雅思贝斯、蒂利希等人；将他与海德格尔、萨特、加缪等人面对死亡、虚无、重大疾病才产生的存在主义思想硬生生地捆绑到一起，是偏颇的，尽管他们都受过克尔凯郭尔的启发。海德格尔出身于天主教背景，但是他背弃了天主教信仰，而他与纳粹之间暧昧不明的关系也为世人诟病；萨特的存在主义是无神论式的，与克尔凯郭尔的思想格格不入；加缪则公然反对克尔凯郭尔，认为克尔凯郭尔有神论的观念是死路一条的。

神隐去之后，人的症状有哪些？绝望(克尔凯郭尔)，他人就是地狱(萨特)，人变成了甲虫(卡夫卡)，人敢于违反任何道德(陀思妥耶夫斯基)，第二性要和第一性叫板(波伏娃)，人的异化(马克思)，《1984》(奥威尔)……

神隐去之后，替代性的有哪些？启蒙运动的理性(科学的神圣与无情)，浪漫主义的感性(各种瘾)、消费主义、无神论的存在主义(因痛苦而哀号)、励志学、成功学、某些心理学、假的教会(比如现代丹麦有的教会公然给同性恋举办婚礼)……

田王晋健

2022 年 7 月 25 日

于杭州紫金港

序　言

　　大约在 8 个月以前，普林斯顿大学出版社要我写"一部相对简短的"克尔凯郭尔的生平。我没有立刻决定领取这项任务；尽管我同意读者们需要一本这样的薄书，然而对我来说，一个人为同一个人写两本传记似乎很奇怪。不过话说回来，如果这样的一种区别与其说是罕见的，不如说是独特的，那么为什么不去寻求这种区别呢？这一本传记一定会和上一本传记有不一样的东西。那时我反思的是，如果自己要写两本克尔凯郭尔传记的话，第二本的篇幅实际上几乎是已经出版的整本书的一半。若以一种真正的克尔凯郭尔的方式，我可以将这新旧两卷传记归因于两个假名作者——因此这件事变得如此复杂，以至于我并没有期待任何出版社会碰这件事。其实就算再多一本也无妨。

　　本书只有牛津大学出版社 1938 年出版的《克尔凯郭尔》的四分之一那么厚。除了对那些愿意花更少的钱和更少的时间去了解克尔凯郭尔的人米说，找并个推荐读者买那本 1938 年出版的厚书。很明显，说它是一本厚书并非对它的贬低。我写那本厚书的时候，还没有一本克尔凯郭尔的书译成英语出版，所以我需要一只大楔子来打出一个足够大的洞，让它为所有的英译作品开路。除了作为一部传记，那本厚书还提供了 S. K. * 文学创作的许多样本，那些文学创作不仅卷帙浩繁，而且种类繁多。它试图培养读者们在这方面的品味。由于这个原因，那本书五分

---

*　　　索伦·奥碧·克尔凯郭尔(Søren Aabye Kierkegaard)，简称 S. K.，劳瑞很喜欢以这个简写亲切地代替克尔凯郭尔的名字。——译者注

之二的篇幅都是引用，当然，它们是那本书中最好的部分。因此，即使是现在，那本厚书也是对 S. K. 作品最好的导读。

但是现在情况不同了；现在 S. K. 所有的作品都有了英文版，或者，我希望在今年之内就会出全。为了便于读者了解，我在这本书的后面附加了一份列表，列出了 6 年内出版的 23 个译本。这样一本简要的传记是值得去写的，现在它第一次成为可能。对我来说，它曾经是不可能的，然而，假设我没有先写那本更厚的书，这本书将大为逊色，只要你愿意，你现在可以略过那本厚书，它的目的是让 S. K. 变得流行，它引用了各种权威、文献，也利用了每一种学究式的组织手段。

这本薄书纯粹是一本传记，可能比另一本更简单明了，因为在另一本书中有时只见树木不见森林。去年，我花了一个月的时间来写一个不寻常的神秘故事，我可能已经学会让 S. K. 人生中的重大事件看起来比以前更激动人心——这些事件从来都是激动人心的。也许在花 6 年时间翻译了 S. K. 的大部分作品以后，我比开始时更了解他了。无论如何，这本薄书不仅仅是那本厚书的摘要或者浓缩。它从头到尾都是重新写的，各处加起来只有半页照搬了那本厚书——当然，许多对 S. K. 的引用也和那本厚书雷同，但是它们已经被仔细地修订过。

为了克尔凯郭尔，我将这本书添加到我的各种劳作中来，我热切地希望本书能使他更广为人知，并且可能通过促使许多人阅读他的作品，使人们更好地认识他。对那些真正想认识他的人来说，我再强调也不为过的是，读者应该从晚期的和最明确的宗教作品开始阅读，我已经翻译了《观点》《基督教讲演》《基督教中的训练》和《自我省察》，这 4 本书囊括了 S. K. 的 12 部起初分开出版的作品。

沃尔特·劳瑞

1942 年 11 月 9 日

于普林斯顿

第一章

背　景

100 年以前的哥本哈根

一个人必须对一百年前的哥本哈根至少略知一二,才能感同身受地理解 S. K. 的故事,才能在他专有的布景中想象他。这个布景在他的整个一生都原封不动。在这部戏剧里,几乎没有动作,场景也没有任何变化。

1813 年 5 月 5 日,索伦·奥碧·克尔凯郭尔出生于哥本哈根,他的父亲不久前在市政厅旁边买下了一栋大房子,它面对着这座城市最大的广场之一,那个被称为新市场(Nytorv)的广场。克尔凯郭尔整个一生几乎都在哥本哈根度过;1855 年 11 月 4 日,他逝世于弗雷德里克医院;后来他被埋葬在家族墓地(那场葬礼引起了　场几乎沦为暴乱的民众抗议活动),如今那里有一块刻着他名字的大理石板,倚靠在父亲的墓碑上,尽管他的哥哥彼得·克尔凯郭尔,也就是后来的奥尔堡主教,疯狂地嫉妒这一点,没有任何迹象表明 S. K. 的遗体具体埋葬的位置。

丹麦在过去和现在都是一片弹丸之地。当时的哥本哈根是一座拥有 20 万居民的城市,它是这片弹丸之地的首都,是一个绝对专权的国王的驻地。可以在哥本哈根以外的地方找到宏伟的中世纪古迹,无论是大教堂还是城堡;因为哥本哈根并非总是国王的驻地。就现代建筑的优雅程度而言,哥本哈根超过了这片土地上其他所有的城市。除了国王的宫殿和园林以外,哥本哈根还拥有丹麦的一所大学(在那时只有一所);圣母教堂是丹麦国教首席主教负责的大教堂,已经由托瓦尔森著名的基督雕像和十二使徒雕像装饰;当然,哥本哈根还有皇家歌剧院、皇家剧院和皇家图书馆,在皇家图书馆前面可以看到阿尔斯莱夫创作的 S. K. 的青铜雕像,它只有一个缺点,对于"瘦小的克尔凯郭尔"来说,它过于巨大了,因此远不如哈塞里斯依据它复制的那座小雕像好。哥本哈根除了拥有所有这些优雅以外,作为一个尚未成为工业中心的小镇,它仍然享受着诸般的舒适——环伺它的海峡带来了咸咸的海水,另一边有许多座森林悄然靠近它,所以这个小镇的空气总是焕然一新。

当然,丹麦的所有艺术和文学人才都流向了首都,S. K. 是出生在那里的为数不多的伟大人物之一。几乎当时所有的显赫人物在 S. K. 的人生中都占有突出地位,在这里必须列举我们在他的背景中看到的最重要的人物。我首先要提到丹麦教会的大主教 J. P. 明斯特。明斯特之所以排在第一位,不仅仅是因为他在教会中的地位,也并非因为他实际上是一个真正虔诚的、有说服力的和雄辩的人,而是因为总的来说,这位伟大的国教牧师,正如 S. K. 说的,他"已经背负起了整整一代人",也因为他在 S. K. 的人生中占据了如此重要的地位。明斯特曾经是 S. K. 父亲的牧师,在 S. K. 还是个孩子的时候就为其举行了坚振礼*,并且成为 S. K. 最狂热的崇拜对象——直到 S. K. 不得不痛苦地谴责他的主教,说他是教会如世界般堕落的最明显的象征,S. K. 至死都在与明斯特战斗。S. K. 总是将自己的各种挖苦瞄准这些熠熠发光的名人们。另一位受到 S. K. 攻击的是马滕森教授,他接替了明斯特的主教职位。克尔凯郭尔自从大学时代就认识他,尽管 S. K. 毫不吝惜地公开承认马滕森杰出的学识和各种才能,却向来不喜欢他。事实上,当 S. K. 还是无名之辈时,马滕森已经是一个声名显赫的人物;马滕森的作品很快就

---

* 坚振礼,一种基督教宗教仪式。——译者注

被翻译成了英语，我还是一个年轻人的时候就知道那些作品，50年以后我才听说克尔凯郭尔的作品。

下一位受到 S. K. 攻击的是 J. L. 海伯格，他是哥本哈根大学的教授、一本重要的评论刊物的编辑，水平堪比一位哲学家，此外他与马滕森一起使黑格尔哲学在丹麦风靡一时，尤其他是哥本哈根公认的文学权威。海伯格的房子是知识分子团体的中心。他的母亲不仅是一位杰出的女性（吉勒姆堡夫人这个名字至今仍然很著名，她曾经以女演员和作家的身份而闻名），他的妻子也是一位杰出的女演员。甚至在 S. K. 还是一名大学生的时候，就被允许进入这个迷人的圈子，他在那里主要展示的是自己机智的天赋——有时他会让同去的宾客们感到尴尬。他想方设法保持这些联系，即使他不参加任何团体活动时，他也能在街道上遇见他们。虽然 S. K. 与海伯格没有任何实质性的共同信念，但是 S. K. 设法维持了这段友谊，主要是通过幽默的打趣体现出来的。S. K. 写了一本名为《两个时代》的薄书，主要评价了吉勒姆堡夫人的一部严肃的小说；他晚期的"审美"作品《一个女演员生活中的危机》评价了海伯格夫人，这部作品反之也在那些高端人士中间得到了盛赞。

今天，丹麦的基督教非常明显地带有伟大的宗教领袖格伦特维的印记。他不仅写下了当时的人们以最大的热情去吟唱的赞美诗，而且建立了民间学校，这是那片土地令人羡慕的一个特色。S. K. 也许愿意承认格伦特维是一个"宗教天才"，但是他不会将这当作奉承，他说，"即使在永恒中，格伦特维也让我感到厌恶。"在 S. K. 的大部分作品中，他都会寻找或者利用机会尖刻地、诙谐地表达自己对格伦特维的厌恶；尽管他坚持做了这一切，正如他所表达的那样，他还是与这位"受到圣灵启示的约德尔歌手"进行了"某种快活的交流"，这让这位使徒的虔诚追随者们感到困惑不已，S. K. 的兄弟彼得就是其中之一。保罗·马丁·穆勒是哥本哈根大学的教授，同时也是一位诗人，是让 S. K. 受惠最多的老师。毫无疑问，穆勒教 S. K. 如何深刻地欣赏"希腊悲剧和希腊哲学";而且还向 S. K. 发出了"号角的警示音",将他从泥足深陷的道德虚无主义中唤醒。由于这一点,以及穆勒出色的品格和言行,克尔凯郭尔自然对他怀有充满深情的崇敬。

另一位让 S. K. 钦佩的老师是哲学教授 F. C. 西伯恩,克尔凯郭尔与他一直保持着很深的交情。还有其他一些哲学教授与 S. K. 很亲密,然而,他们只是克尔凯郭尔的同辈人,并非他的老师。在所有人中首先要说的是汉斯·布勒克纳,他也许是当时唯一理解 S. K. 的奋斗目标的人,尽管布勒克纳直言不讳地与基督教划清界限,但是克尔凯郭尔还是非常尊重他。还有拉斯穆斯·尼尔森,尽管他是一位教授,但是他曾经寻求并且获得了 S. K. 的许可,以学生的身份坐在 S. K. 的脚前——或者更确切地说,与克尔凯郭尔一起在街上散步。然而,有一段关系最终让 S. K. 十分窘迫。尽管他极度蔑视记者,却与《祖国》(*Eædrelandet*)的副主编乔德瓦德关系非常友好,他与《海盗报》的编辑梅尔·戈德施密特最终在一场令双方都极其挫败的冲突中两败俱伤,但是 S. K. 比哥本哈根其他任何显赫的公民都更慷慨地欣赏这个年轻人的天赋。

在大学生活期间,当 S. K. 与他的父亲处于战争状态、无法在家里享用一日三餐时,他被迫与一群年轻男子打得火热,他们坐在寄宿旅馆的同一张桌子上,在一个单独的会客厅里开玩笑地组建了一个俱乐部,他们称之为"神圣联盟"。弗里肖夫·勃兰特教授凭着惊人的洞察力,认为《诸阶段》*中的"酒宴记"是真实的事件,实际上是 S. K. 举办的一次宴会,宾客们都是由"神圣联盟"这个群体的成员组成的,作者当然对其进行了掩饰。J. V. 雅各布森是陪审法官,也是这个团体中年龄最大的、最富有的成员,他对应的是"威廉法官"这个角色,后者在《或此或彼》和《诸阶段》中带着道德热情来描写婚姻。这个组织中最没有声

---

* 即《人生道路诸阶段》(*Stages on Life's Way*)。——译者注

望的成员是 P. S. 缪勒,一个有些天赋并且怀揣伟大的文学抱负的年轻人,S. K. 后来由于自己与《海盗报》的关系,同缪勒发生了毁灭性的冲突,人们假设缪勒就是这两本书里面的"诱惑者"这个人物。乔根·乔根森是一个品格败坏的人,却有一种显著的机智,他大约在同一时间认识了 S. K. ,据推测,他和 P. S. 缪勒就是一同引诱克尔凯郭尔走上"灭亡的小径"的那两个人。汉斯·克里斯蒂安·安徒生是一个笨拙的巨人,也是这个群体中的一员,S. K. 机智的挖苦让他承受了最多的痛苦——后来 S. K. 写了一个本来不该写的评价安徒生小说的书评,使安徒生不得不忍受那个毁灭性的书评的灼伤,为了报复 S. K. ,安徒生在一则迷人的童话故事里将 S. K. 呈现为一只鹦鹉的角色,明显在影射 S. K. 刺耳的说话声。我要提到的最后一位成员是诗人赫兹——他作为诗人并不伟大,但是他在诗集《情绪与境况》(*Stemninger og Tilstande*)里为我们提供了关于这个小集团的描述,包括描述了 S. K. 在其中扮演的咄咄逼人的角色。我最后唯一需要提到的另一个角色是埃米尔·博伊森,他后来成为奥胡斯学院的院长,他一直是 S. K. 的朋友。他是 S. K. 年轻时唯一的知己,S. K. 紧紧抓住对他们旧交情的忠实回忆,一直到自己去世的那天,尽管那就很明显的是,他们之间几乎没有什么共同点,更谈不上什么相互理解。

　　这是一个令人厌烦的**戏剧人物列表**吗? 好吧,无论如何,我们已经完成了介绍他们的工作,这是一种解脱,正如我希望的那样,除了 S. K. 自己的亲戚和他未婚妻的亲戚以外,我不需要在这本书里再提到其他什么人了。尽管如此,S. K. 认识的每一个人都值得我们去了解——还有更多那样的人。哥本哈根有趣之人的圈子相当大,然而也不算太大,他们都彼此认识;让 S. K. 感到尴尬的是,他在街上遇到的平民百姓并不知道哥本哈根有任何杰出的人物。当他成为一名作家后,他如此持续地全神贯注于写作,以至于他几乎不允许任何人进入自己的房子。他的社交生活在街上,他频繁地在街上散步,这是他仅有的消遣,他在街上与每个人都友善地交谈,他理解市场里朴素的女性们,正如理解大学里的学究们一样,他不仅向这些人分发自己的同理心,而且从他们所有人那里得到了一些自己可以去描述的东西。

S. K. 有时会暴躁地抱怨哥本哈根是一个偏狭的小镇——字面意思是一个"市镇",而它的名称"Kjøbenhavn"或者"商人们的港湾"就像一个文字游戏。他抱怨说自己是一个市镇里的诗人。但是他弥足珍贵地爱着自己的出生地,在《诸阶段》中,他借助一位假名的口吻表达了自己的各种感受(第138—142页):

"我为自己的存在感到喜悦,也为我所处的这个小世界感到喜悦。我的一些同胞也许会认为哥本哈根是一个令人厌烦的小镇。相反,对我来说,它似乎因为坐落在海边,空气总是焕然一新,甚至我在冬天无法忘记它的山毛榉树林,它是一个既让我喜爱、又让我渴望居住其间的地方。哥本哈根大到足以成为一座伟大的城市,小到市场价格由买卖双方议定即可,在那里,人们普遍既对巴黎有如此多的自杀者感到安慰,又对巴黎有如此多的杰出人物感到高兴,但是这些都无法令人不安地渗入并且卷走个体,就像渗入和卷走泡沫一样,所以,在哥本哈根,人生没有任何意义,安慰本身缺少安息的那一天,高兴本身缺少神圣的那一天,因为一切都在滥竽充数中迅速离去、进入没有内容的空间——或者说一切都充满了过多的内容。——我的一些同胞们发现,这个小镇上的人不够活泼。在我看来并非如此。在巴黎,数千人像暴民般聚集在一个人周围的速度很快,他们也许确实是在奉承使自己聚集的人,但是我想知道,这是否能弥补一颗平静头脑的损失,因为平静能允许个体觉得自己也有一些重要性。正是因为个体的价格没有完全下降,没有好像贬值成以前的十二分之一,而且因为人们太难被驯服,以至于他们无法理解速成的博学,而这种博学只会奉承绝望者和盲目者。正是这个原因,在这个首都度过的人生对 S. K. 来说让人如此愉快,他知道如何从各种人身上找到一种乐趣,这种乐趣比让一千人喝彩半小时的乐趣更为持久,而且产生的回报更大。它的缺陷也许是,有的人梦想着异国他乡,有的人沉浸在自己的世界里,有的人是小心眼和分裂主义者,等等,所以,所有这些人都阻止自己接受慷慨提供的东西,当他们寻找时,又找不到比比皆是的东西。毫无疑问,一个不愿意从事任何事业的人,哪怕他只睁开一只眼睛,仅仅通过关注其他人,就可以过上充满享受的人生;而那些有自己的工作要做的人,最好注意不要被工作禁锢得太牢。但是,如果有许多人错过了一样东西,它不需要花任何钱、不需要任何入场费、不需要任何宴会费用、不需要任何社交费用、不需要任何不便和麻烦,那是多么可惜啊!富人和穷人花同样少的钱,却能得到最丰富的享受,他们错过的不是从某个特定的老师那里得到的指导,而是顺便错过了从任何人那里得到的指导,顺便错过了从与陌生人的交谈中得到的指导,顺便错过了从每一次偶然的接触中得到的指导。有人徒劳地从书本中寻求启示,当他听见一个侍女与另一个侍女交谈时,突然有一道闪光照亮了他;有人试图从自己的大脑中拷问出一个表达,他徒劳地在字典里寻找,甚至还在《科学学会字典》里徒劳地寻找,然而,另一个人在路过时听见——一个新兵说出了那个表达,他做梦也想不到这个新兵是多么学富五车。当他在一片大森林里行走时,一切都让他感到惊讶,他有时候会抓住一根树枝,有时候抓住一片叶子,有时候弯下腰去采下一朵花儿,有时候弯下腰去摘一片叶子,当下他在倾听一只鸟儿的鸣叫　一有人在人群中散步时也是如此,他惊讶于路人们奇妙的说话天赋,不时地从一个路人那里攫取一个又一个的表达,这些表达让他乐在其中,他不会忘恩负义到忘记自己受惠于谁;因此,这个人在人群中散步时,一会儿看到某个精神状态的一种表达,一会儿又看到另一种,他不断地学习,变得更加贪婪地学习。所以,不要让任何人被书籍欺骗,好像人性是如此罕见,以至于任何人都无法在报纸上读到人性这种事情,人性是言语中最好的部分,也是最可爱的部分,有时却没有被文字保存下来。

　　"我的一些同胞认为,他们的母语很难表达各种艰深的思想。在我看来，这是一种奇怪的、忘恩负义的想法，因为在我看来，我对自己的语言如此狂热，以至于几乎忘了自己乐在其中，我如此狂热地宣称它的独立性，以至于这种狂热似乎表明，一个人已经感觉到自己对这种语言的依赖，而最终，兴奋来自词语之间的争执，而非来自这种语言的乐趣导致的神清气爽。我觉得自己很幸运地被自己的母语束缚着，也许只有少数人被它束缚着吧，就像亚当被夏娃束缚着一样，因为世界上不再有任何其他的女人，我被束缚着，因为我不可能再去学任何其他的语言，因此，我不可能骄傲地、轻蔑地俯视自己出生时就开始说的母语。但是，我也很高兴被这种母语束缚，它有许多丰富的、原始的、可以拓展灵魂的习语，并且可以用许多更柔和的声音取悦耳朵；在艰深思想的罗网里，这种母语不会喘气和呻吟（出于这些原因，有人认为它无法表达那样的思想），它通过说出艰深的思想，而使艰深变得容易；当这种母语面对无法说出的东西时，它听起来不是紧张的、气喘的，我开玩笑地、认真地使用它，直到它设法说出无法说出的东西；这种语言，它不会在遥远的距离寻找近在咫尺的东西，也不会在深邃的深渊中寻找近在咫尺的东西，因为它与主体的关系如此融洽，以至于它可以像仙女一样在主体的内外进进出出，就像当一个孩子说出最幸福的表达后，却浑然不自知。当命中注定的爱人知道如何狂躁地使用它煽动的女性激情时，这种语言是热烈的、情绪化的语言，当深得民心的统治者知道如何引导它时，这种语言是自信的，在思想斗争中是胜利的；当名副其实的思想家既不愿放弃语言，也不愿意放弃思想时，这种语言就像一个摔跤手那样柔韧；这种语言，假设它在一个简单的实例里看起来很贫乏，然而事实并非如此，它受到的鄙视就像一个虚假的爱人鄙视一个谦逊的少女，其实她在现实中拥有最丰厚的财富，最可贵的财富就是她并不老于世故；这种语言不缺乏各种伟大的、坚定的、引人注目的表达，但是面对思考的细微差别、限定的术语、幽默的简短谈话、转调的震颤、微妙的音调变化、用虚怀若谷掩饰奢华时，它是有魅力的、吸引人的、和蔼可亲的;这种语言既能让人理解玩笑,也能让人理解真诚——这种母语用一根链条将它的孩子们束缚在一起,'既容易忍受——是的——却又难以打破'。

"我的一些同胞认为,丹麦凭借对伟大古代的记忆而苟延残喘着。在我看来,这是一种奇怪的、忘恩负义的看法,任何倾向于友好和令人高兴的人,任何不愿意愠怒、不愿意执拗的人都不会赞同这种看法——这是唯一浪费和消耗伟大的古代记忆的东西。其他一些人认为,有一个无与伦比的未来等待着丹麦;还有一些人认为他们自己被低估、不被欣赏,他们通过想到更好的一代即将到来,以安慰自己。但是这一代人中间的幸福的人,很快就显示了创造力,当重点是满足于此的时候,他就没有多少时间可以用来进行无与伦比的期待,不倾向于抓住它们,并且更不倾向于被它们打扰。而那些认为自己不被同时代人欣赏的人,利用一个奇妙的论点来预测更好的一代的到来。即使他真的不被欣赏,即使他真的会在一个更好的时代得到认可、受到赞美,毫无疑问,因为这个时代认为他更好,就说这个更晚的时代更好,那是不公正的,也是偏见的一个证明。一代人和另一代人之间不会有如此大的差异;准确地说,他审视的这一代人,发现自己处于赞美更早的一代同时代人的位置,而前人没有做到欣赏他们自己。

"我的一些同时代的人有这样的看法,在丹麦做一个作家是难以维持生计的。他们的意思不仅仅是说,对我这样一个有争议的作者来说,没有一个读者或者只有少数几个读者可以读到书的中间部分,因此,他们在做出这个判断时没有考虑这些读者;然而,他们的意思是,即使是杰出的作家们也是如此。现在这片土地只是一片弹丸之地。但是在希腊,即使成为一名治安法官也需要花钱,这个职位是如此卑微吗?假设是这样,假设继续是这样的话,最终,丹麦的每一个作家每年要为作为一个作家的劳作支付一笔钱。那么,假设外国人可能会说,'在丹麦,当作家是一件昂贵的事情,因此丹麦的作家很少;但是话又说回来,丹麦的作家可没有提供我们这些外国人说的"廉价商品",这种东西在丹麦国内完全没有,丹麦语里都没有专门针对"廉价商品"的表达。'"

在 S. K. 最后一部作品的序言里,他最后一次骄傲地向自己的母语致敬:"感谢大家向我表示的同情和善意,我希望自己能像现在这样(现在我冒昧地这样做了)呈现这些作品,并且将它们推荐给这个国家,我很骄傲可以荣幸地用丹麦语写作,感受它那种孝顺的奉献和几乎是女性般的温柔,然而我同时也安慰自己,我不会因为使用过它而感到蒙羞。"

从日记里的一段话,我们可以看出 S. K. 在使用他的母语时是多么精确,这段话是在接近人生尽头时写的:

"……因此我有时可以一坐就是数个小时,我爱上了自言自语的声音——当这种声音回响之时,它同时在孕育思想——因此我可以一坐就是整整几个小时,啊! 就像一个长笛演奏者在用他的长笛自娱自乐一样。也许有十几次,我写下的大部分内容,在被写下来之前都是大声地说出来的。从另一个意义上来说,当各种思想被说出来的时候,我就用手上的鹅毛笔将大部分内容写了下来;这受惠于一个事实,因为我在散步的时候,就将一切都准备好了。对我来说,我的各个时期的创作,可以被称作一个由各种记忆填满的世界,我经历了这么多,享受和体验过这些思想的起源,我追寻这些思想,直到为它们找到形式。甚至在某种意义上,它们几乎一开始就有形式,一个人可能会说,直到(以恰当的方式,在后来的劳作和经营中完善风格;对于每个真正有思想的人来说,他们可以直接拥有风格)每一个微不足道的细节都被调整过,以至于这种思想能够发现自己,当各种思想被说出来的时候,它们就通过其形式完全自在了。"

对于一个谦虚的翻译者来说,这段话绝对是威慑性的——如果不是绝对有必要翻译 S. K. 的作品的话。无论如何,这是一个严肃的告诫。

S. K. 热爱哥本哈根的最好证明是,事实上,他很少离开哥

本哈根,除非乘坐马车去哥本哈根的郊外,享受自己最热衷的消
遣。有一次他在柏林待了将近 5 个月。这次长时间缺席的契
机,是因为他想逃避因婚约破裂引起的闲言碎语,而他也渴望听
见谢林在那里开始做反对黑格尔哲学的讲座。他对那些讲座很
失望——但是他写下了《或此或彼》的一大半内容。他的第二次
狂躁不安,是因为前未婚妻在教堂里向他点头,让他心生怀疑,
他再次去柏林避难,并且在那里待了近两个月,其间他写了《重
复》和《恐惧与颤栗》。后来他又去了柏林两次,但是每次都不超
过两个星期。通往柏林的那条小径对他来说已经变得熟悉,因
此也相对容易走,尽管短途旅行令他不适,还有从斯特拉尔松德
到柏林的旅程很艰难,他在《重复》(第 36 页及以后)中发自内心
地描述了这件事。但是他没有拜访过其他任何一座外国城市。
这一点更为重要,因为他有出国旅行的财力。他曾经在自己的
日记里写道:"我是一个诗人,我必须旅行。"但是没有任何结果。
我经常猜测,如果 S. K. 去过意大利,他会受到什么影响呢? 正
如安徒生如此兴高采烈地去了意大利,正如托瓦尔森去了意大
利,他们受到了如此良好的影响,就像他的许多同胞在当时和现
在都会去意大利一样。意大利能治愈他的忧郁吗? ——也许还
会熄灭他独特的天赋! 我记得他无法忍受高温,也不喜欢明亮
的阳光,他携带着自己那把著名的雨伞来抵御阳光;他对秋季的
偏爱超过一年中的其他季节,他对傍晚的偏爱超过一天中的其
他时段。也许 S. K. 不会爱上意大利。

日德兰荒原

　　S. K. 即使身在国内,也只进行过一次西兰岛以外的旅行。
这是一次虔诚的朝圣之旅,他穿越国土去了日德兰半岛和父亲
出生的荒原,当父亲还是个孩子的时候,就饱受饥饿、寒冷与孤
独的折磨。S. K. 的这次旅行不是在父亲死后立刻进行的,而是
在他一有空旅行的时候,即在通过神学答辩,实现了父亲首要的

愿望以后进行的。他的父亲迈克尔·佩德森·克尔凯郭尔出生在塞丁，它不是一个村庄，甚至不是一个小村庄，而是一个散落在荒野里的教区，牧羊人和泥炭挖掘者在那里勉强维持生计。近来，恩里科·达尔加斯的劳工们和荒原协会一直主张收回这片荒野用于耕作。然而即使是现在，塞丁的小石头教堂仍然让人们会想到那里极度的贫穷和荒凉。当时，小石头教堂的附近没有任何住宅，它太穷了，没有钟楼，只有祭坛、一个色彩鲜艳的讲坛和一个巨大的十字架，唯一的装饰品是中殿墙上的两块木牌，在它们黑色的背景里刻着镀金字母组成的铭文。其中一块木牌是 S. K. 的父亲于 1821 年安放在那里的，记录的是他为了纪念母亲的兄弟尼尔斯·安德森·瑟丁，给了教区一笔捐项，在他 12 岁的时候，瑟丁将他从痛苦的命运中解救出来，带他去了哥本哈根，从而开启了他通往财富的道路。他提供这笔捐项，是为了支持一名合适的教师，以帮助贫困的小学生们（他们需要在教区教堂担任唱诗班歌手），并且购买适用的教科书。

另一块木牌记录的是，侄子迈克尔·安德森·克尔凯郭尔为了纪念 S. K. 的父亲，给了学校和教区的穷人一笔捐项，父亲将自己的生意传给了这位侄子。他形容自己的叔叔是"我年轻时的引导者和支持者，也是塞丁学校的恩人"。1935 年，在 S. K. 逝世 80 周年的纪念日，我看到里伯的主教给这座教堂捐赠了一个大理石桌子以纪念 S. K. ，同时还捐赠了一座纪念碑，它标志着这里是 S. K. 的父亲出生的地方。这个贫穷的农户曾经在古老的牧师住宅里居住，没有留下任何痕迹，而他们的姓氏"Kierkegaard"就是在这里取的。这座教堂太穷了，没有自己的牧师，于是就将牧师住宅连同它的俸禄土地（等同于墓地，也叫教堂墓地或者丹麦语中的"Kirkegaard"）都租了出去，住在里面的农户也就取了这个姓氏。在丹麦，许多姓氏还很新、很不稳定，所以下一户搬来的人家也用了同样的姓氏。S. K. 的父亲到哥本哈根定居时，就像英国的泰勒、斯密斯和其他许多人一样，他给这个姓氏加了一个"e"，以区分姓氏和普通名词。老克尔凯郭尔为他的母亲和两个姐妹建造的"红房子"也空空如也,建造的前提是在她们死后,它应该用作校舍。它与所有其他的房子一样,屋顶覆盖着茅草,然而,因为它是用砖和木材建造的,其他所有的房子都是用黏土建造的,所以它在那个地区令人敬佩。

在红房子里,S. K. 和他唯一健在的姑妈待了 3 天;甚至在那里,各种生活条件一定是很原始的,至少可以这么说,因为他在日记里写道:"看来我必须体验各种最强烈的反差。在我和我可怜的老姑妈一起生活了 3 天以后,就像尤利西斯和他的同伴们[字面意思是,马厩里的兄弟]一样,我来到的下一个地方充斥着伯爵和男爵,真是骇人听闻。"

想到父亲小时候的极度痛苦,想到他当时知道了使父母一生蒙上阴影的罪的秘密,这片荒凉的荒原给 S. K. 留下了深刻的印象。在到达塞丁之前的最后一个驿站,他写道:"在这里,我完全是只身坐着(事实上,我也经常孑然一身,但是我从来没有意识到这一点),数算着时间,看还有多久才能见到塞丁。我记忆中的父亲永远没有任何变化,现在我将看到那些因着他的描述而常常让我产生乡愁的地方。设想我会患病,然后被埋葬在塞丁的坟墓里! 离奇的想法。他对我的最后一个愿望实现了[也就是说,事实上 S. K. 已经参加了神学答辩]——我的整个尘世命运可能就只有这样了吗? 仁慈的上帝啊! 考虑到我受惠于他的一切,我的任务不能如此卑微。我从他那里了解到什么是父爱,所以我对神圣的父爱有了一个概念,这是人生中不可动摇的东西,也是真正的阿基米德点。"

下一个条目是:"但愿我知道,一个年轻女孩会——"如果一个人没料到在这次朝圣中,他不仅想起了自己已故的父亲,而且想起了他未来的新娘,他许多郁郁寡欢的条目隐晦地提到了她,那么这个人可能会感到惊讶。这是一个焦虑的想法,也许周围的环境使他更阴郁了;我们在日记里读到,"Nulla dies sine lachryma"(没有一天不流泪),我们无法分辨 S. K. 的眼泪是为所爱的哪一个人流的。这个故事必须留在另一处讲述。阴郁的印象占据了主导地位："这里有一个故事，在塞丁附近有一所房子，从前住着一个人，他比其他所有人都活得更久，并且埋葬了他们。他在泥炭地里犁出许多长长的沟壑，然后将邻居们埋进了长长的沟壑。"

这种忧郁的印象持续了下去，多年以后他写道："有一天，我坐在那里，沉浸在一种奇怪的心情里，然后我读了一首古老的民歌，它讲述了一位少女期待自己的情人在星期六晚上出现，但是他没有来，所以她上床睡觉时，'哭得如此伤心'；当她再次起身时，还是哭得如此伤心。突然，我眼前的场景变得更开阔了；我看着日德兰荒原，它拥有难以形容的孤寂和一棵孤零零的落叶松；现在，一代又一代的人出现在我面前，他们中间的未婚少女们都在为我歌唱，她们哭得如此伤心，然后又沉潜回自己的坟墓，我和她们一起哭泣。"

然而，他对小红房子提供的各种田园诗般的印象并非漠不关心："在傍晚时分，我站在这个小地方的门前，干草总是散发着香气；漂泊回家的羊群构成了前景；团团乌云被许多道强烈的光束打破，这表明有一场大风——荒原正在这个背景中上升——但愿我还能清楚地记得那天晚上的印象。"他说："荒原一定特别适合培育强壮的头脑。这里的一切在上帝面前都是赤裸裸的、没有遮掩的；在这里没有任何地方可以容纳许多分心的事物，在这里意识可以隐藏在许多隐蔽处和裂缝中，严肃性在归拢分散的思想时如此经常地遇到麻烦。在这里，意识必须明确地、精确地将自己包围起来。的确，荒原上的人们很可能会说：'我往哪里去躲避你的面呢？'"

在到达目的地的前几天，S. K. 写道："我本想在塞丁教堂进行第一次讲道——现在算来一定是下个星期日——因此我毫不奇怪看到的经文[即三一节之后的第 7 个星期日的福音]是马可福音 8 章 1—10 节(喂饱四千人)，这些话给我留下了深刻的印象：'**在这旷野**，从哪里能得到粮食，叫这些人吃饱呢？'我要在日德兰半岛最贫穷的教区、在荒原的乡村里讲道。"没有关于 S. K.

在塞丁讲道的任何记录；然而在他的下一本日记里，有 4 个条目特意提到了上面引用的经文，并且概述了围绕这段经文写下的一个令人印象深刻的布道词。

我现在无法从这一点连贯地讲述 S. K. 的订婚；因为我们还没有来到**他的**故事；这是 S. K. 的遥远的背景，通过他的眼睛看到的与父亲直接有关的背景。我们现在必须说一说关于迈克尔·佩德森·克尔凯郭尔的事情。

父亲

当大卫*还是个孩子的时候，他是 8 个兄弟中最小的，他从照看羊群的草地里被呼召出来，被撒母耳膏立为以色列的王。小迈克尔·佩德森·克尔凯郭尔，一个有 9 个孩子的家庭中的一员，他 12 岁的时候就在日德兰半岛西部荒凉的荒原上当牧羊人，他遭受着寒冷、饥饿和孤独，此刻他意识到头脑里的各种恩赐只会加剧自己的不满，他似乎注定要过一种贫穷的、默默无闻的人生，却突然发现自己被母亲的兄弟尼尔斯·安徒生·瑟丁选中，他们一起去了哥本哈根，在那里，舅舅作为售袜者开设了一个小店铺。对我们来说，这就像是一个童话故事，而对于一个小男孩来说，这是更为奇妙的事情，当他达到不满的顶点时，却发现自己开始走向富裕。对他而言，它才不是什么童话故事；由于受到虔诚的教育，他在这个故事中看到了上帝的手——他战兢起来。

由于羊毛主要产于日德兰半岛，自然而然地，日德兰人在这个行业占据了重要的地位。S. K. 每一本新的《造就人的讲演》都献给他的父亲，他经常形容父亲"在这个城市里以前是售袜者"。他谦虚地使用了一个谦卑的头衔。这个"售袜者"不仅仅是一个袜子经销商；他还经营成衣。英国人可能会说他经营的

---

　*　大卫，伯利恒人耶西的第八个儿子，以色列的第二位国王。——译者注

衣服是粗制滥造的,但是我们美国人几乎不知道这种招致反感的区别,因为我们大多数人几乎无法想象一个人的衣服可能是定做的——而且衣服经常应该是定做的时候,却不是如此。毫无疑问,S. K. 的父亲是一个非常能干的人。虽然他满足于登记为一名售袜者,但是他在布料方面发展出了相当可观的业务。1780 年 12 月 4 日,他在只有 24 岁时就获得了经营食品的许可证,而 1788 年 9 月 19 日,他获得了皇家的专利许可,可以经营中国和东印度的商品,以及来自丹麦西印度群岛的商品,"比如糖(精制糖和非精制糖)、糖浆和咖啡豆,并且将其批发和零售给所有人。"当他不到 30 岁的时候,他就成了一个体量很大的批发杂货商。就这样,他积累了一笔可观的财富——而在他 40 岁的时候,他急流勇退地退休,将自己的生意留给了一个侄子,迈克尔·安德森·克尔凯郭尔。

我们不能不对这个决定感到惊讶,因为很少有商人在精力尚未受损的情况下,正当中年就退出成功的事业。事实上,他还没有到中年,因为他之后又活了 42 年。他的妻子一死,他就立即退休了,从某种意义上说,这就是退休的原因。她在结婚两年后就去世了,没有给他留下任何孩子。人们可能认为,这个没有孩子的鳏夫会觉得自己有必要更彻底地投入到事业中去。

然而,这并非唯一的谜团。在哀悼年结束之前,他于 1797 年 4 月 26 日娶了安妮·索伦达特·隆德,一个来自日德兰半岛的女性远亲,在他妻子去世之前,这位远亲在这栋房子里当仆人——用新英格兰的委婉说法是"帮工"。第一个孩子,马仁·克尔斯滕,生于 1797 年 9 月 7 日,确切地说,离他再婚只有 4 个月零 11 天。在接下来的 8 年里,他又得到两个女儿,尼科琳·克里斯汀和彼特拉·塞维琳,以及出生在郊区小镇希勒勒的长子彼得·克里斯汀,那是在迈克尔·克尔凯郭尔举家迁往哥本哈根之前,索伦·迈克尔于 1807 年出生于哥本哈根,两年后,在父亲购买了位于新市场与市政厅旁边的大房子之后,尼尔斯·安德烈亚斯在那里出生了。然后,经过 4 年的间隔,有一个出乎意料的祝福,父亲时年 56 岁,母亲时年 45 岁,索伦·奥碧·克尔凯郭尔出生了,他是 7 个孩子中最小的一个。

人们不能不注意到一个事实:这个家庭有两个孩子同名。也许这在丹麦并不罕见,因为母亲是三姐妹中的一个,她们都叫安妮。这里有两个索伦。或者我们应该说有三个吗? 塞维琳是这个名字的阴性形式,索伦是塞维琳的一个变体。我不知道为什么这位于 5 世纪末死在诺里库姆、葬在那不勒斯附近的圣徒在丹麦如此出名,以至于他的名字在洗礼中被赋予婴儿的频率比任何其他圣徒的名字都要高。依据索伦森仍然是最常见的姓氏之一这个事实,我们可以推断出索伦的使用频率有多高。但是没有男孩再叫索伦了。S. K. 是最后一个索伦,或者更确切地说,是他破坏了这个名字在未来的使用情况。丹麦最伟大的作家受到的普遍嘲笑使这个名字变得如此荒谬,以至于“不要做一个索伦”据说是对孩子们的警告。

关于自己的出生,S. K. 有一次用阴沉的机智评论道:“那一年,有那么多毫无价值的[字面上说,疯狂的]钞票在流通。”他想起自己出生前两个月发生过严重的通货膨胀,丹麦大多数的富裕家庭都破产了。为了在拿破仑战争中扮演好自己的角色,丹麦政府发行了数量惊人的纸币,当然,这导致信贷彻底崩溃了。唯一没有缩水到面值一小部分的证券是所谓的“皇家贷款”。在此基础上,由于各种债券主要由外国政府持有,丹麦不得不支付约定好的黄金利息。老克尔凯郭尔将自己所有的财富都投资在这种安全感上,因此,在各种价值普遍崩溃时,他不仅像以前一样富有,而且比以前更加富有。

这位富人住在自己的豪宅里,过着家长制的简朴生活,并且以传统的严厉统治他众多的家人。他笃信宗教,在敬畏上帝的环境里抚养孩子们。尽管他忠于国教,并且忠于后来成为西兰岛主教的牧师 J. L. 明斯特,但是有一段时间他经常参加莫拉维亚兄弟会的聚会,他在那里找到许多朋友,他们与这一家人变得亲密起来。他自己深刻的忧郁,让他的宗教给人的印象有一种严肃和阴郁的特征,这种特征对他的孩子,尤其是对索伦来说是灾难性的,这一点在后续的故事中将会很明显地表现出来。

没有多少退休以后的商人会像他那样设法利用闲暇时间。他显然有一个强有力的头脑,尽管完全缺乏学术训练,他却能够处理哲学与神学中的那些最深奥的问题。他的大部分时间都用来深思德国哲学家们,他最大的乐趣是与那些爱好相似的人讨论这些崇高的主题。据 S. K. 说,在这些讨论中,他的父亲是不可战胜的。

孙女亨利埃特·隆德对 S. K. 的母亲的描述是"一个性情平和、快乐的可爱小女人。她的孩子们的智力发展超出了自己的理解范围,在她那颗不安的心看来,他们的高空飞行飞离了她觉得像家一样的地方,飞离了她乐意将他们留在那里的地方。因此,当一场短暂的疾病迫使他们在她的统治下待上一段时间时,她从来没有像当时那样兴高采烈过。当她能让他们安睡在床上时,她特别满足,因为她高兴地挥舞着权杖,像母鸡依偎小鸡们那样依偎着他们。"

令人惊讶的是,尽管在日记和作品里,S. K. 对父亲有如此多的评论,但却没有一个地方提到母亲,这不是好兆头。很明显,她在道德上对 S. K. 没有任何影响,或者只有一种消极的影响。S. K. 似乎在童年早期就已经预见到,也许从父亲对待他 7 个孩子的母亲的态度推断出,她并非最高意义上的妻子。明斯特主教记录的一段回忆,回溯到了作为迈克尔·克尔凯郭尔的牧师的那段时间,似乎表明他继续将自己的第一任妻子视为自己真正的妻子。明斯特说,当这个男人已经和他的第二任妻子结婚后,有一天他非常激动地来到自己身边,说:"天哪,我今天一直在想我那蒙福的妻子,……我如此长久地想念她,……这是两百美元。你愿意将它们送给穷人吗?"可以肯定的是,这位母亲在那个家庭里无足轻重——即使当管家的是她,父亲还是会照管一切,甚至买食物。事实上,有什么东西在妨碍 S. K. 尊敬他的母亲,妨碍她将他当作儿子来爱,这当然是他的悲剧的一个主要原因,也许这在一定程度上可以解释,他无法通过娶一个他爱的女人来"实现普遍性"。他写了那么多关于女人的东西,而且写得如此优美,虽然他最后将女人写得那么恶毒,但是他能将女人看作男人的对应物,除非当他写关于"圣母玛利亚"的内容时,否则他很少谈到女人作为母亲的最高贵、最温柔的一面。

然而,如果说 S. K. 忧郁的性格在某种程度上遗传自他的父亲,他将父亲描述为"我曾经认识的最忧郁的人",那可能是因为他从母亲那里得到了相反品质的欢乐。在他从学校校长那里拿到的申请大学的推荐信里,他被描述为"亲爱的和快乐的年轻人"(juvenem carum et jocundum)。"他智力超群,"这位教区牧师说,"对任何可能带来不同寻常的兴趣的东西都持开放态度,但是在很长一段时间里,他非常幼稚,完全缺乏严肃性。……他渴望自由和独立,这也在他的行为中表现为一种善良的、有时滑稽的傲慢。"在这里,我期待着 S. K. 童年时代的故事,但是仍然着眼于背景,并且提出他的遗产可能至少包括一种抵消忧郁的特性,假如忧郁的解药不是遗产的话。很自然,S. K. 更敏锐地意识到了自己的忧郁,甚至认为自己为了掩饰而假装的欢乐不过是一种巧妙的伪装。但是,如果在阴沉的 S. K. 下面没有一个欢乐的 S. K. 的话,也许他从童年起就不可能以这种方式欺骗所有人。在我看来,S. K. 从始至终有一种孩子气的品质,这是使我尤其喜爱他的一个特点。他像孩子一样敏感,像孩子一样温柔,他总是很幽默,经常异想天开;他像孩子一样,习惯于玩弄自己的思想,甚至在自己严肃的作品里也继续玩弄它们——在他的许多读者看来是丑闻。这一点更值得注意,因为它与他命运的严酷和目标的严厉形成了鲜明的对比。因此,即使他的母亲对他没有产生任何个人的影响,他至少受惠于她的生育之恩。

虽然 S. K. 来自一个身体健壮的民族,父母都是来自日德兰半岛西部的农民,这是丹麦最纯粹的丹麦人血统,但是这个家庭的大多数孩子的早逝表明,他们的身体很虚弱。S. K. 当然是一个未老先衰的孩子,他的身体与他的头脑不相称,这令人深感遗憾。但是除此之外,这个家庭还有精神不稳定的污点,这在一定程度上可以解释父亲的忧郁,也完全可以解释他的哥哥彼得·克里斯蒂安的忧郁,它如此接近于精神错乱,以至于后者不得不辞去主教的职务。彼得已经竭尽全力地对抗父亲认为自己犯下不可饶恕的罪的错觉,他自己也成了同样的错觉的受害者。彼得的儿子因为精神错乱被关进精神病院里——但是他风趣地说,"我的叔叔是或此或彼,我的父亲是兼而有之,我是两者皆不是。"S. K. 的另一个侄子几次受到精神错乱的侵扰,他在有一次犯病时自杀了。

很自然地,人们会提出一个问题,即 S. K. 是否完全精神健康。他会说不——但是他会补充说,没有一个人是完全精神健全的。他认识到,他年轻时反叛父亲和上帝的时候,他若干次"处于精神错乱的边缘",担心自己真的会精神错乱。他好几次企图自杀。在这样一个时期,他成功地保持了平衡,这似乎很不可思议,但是没有什么能比他成功的事实更清晰的了,他头脑的力量和直截了当的思维习惯显然救了他。这完全拯救了他,他在以后的人生中再也没有理由害怕精神错乱。在以来的人生中,他也得到了基督教信仰的安慰。

在《恐惧与颤栗》一书中,假名作者沉默的约翰尼斯引用了塞涅卡的一句话,这句话又是他从亚里士多德那里引用的:nullum unquam exstetit magnum ingenium sine aliqua dementia(伟大的天才总是有些疯狂)。然后他接着说:

"这种精神错乱分派给天才的在存在中的痛苦,如果我可以这样说的话,它是神圣嫉妒的表达,而天才的恩赐是神圣恩惠的表达。因此,从一开始,天才在自己与宇宙的关系里迷失了,而且自己与悖论有了关系——无论他的有限性是否会让自己感到绝望(在他眼里,有限性使他的无所不能变成了无能为力),他寻求的是一种魔鬼般的安慰,因此,他在上帝或者人面前都不会承认这种局限性,否则,他会通过对上帝虔诚的爱来安慰自己。在我看来,这里有一些隐含的心理学主题,一个人可能欢喜地奉献一生去探讨它们——但是很少有人听说过这些主题。疯狂和天才有什么关系？我们能将一个构建在另一个之上吗？天才可以在多大程度上控制自己的疯狂？因为不用说，要么他在一定程度上能掌管疯狂，要么他实际上是一个疯子。然而，对这些观察来说，高超的足智多谋和爱是必不可少的；因为对一个卓越的头脑进行观察是非常困难的。如果对这一困难给予应有的重视，我们就可以读懂那些以天才著称的特定作者们的作品，否则，尽管我们付出了千辛万苦，却也许只能在某个实例中发现一点线索。"

如果这可以被视为 S. K. 邀请我们研究他的案例，这很难对人有吸引力。若干弗洛伊德主义者在没有观察到这些非常严苛的条件的情况下，轻率地对 S. K. 进行精神分析。丹麦奥林格精神病院的院长哈尔玛·黑尔维不辞辛劳地阅读了 S. K. 写的每一个字，并且带着同理心研究了它们。黑尔维谦虚地用以下几句话结束了自己的序言："无论一个人认为自己说得多么好，他总会发现 S. K. 说得更好。"我对黑尔维给出的结论没有什么可挑剔的，只是它不太有启发性。他得出的结论是 S. K. 患有抑郁症，然而，它与躁狂的兴奋交替出现，需要注意的是，"躁狂"是一个专业术语；S. K. 并没有被宣布为精神错乱。在我看来，S. K. "说得更好"。

在徒劳地向医生们寻求帮助后，S. K. 成了自己灵魂的医生。通过分析自己的症状以后，包括正常的状况和病理的症状，他成了一名心理学家，因此他预见到了很多现在在"深层心理学"的名下研究的东西。当我们这些意识正常的普通人忙于思考 S. K. 是否精神健全的问题时，他完全有能力扭转这个局面。在《重复》(第 98 页，参见第 II 页)中，"年轻人"看起来完全是正常的，而康斯坦丁·康斯坦提乌斯看起来似乎有点疯狂，他对这位导师说的话如下："我钦佩你，但是有时我觉得你好像精神失常了。或者，你屈服到这样一种程度，让你的每一种激情、每一种情感、每一种心情，都受到冰冷的反思的约束，这难道不是一种精神错乱吗？你如此正常,你只有一种理念,你不像我们其他人一样顺从和屈服,你无法迷失和失去自我,这难道不是一种精神错乱吗？你总是醒着,你总是肯定,你从不迷糊、也从不做梦,这难道不是一种精神错乱吗?"

背景介绍到此为止。它已经足够黑暗了,但是稍后会有更加惨白的光芒洒向它。

在这一点上,我也许应该说,没有人比我更倾向于相信,克尔凯郭尔的性格是固定的,他的命运是确定的,所以可以根据遗传和环境来解释他的人生。这些因素当然产生了一种惊人的影响,我们可以在一定程度上追溯它们;通过回顾自己的童年生活,S. K. 获得了对自己的一种理解,他对"家庭、家族、民族"有着不同寻常的强烈的团结感;但是另一方面,个体的自由和责任是他最热切的确信,因此他是这样描述的,"个体高于民族"。我知道,如果我以唯物主义历史学家的方式,努力通过这种遗传和环境的背景来描述他,我应该会遭到他严厉的反对。

第二章

童 年 时 代

童年时代的游戏占据了心的一半，

上帝占据了心的另一半。

——歌德

1839年9月9日，S. K. 在日记里写下了《浮士德》中的上述诗句，并且表示他找不到更好的格言来描述自己的童年时代。日记里的日期是如此稀疏，以至于一个人要开始保持警惕，以便在即使如此简短的一个条目中发现特殊的意义。下一个条目也标注了日期(9月10日)，它记录的远见实际上是一种后知后觉的反思，当日记在回顾过去时，眼睛看到的是对未来的反思。从这一点上，人们可能会猜测，S. K. 在那一刻正在专心致志地回顾过去的生活，以期看到自己的未来。事实上，他对自己人生的前26年作了一次这样的回顾，并且将它仔细地写在一份未标明日期的文件中，我们毫不犹豫地将其归于这个时段，因为它以歌德的这几句诗开头，用一个"漫长的间歇"作为结尾来表达悲痛的不耐烦，然后他发现自己身处其中。它没有写在日记里，而是"写在3张精美的信纸上，小八开，镀着金边。"，巴福德*这样描述，老主教彼得·克尔凯郭尔(在他哥哥去世12年以后)迟迟不

---

* H. P.巴福德，S. K.日记的第一位编辑。——译者注

肯向巴福德透露这些日记和文稿的出版情况。但是,哎呀,原始文件已经不存在了。巴福德曾经复印过这份文件——然后由于难以置信的疏忽,它被弄丢了。巴福德对泄露给他的所有手稿都同样粗心,一旦印刷出版就将手稿撇开不管了。这是唯一悲剧性的损失。这是悲剧性的,因为他在印刷时将它弄乱了。这引起了很大的混乱,他将写这份文件的时间定在 1838 年 5 月 S. K. 25 岁生日和第二年 8 月 8 日他父亲去世之间。幸运的是,克尔凯郭尔的德国爱好者戈特舍德承担起了编辑克尔凯郭尔的文稿的任务,10 年后,巴福德因健康状况不佳而放弃了编辑工作。在不到两年的时间里,戈特舍德令人钦佩地、迅速地完成了自己的任务。但是最新版本的编辑们毫无疑问地接受了巴福德提供的金边文件的日期,英语翻译者们自然照单全收了。奇怪的是,巴福德虽然承认他不理解这份文件的重要性,却模糊地意识到了它的重要性,将它放在最显著的位置,就是日记第一卷开头的那些最早的条目之前。在那里,它以一种混乱的形式站在门槛上,成了 S. K. 生平的每个研究者最初的绊脚石。他们几乎所有人都被它绊倒过。

由于这些误解,这份可能对了解 S. K. 早期人生最有帮助的文件成了最大的障碍。研究 S. K. 的丹麦学者们,即使他们没有完全误入歧途的话,也一直无可救药地感到困惑。这也许可以解释一个令人震惊的事实,尽管有关于 S. K. 的所有文献,尽管丹麦人的独创性研究揭示了特定的事件,为传记作家提供了丰富的材料,但是并未出现严格意义上的传记,也就是说,在我的《克尔凯郭尔》之前,没有人对 S. K. 人生的前 30 年进行遗传学方面的研究——或者,正如霍伦伯格宣称的,当他自己的书在 1940 年出版时,他对我的那本传记一无所知。像我一样,他从哥廷根大学的伊曼纽尔·赫希教授那里学到了公正地评价金边文件的意义的方法,赫希说,"尽管它很简洁,却是一部成熟的、深思熟虑的宗教自传,在这个小小的罗盘里,包含着惊人的、辩证的精妙,简而言之,它是我们怎么称赞都不过分的一件小小的杰作。"我一直在孜孜不倦地追踪这份文件提供的各种线索,这一点可以从以下事实中看出:在本章的开头,以及在以下 7 个章节(即第 50、59、69、89、97 页)的开头,我已经将这份文件分成 6 个部分一个接一个地放了上去。

因为我已经对这份文件做了如此多的研究,所以我有责任证明,我对它的评价是正确的。对我来说,这种必要性是让人悲痛的,远比我要坚持的枯燥细节更让读者费解。因为我本来打算写一本关于 S. K. 的通俗读物,没有脚注,没有引用权威,也没有丝毫学究的外表;在这里,我一开始就面临着这个可怕的暗桩,是否有必要写一本笺注——或者放弃整件事情。在这个问题面前,我踌躇了 5 天,绝望地盯着它,却无法动笔。

然而,必须做这件事!我召集了一些读者来磨练他们的机智,让他们准备花几分钟时间来解决一个像字谜一样复杂的问题。我感到有些安慰的是,许多人喜欢谜题,侦探小说对他们来说也并非是错综复杂的。S. K. 恶意地为他的传记作者们提供了许多谜题。他吹嘘自己作为一名心理观察者,拥有一名警探所需要的各种天赋,他非常小心地掩盖自己的行踪,因此他确信没有人能发现自己的秘密。但是这种吹嘘对聪明的学者们来说是一种挑衅,我相信,在整个文学史上,人们从来没有用如此多的敏锐去挖掘一个作者的各种秘密——也许除了这种情况,就是不费吹灰之力地发现莎士比亚所称的"这些令人不安的丨四行诗的创作者"是谁。总的来说,这些解谜者,尤其是 P. A. 海伯格和弗里肖夫·勃兰特,都高度地成功。但是,正如我们将要看到的,这份金边文件为发现 S. K. 最深处的秘密提供了线索,而且由于人们普遍误解了它的意义,这条线索没有被人富有成效地跟进。

我必须在这里简要描述一下这份文件的内容,尽管读者会在相应章节的开头找到 6 个部分的全部翻译。在 3 张金边信纸上,S. K. 试图在 3 个标题下对自己的一生进行简要的评价:"童年时代""青年"和"25 岁"。在每一个标题下都有一句诗意的格言,代表着他人生中的一个特定的时期。我们几乎不得不假设,这样一份特别优雅的文件是相称的,即每一页都专门用来记录一个特定的时期。这意味着 3 篇散文评论现在被归在一起,放在诗句之后,起初将它们中的每一个都放在与之相关的格言之后。事实上,巴福德在序言中肯定了这一点,因为他说(尽管没有人注意到)每一篇散文,"可以看到",都追随着与它相称的格言。哎呀,这再也看不出来了——这是悲剧的! ——因为,当它们被印刷出来时,3 则带有各自标题的格言是连续的,在它们之后,3 篇散文评论在结尾被归在一起,就好像它们都与最后一个时期相关,也就是与所谓的"25 岁"相关。因此,第一篇散文评论以一个明确的时间标识开始("然后发生了大地震"),人们设想它与 S. K. 在 25 岁生日时的一个发现有关,根据当时的丹麦法律,他已经成年。人们设想,父亲选择在这个时候向 S. K. 吐露了那个可怕的秘密。没有比这更离谱的了。随后我们将看到,在这个庄严的场合,父亲确实向儿子揭露了一些东西,但是这些东西与那场地震完全不同,它们是为了补偿。这就是 S. K. 与父亲和解的时刻。但是,是什么导致了他之后的反抗呢? 我们将在适当的时候看到,正是发生在他 22 岁时的那场大地震,也许是在他的 22 岁生日时发生的,结束了他孩子气的天真和信仰。

赫希教授试图重建 S. K. 早期人生的发展,决心对这份文件完全置之不理,因为他觉得当时对它的解释没有提供任何可靠的基础。但是当他从日记得出一些确切的结论时,他明白了应该如何理解这份文件,也就是说,应该按照什么顺序阅读它;他意识到,这为他本应通过一条更艰难的道路得出的那些结论提供了捷径。在我更厚的那本传记中,我要求读者走的是一条更费劲的小径;在这本薄书里,我必须走捷径,为了证明它的正确性,我必须要求读者花一点时间关注这篇令人费劲的专论。

赫希并没有怀疑所有的麻烦都是由于印刷这份文件时的粗心造成的。他没有注意到,巴福德承认它没有按照原来的顺序印刷。他也没有注意到,巴福德承认自己不理解这份文件:"除了最后一篇散文作品,如果我没有理解错的话,没有一篇文章与上面写的格言有任何联系。"由于巴福德认为这两者之间没有任何联系,他对这些散文作品的印刷顺序漠不关心。赫希也评论说散文作品与格言明显不相关,然而,他看到它们不仅是无关紧要的,而且是反题的,因此散文作品与格言是一种辩证的关系,将 S. K. 展示为"一个拥有许多反题的人"(第 97 页最后一段的"真实自我"和"反思自我"说明了这一点),他的命运也卷入了反题之中,因此他必须用黑格尔的三段论来解释自己的人生:正题(孩子般的信仰);反题(反抗上帝);合题(与上帝和他的父亲和解)。赫希强调这是一本宗教自传。正因为如此,S. K. 的"童年"得以延续到 22 岁,从而包括了他父亲统治下的以直接宗教为特征的整个时期。他在"青年时期"反抗父亲的忏悔的笃信。成年后,S. K. 发现自己和父亲真诚地联合在一起忏悔——父亲死后,S. K. 在"漫长的间歇"里忏悔。

我要忏悔的是,我曾经满怀希望,希望能够达到一种如此优雅的简明,以至于这本薄书可能会跻身伟大的传记之列,因为它交待的是如此伟大的、有趣的一个人物。我自称是他的钦佩者,有那么一刻,我徒劳地认为也许自己可能会成为他的诗人。这种骄傲的希望现在已经消失了。

显然,我只是一个学究。也许 S. K. 毕竟不是一个适合简单交待的对象。我有一种不安的预感,也许在这样的任务中,我可能无法在后面避免完全类似的题外话。但是,以后再也没有像现在这样的紧急情况能给我带来如此大的痛苦。这个暗桩卡在我的喉咙里,让我想起了一位中国禅宗大师对佛法的阐释:"它就像一个滚烫的冰球卡在你的喉咙里;你既取不出来,又咽不下去。"最后,我"咳出了"它——用 S. K. 的表达方式来说的话,意思是我已经将它从我的胸口取了出来。一般来说,艰难的写作会使阅读变得容易,而"不含泪水的阅读"的可能性意味着某个人已经流过很多的眼泪。

现在让我们回到这句格言：

> 童年时代的游戏占据了心的一半，
> 上帝占据了心的另一半。

这意味着 S. K. 的童年时代通常是快乐的，他的校长和他最亲近的亲属的描述却表明，忧郁蒙蔽了他的视线，甚至他的早期人生似乎也带有忧郁的色彩，无论如何，在他自己看来，他的童年并非如此阴云密布，他用一种更遥远的视野来描述它。我们有理由相信，从严格意义上说，他在童年时代并没有患上忧郁症，这种疾病是在大地震之后才出现的。"上帝占据了心的另一半"证实了他经常表明的质疑，即他从父亲那里接受的宗教教育，无论它可能多么有悖常理，无论它对童年时代来说多么不恰当，无论它给他留下了多么深的道道伤疤，都产生了将上帝不可磨灭地"植入心中"的效果。尽管他接受的关于宗教教育的一切都是严酷的，但是我们听到他说，"孩子先验地理解到上帝是爱的上帝，这是主要的事情"，他的意思是让我们理解，这是他从父亲那里得到的领悟。

一年前，也就是 1838 年，他在自己的日记里写道，在一次乡间短途旅行期间，他看到自己小时候穿着"绿色的小夹克和灰色的马裤"在农场里跑来跑去，幸福的童年时代的记忆在他心中苏醒了。他补充说，"哎呀，我现在已经无法追上自己了；我的童年时代唯一剩下的事情就是哭泣。"

许多描述一致表明，S. K. 就像是家里的便雅悯，被姐姐们宠爱着，严厉的父亲也倾向于纵容他。尽管 S. K. 没有向我们传达对父亲的任何批评，但是紧接着，这种批评并没有被赦免过错的观察撤销，我们从其他材料得到的各种迹象表明，这位老人是多么令人无法忍受。例如，有一次，小索伦不小心将盐打翻了，父亲大发雷霆，说小索伦是"浪子"——还有比这更糟糕的事情。然而，总的来说，尽管父亲要求无条件的服从，却是公正的，他显

然偏袒这个最小的儿子,容忍 S. K. 的无礼,鼓励一种亲密关系,
这种亲密关系在一个老人与小儿子之间是罕见的,甚至是独一
无二的。索伦是一个俏皮的孩子,这一点可以从他在家族中广
为人知的绰号看出。他被称为叉子——他在餐桌上被指责用叉
子贪婪地将食物铲进自己的盘子里,在这个插曲之后,他回答
说:"我是一把叉子,我将戳向你。"这是他性情的一个重要特征,
正如我们将看到的,这是他毕生的一个主要特点。在童年时代,
这种特点的形式是俏皮的,这让他受到老师们的严肃斥责,有时
还会被大块头的玩伴打得鼻血直流,因为他从不因害怕而退缩,
而是用自己尖刻的机智对付身体比自己强壮的同伴。他的同学
们后来回忆了这位伟大人物还是一个男孩时的情景,却没有给
他描绘一幅令人愉快的画面。其中有一个人形容他是"一只普
通的小野猫"。维堡的主持牧师维尔丁写道:"对于我们这些真
正过着男孩子气生活的人来说,S. K. 是一个陌生人,也是一个
值得同情的对象,尤其是考虑到他穿的衣服总是一成不变,由深
色混合色的粗布做成,剪裁奇特,上衣带有裙摆。他穿着厚重的
羊毛袜和鞋子,从不穿靴子。[这就是低帮鞋与高帮鞋的区别,就
像我们在美国说的那样。]这为他赢得了'唱诗班男孩'的绰号[因
为它很像那些慈善学校里的服装],这个绰号与'索伦·袜'交替使
用,后者指的是他父亲之前做过售袜者的生意。我们所有人都认
为,S. K. 的家笼罩在神秘的半明半暗中,既严肃又古怪。"

他接着讲述了 S. K. 对一位老师的典型反驳:"马蒂森教授
[德语老师]是一个极其软弱的人,他在我们这里没有任何权威。
有一次,当课堂上的胡闹进行得很出格的时候——在他的所有
课堂上胡闹都相当无法无天——当学生们用黄油面包、三明治
和啤酒拼凑成一顿完备的饭食,并且用正式的流程互相祝酒时,
马蒂森教授正要出去向尼尔森教授(校长)报告这件事。我们其
余的人围着马蒂森祈祷,许下各种美好的承诺,然而克尔凯郭尔
只是说,'请你告诉校长好了,你的课堂里经常发生这种事'——
于是马蒂森坐下来,没有打任何报告。"

对这个小男孩来说,父亲强迫他穿得跟其他男孩不一样,这是一种可怕的残酷行为。没有什么比这更让一个孩子痛苦的了。其他男孩的外套没有裙摆,而且他们通常穿靴子。也许正是这种痛苦造成了这样的反应,它促使 S. K. 一旦有自由选择自己的衣服时,就穿得很浮夸。他上大学时欠了裁缝一大笔账,最后由父亲来还债。S. K. 在童年时代就敏锐地意识到,他的家里有一种奇怪的甚至不可思议的东西,也许他和父亲不寻常的亲密关系也是如此,因此他从来没有邀请一个同学来家里拜访。

安格尔牧师骄傲地回忆说,自己一直是班上的第一名,他抹杀了 S. K. 比第二名更高的可能性。他谈到 S. K. 经常参与的"单打独斗",并且评论说:"尽管如此,我们俩谁在班上是最弱小的,谁在体操方面是最差劲的,这一直是个问题。"我们之后将看到,父亲将他送到学校以后,只要求他在班上得第三名。

毫无疑问,索伦是一个身体非常虚弱的孩子,无论他的疾病是什么,它一直追随着他,很可能导致了他的早逝。也许最合理的解释是他的脊椎明显弯曲,他相信,这是在童年时代的早期,自己有一次从树上摔下来引起的。某种脊椎问题是医院后来做出的模糊诊断,他摔倒并且瘫痪后,被人从街上抬到医院去,几周以后就去世了。我们有一些类似的关于发病的描述,他在那些场合有惊无险。例如,在一次社交聚会上,他从沙发上摔了下来,无力地躺在地板上——他恳求自己的朋友们不要将"它"捡起来,而是"让它留在那里,直到女仆早上来打扫"。他的兄弟姐妹们身体都很虚弱,我们不一定能通过他们发现困扰 S. K. 的特殊疾病。因为其中 2 人在索伦 9 岁之前就去世了,几年之后又有 3 人很快相继去世。

身体方面的劣势是他一生中最大的痛苦。他常常将它说成是"我的灵魂和身体之间的不平衡"。当然,在童年时代不能像其他男孩那样生活,对他来说是最痛苦的。即使我们假设他投射到童年岁月中的忧郁实际上是后来才发展起来的,对这种不同于他人的认识,也足以证明他的侄子特罗尔斯·隆德努力将他的童年时代描绘成田园诗般的幸福是虚假的。S. K. 在《观点》中是这样说的：

"在两个直接的时代(童年时代与青年时代)，凭借着一贯拥有的灵巧的反思，我用某种假象被迫帮助自己摆脱了困境，我看不清自己和赋予我的各种才能，我遭受了与其他人不同的痛苦——而在那个时期，我自然会付出一切，哪怕只能短暂地付出。成为一种精神，可以很好地忍受与其他人不同——事实上，这正是精神的负面定义。童年时代与青年时代同物种与种族表达中的属类资格密切相关，正因为如此，那个时期最大的痛苦就是不像其他人，或者像我这样，如此奇怪地颠倒，以至于在每一代人中的少数人结束的地方开始，而大多数人纯粹生活在精神身体综合体的各种因素里，永远无法到达精神——也就是到达具有资格的精神……但是，当一个人是一个孩子的时候——其他孩子会玩耍或者开玩笑，他们做其他任何事情，啊！当一个人是年轻人的时候——其他年轻人示爱、跳舞或者做其他任何事情——然后，尽管一个人是一个孩子或者一个青年，然而他要作为精神去存在！骇人听闻的折磨！如果借助想象力，一个人知道如何表演显得最年轻的把戏，那就更骇人听闻了。"

"我出生的时候就已经是个老人了，"S. K. 在别处这样说。S. K. 在日记里这样描述自己："娇贵、纤瘦、脆弱，我几乎没有任何状况与其他的男孩们保持一致，与他人相比，甚至没有任何条件让我成为一个完整的人；我的灵魂是忧郁和病态的，在许多方面都极为不幸，我只有一样东西：一种显著精明的机智，大概是为了让我不至于没有丝毫防备。甚至在我还是个男孩的时候，我就意识到自己机智的力量，并且知道这就是我与比自己强壮得多的同伴们发生冲突的力量。"

在另一个条目中，他说："从最深刻的意义上说，我是一个不幸的个体，从很小的时候起，我就被牢牢地钉在各种痛苦上，钉在精神错乱的边缘，这可能有其更深的原因，那就是我的灵魂和我的身体之间的一种不平衡；因为(这是一件与我的无限快乐相结合的了不起的事情)这与我的精神完全不成比例，也许是因为灵魂与身体之间的紧张和压力，我的精神反常地获得了一种非常罕见的张力。"

S. K. 在他的几部假名作品中描述了自己的童年，当然，他将自己的经历署以假名。例如，在《或此或彼》的第二部分，他通过威廉法官这副面具描述了自己对学校最初的一些印象。

"我 5 岁的时候就被送到那所学校。这样的事件总是给孩子留下一个印象，然而问题是，什么样的印象呢？孩子们的好奇心被各种令人困惑的概念吸引，这些概念对我来说可能有什么意义呢？我的情况很可能与他们相当类似，但是，我得到的主要印象与他们完全不同。我在学校露面，被介绍给老师，然后第二天，老师给我上了巴利课本的前 10 行，我要将它们背下来。然后其他所有的印象都从我的灵魂里抹去了，只有我的任务清晰地呈现在眼前。作为一个孩子，我的记忆力超常，所以我可以很快地学习自己的课程。我姐姐听我背诵了好几遍，并且肯定我已经掌握了那 10 行课文。我上床睡觉，在睡着之前，我诘问自己是否掌握了课文；我睡觉时有一个坚定的目标，那就是第二天早晨再读一遍我的课文。我 5 点钟醒来，穿上衣服，拿起我的课本，将课文又读了一遍。此刻，一切都在我眼前生动地、清晰地显现出来，就像昨天发生的一样。对我来说，就好像如果我不学习课文，天地就会崩塌；另一方面，就算天地要崩塌，也不能免除分派给我的要去完成的任务，不能免除我学习课文的责任。在那个年纪，我对责任知之甚少；正如你看到的，我还没有从巴利课本(这是一本道德入门书)里了解它们，我只有一个责任，那就是学习我的课文，我可以将自己整个的伦理人生观追溯到这个印象。……当我又年长两岁时，我被送到了拉丁语学校。我在这里开始了新的生活，然而这里给我的主要印象还是伦理，尽管我享受着最大的自由……我只知道一个责任，那就是上学，在这方面，我对自己负全责。当我被送到这所学校时，规定的课本已经买好了，父亲将它们递给我，上面写着一句话：'威廉，一个月以后,你要做班上的第三名。'我与父母的所有废话是绝缘的:他从来没有问过我的功课,从来没有听我背诵,从来没有看过我的练习本,从来没有提醒我现在是时候阅读了,现在该休息了……我对这样一个事实有深刻的印象,那就是有一种叫做'责任'的东西,它具有永恒的有效性。在我那个时代,我们学习语法时非常彻底,而'彻底'在这个时代是不为人知的。通过这种教导,我得到了一种印象,它对我的灵魂产生了独一无二的影响。我无条件地尊重'彻底'这条规则,我对它怀有崇敬之情,我蔑视例外导致的悲惨人生,所以在我看来,它是一条正途,它可以追溯到我的练习本上,但是它总是被污名化——除了存在于每一种哲学思维方式底部的区别之外,它还是什么?当我在这种影响下看父亲的时候,在我看来他就是'彻底'这条规则的化身,来自其他任何来源的东西都是例外,因为那些东西与他的诫命不一致。"

有一部从未完成的作品,现在可以在 S. K. 的文稿中找到,他假名以约翰尼斯·克利马科斯讲述自己从父亲那里接受的更重要的教育。

"他家里的娱乐很少,而且他几乎从不出门,所以他很早就习惯了独自思考。他的父亲是一个非常严厉的人,看上去枯燥乏味,但是在父亲那粗糙的大衣下面,隐藏着一种即使上了年纪也无法熄灭的、炽热的想象力。当约翰尼斯偶尔请求允许外出时,父亲通常会拒绝,尽管父亲偶尔会建议约翰尼斯牵着自己的手在房间里来回走动。乍一看,这似乎是一个可怜的替代品,然而,就像那件粗糙的大衣一样,它下面隐藏着一件完全不同的东西。这个提议被接受了,完全由约翰尼斯来决定他们应该去哪里。于是,他们出门到西班牙附近的城堡,或者到海边,或者到街上,到约翰尼斯想去的地方,因为父亲无所不能。当他们在房间里来回走动的时候,父亲会描述他们看到的一切;他们向路人打招呼,从他们身边驶过的许多辆马车淹没了父亲的声音;烘焙坊的女人售卖的各色美食比以往任何时候都更诱人。父亲如此准确地、如此生动地、如此明确地描述约翰尼斯已知的一切,甚至描述最细微的各种细节,还如此详尽地、清晰地描述约翰尼斯未知的事情,以至于和父亲一起散步半个小时之后,约翰尼斯就像在户外待了一整天一样疲惫不堪。约翰尼斯很快就从他父亲那里学会了如何运用这种魔力。最初的一部史诗现在变成了一部戏剧;他们轮流说话。如果他们走在那些熟悉的小径上,他们会密切注视着对方,以确保没有什么东西被忽视;如果约翰尼斯觉得那条路很陌生,他就会创造出一些东西,父亲的想象力能够在那里塑造一切,将孩子的每一次心血来潮都当作正在上演的戏剧的一个组成部分。在约翰尼斯看来,这个世界似乎正在谈话中形成,就好像父亲是主、是上帝,而他是父亲的最爱,他被允许欢乐地穿插自己的许多愚蠢的遐想;他从来没有被父亲拒绝,他也不会拒绝父亲,而父亲总是让约翰尼斯感到满意。当在父亲房子里的生活继续使约翰尼斯的想象力发展,教导他喜欢珍馐的味道时,他在学校的命运与此完全一致。拉丁语语法的崇高的权威与庄严的规则激起了新的热情。然而,尤其吸引他的是希腊语语法。他沉浸在这一切之中,忘记了像往常那样,他为了优美的韵律而大声朗读荷马的诗。希腊语学者以一种相当哲学的方式教授语法。例如,有人向约翰尼斯解释,宾格表示时间和空间上的延伸,介词并不支配这种情况,然而,正是关系支配着那一点,然后一切在他面前都被扩大了。介词消失了,时间和空间的延伸对于直觉来说仍然是一幅巨大的空白图画。他再次运用自己的创造力,但是方式与以前不同。让他在散步旅行中感到高兴的是,周围的空间被填满了,他无法与想象出来的空间保持足够的距离。他的想象力是如此丰富,以至于他几乎无法在没有想象力的情况下独处。客厅的窗外长着大约 10 片草。在这里,他有时会发现一个小生灵在草茎之间奔跑。这些草变成了一片巨大的森林,森林和那束草一样茂密和黑暗。现在,他得到的不是已经填满的空间,而是空旷的空间,他再次凝视,但是除了巨大的延伸之外,他什么也看不见。"

同样的故事讲述了约翰尼斯在长大以后,如何被允许旁听他父亲的哲学讨论。

"父亲总是允许对手陈述整个情况,然后为了谨慎起见,在自己开始回答之前,他会问对手是否还有什么要说的。约翰尼斯紧张地关注着对手的演讲,以自己的方式对演讲的结果感兴趣。然后是片刻的沉默。父亲的反驳紧随其后,瞧,转眼间形势发生了变化。对约翰尼斯来说,这一切是如何发生的是一个谜,但是在这场表演中,他的灵魂很愉快。对手又开口了。约翰尼斯几乎能听见自己的心跳声,他如此急不可耐地等待着将要发生的事情。它发生了;转眼间一切都颠倒过来了,可解释的东西变得无法解释,确定的东西变得可疑,对立的东西变得明显。当鲨鱼抓住猎物时,它必须将身体仰过来,因为它的嘴在腹部的一侧;它的背部是黑色的,腹部是银白色的。眼前这种色彩的交替一定是一幅壮丽的景象;它的腹部有时闪烁得那么明亮,以至于伤眼睛,然而看见它的腹部一定是一种乐趣。当约翰尼斯听见父亲与自己辩论时,他亲眼见证了一个类似的变化……约翰尼斯越是长大,父亲就越是喜欢与自己交谈,约翰尼斯就越注意到这种无法解释的力量;似乎父亲有一种神秘的直觉,知道约翰尼斯要说什么,所以父亲的一个字就能将约翰尼斯说的一切推翻。当父亲不仅在迷惑他,而且在阐述自己的观点时,约翰尼斯就有可能觉察到父亲是如何行事的,父亲是如何 步 一 步地接近想要达到的位置。约翰尼斯猜测,父亲之所以能够一句话就将一切都颠倒过来,一定是因为自己在接续不断地整理自己的思想时忘记了一些东西。其他的孩子们在体会诗的魅力和童话故事的惊奇,他在体会直觉的冷静和辩证法的交替。这是他作为孩子时的高兴,也是他成为年轻人以后的高兴。因此,他的人生有一种罕见的延续性;他不知道通常标志着不同成长时期的各种各样的过渡。约翰尼斯长大以后,他没有可以丢弃一旁的任何玩具,因为他已经学会玩味自己人生中严肃的事情,然而它并没有因为严肃而失去任何吸引力。"

　　尽管索伦天生性格独立,然而,他对父亲的沉迷达到了非凡的程度。这位父亲对孩子的统治比我们看到的更全面、更深刻,因为他进一步尤其对儿子进行了宗教教育,就这样,父亲以一个人可以影响另一个人的最深刻的方式影响了 S. K.。我们将在后面看到,为什么这位父亲如此执着地向他的孩子们,尤其是向他的小儿子灌输基督教的那些最具决定性的概念。S. K. 在《基督教中的训练》一书中描述了父亲教育索伦的方法之一:

　　"然后想象一下,有一个孩子[从未听说过基督的苦难和死亡],父亲给这个孩子看有人在摊位上买的那些图画,给他带来愉快,这些图画在艺术技巧方面是如此微不足道,对孩子们来说却如此宝贵。这张图画上有一个人骑在喷着鼻息的马上,帽子里插着一根飘动的羽毛,摆出一副贵族的派头,骑在你看不见的成千上万匹骏马的前面,他伸手命令道:'前进!'前往你们见到的崇山峻岭的顶峰,前往胜利——这就是皇帝,独一无二的拿破仑。所以当时你给孩子稍微讲了一下拿破仑。另一张图画上有一个人穿着猎人的衣服,他倚着自己的弓站着,用一种如此锐利的、如此自信的、又如此焦急的目光直勾勾地望着他。这是威廉·退尔。你当时将他的某些东西,和他那不寻常的一瞥联系起来,你解释说,以这同样的一瞥,他立刻看到了心爱的孩子,他不会伤害孩子,他也不会射不中苹果。因此你给这个孩子看了许多图画,让孩子感到难以言喻的乐趣。然后你抽出故意放在其他图画中间的一幅图画。它呈现的是一个被钉死在十字架上的人。孩子不会立刻也无法相当直接地理解这幅图画,他会问它意味着什么,为什么他被那样挂在树上。所以你向这个孩子解释,这是一个十字架,他挂在上面意味着被钉十字架,在那片土地上,钉十字架不仅是最痛苦的死刑,而且是一种可耻的处决方式,只用在最十恶不赦的坏人身上。这会给孩子留下什么印象呢? 孩子会处于一种奇怪的心理状态中,他一定会感到好奇,你怎么会想到将这样一幅令人厌恶的图画放在那么多可爱的图画中间,将一个十恶不赦的坏人的图画放在所有这些英雄和荣耀的人物中间。正如'犹太人的王'被写在十字架上是对犹太人的羞辱一样，所以这幅每年定期出版的羞辱人类的图画，是人类永远不能也永远不应该摆脱的一个记忆……然而，我们还没有到达决定性的时间点，这个孩子还不知道这个十恶不赦的坏人是谁。这个孩子无疑会带着孩子会有的好奇心问：'那是谁？他做了什么？告诉我。'然后你告诉这个孩子，这个被钉在十字架上的人是世界的救世主。然而，对于这一点，他无法将任何明确的概念附加到这句话上；所以你只告诉他，这个钉死在十字架上的人是有史以来最有爱心的人……你想这会给孩子留下什么印象，而孩子自然会问，'那么人们为什么如此恶劣地惩罚他呢？'"

在《两个伦理的-宗教的论述》（译文收录于一本题为《现时代》的薄书）这本书里，有一段类似的话："从前有这样一个男人。作为一个男孩，他在基督教里严格地长大。他很少听到其他孩子们经常听到的东西，关于小婴孩耶稣，关于天使等等。另一方面，他们更频繁地向他展示钉在十字架上的那个人，因此这幅图画是他拥有的唯一一幅描绘救世主的图画，也是他对救世主唯一的印象。他虽然只是个孩子，但是已经和老人一样老了。"

难怪 S. K. 在《观点》中将这污名化为抚养孩子的一种"疯狂"的方式："小时候，我在基督教里严格地、一丝不苟地接受教育；从人道的角度来说，我是被疯狂地抚养长大的。一个孩子被疯狂地扭曲成了一个忧郁的老人。太可怕了！难怪有时候基督教对我来说是最不人道的残酷行为，虽然我从来没有，甚至在离基督教最远的时候，也从来没有失去对基督教的崇敬，我坚定地下了决心（尤其是在我可能不选择成为基督徒的情况下），我决不会让任何人陷入我经历的各种困难中，我从来没有听说过或读到过这样的困难。"

难怪他在日记里提到这种教育的危险性："最危险的情况并非父亲是自由思想者，甚至并非父亲是伪君子。不，危险是当父亲是一个虔诚和敬畏上帝的人时，当孩子内心深处对上帝深信不疑时，然而，尽管如此，父亲的灵魂深处隐藏着一种深度的躁动,以至于即使是虔诚和对上帝的恐惧也不能带来平静。危险就在这里,在这种关系中,这个孩子几乎被迫得出一种关于上帝的结论,毕竟上帝不是无限的爱。"

　　S. K. 本人的经历,让他对什么是适合童年时代的宗教教育做了大量的思考。约翰尼斯·克利马科斯在《附言》(第 523、530 页)中说:"将基督教灌输给一个孩子是一件无法做到的事情;因为它是一条普遍的规则,即每个人只能领悟基督教对自己有何用处,而对于这个孩子来说,基督教没有决定性的用处⋯⋯当一个人与一个孩子谈论基督教,并且这个孩子没有受到暴力的虐待时(在一种比喻的意义上),他会喜欢一切温柔的、孩子气的、可爱的、神圣的东西;他将与婴孩耶稣、天使和东方三博士生活在一起,他在黑夜中看到他们的星星,他在漫长的道路上旅行,现在他在马厩里,惊喜连连不断,他总是看到天堂敞开着,带着他想象力中的所有热情,他渴望这些画面——现在⋯⋯让我们不要忘记姜饼和所有其他精彩的东西,这些都是这个节日的额外收获。"

　　我没有忘记这是一个假名作者说的话,但是 S. K. 碰巧在他的日记里提到了这段话,并且声称"克利马科斯是正确的"。

　　我们随后将有理由怀疑,父亲不仅将他的小儿子视为他的便雅悯,而且将他的小儿子视为他的以撒,那个将作为赎罪祭品的儿子,或者至少是因为他的罪,并且主要是因为这个原因(正如 S. K. 自己说的),父亲试图让小儿子为另一个世界做好准备。

　　我们在日记里发现了一个奇怪的条目,日期是 S. K. 去世前两年(即 1853 年 10 月 13 日):"我的灵魂里面过早地产生了两个想法,我真的无法表明它们的起源。第一,有些人的命运就是为了实现他们的理念,他们不惜以某种方式将自己献祭——我背着自己特有的十字架,我就是祭物之一。另一种想法是,我永远不应该为了生计而工作——一方面是因为我认为自己应该会英年早逝,另一方面是因为我认为,考虑到我所背负的特有的十字架,上帝会免除我的这种痛苦和问题。这样的想法是从哪里来的？我不知道。但是我知道，我既不是从阅读中得到这样的想法，也不是从别人那里得到这样的想法。"

这是 S. K. 头脑里经常出现的一个想法。1848 年，他惊讶地回忆起 8 年前，他在"我第一次与未婚妻的对话中"向未婚妻倾诉了这个阴郁的想法，他几乎已经准备好相信这些想法是天生的，但是也有理由假设这些想法是他在童年时代早期从父亲那里得到的，父亲对他的所作所为让他隐约意识到，自己注定要成为一个祭物。

这将我们带到了一个似乎并不令人难以置信的地步：标题为"安静的绝望"的奇怪故事（"奎达姆日记"中插入的自传体小品之一）可能真的呈现了一个老人和小儿子之间发生的事情。我在这里引用一下。

1 月 5 日，午夜。

安静的绝望

当主持牧师斯威夫特年老时，他被带到自己年轻时亲自建立的疯人院。据说，在那里，他经常站在镜子前，像一个虚荣的、放荡的女人那样执着地站着，尽管他的想法并非完全如此。他看着白己说："可怜的老人！"

有一个父亲和一个儿子。儿子就像一面镜子，父亲在里面看到了自己；对儿子来说，父亲也像一面镜子，儿子在镜子里及时地看到了未来的自己。然而，他们很少以这种方式看待彼此，因为他们的日常交往都是以热情洋溢的、充满活力的对话为特点。只有几次，父亲停下来，面带愁容地站在儿子面前，目不转睛地看着他说："可怜的孩子，你将陷入一种无声的绝望。"尽管这句话是真的，他却从来没有说过什么来表明自己如何理解这句话。父亲相信，自己应该为儿子的忧郁负责，儿子相信，自己是父亲悲伤的原因，但是他们从来没有就这个话题交换过哪怕一个字。

　　然后父亲死了，儿子看了很多，经历了很多，在多种形式的诱惑中经受了考验；然而，尽管爱明确地具有无限的创造力，渴望和失落感教会他完美地模仿父亲的声音，以至于他满足于这种相似，而非在某次交流中将永恒的沉默抢夺过来。所以他不像老斯威夫特那样看着镜子里的自己，因为镜子已经不在了；然而在孤独中，他听到父亲的声音安慰自己："可怜的孩子，你将陷入一种无声的绝望。"因为父亲是唯一理解他的人，然而事实上他不知道自己是否真正理解父亲；父亲是他唯一的知己，而这种信心是如此之强，以至于无论父亲是生是死，他对父亲的信心都保持不变。

　　这个故事有三分之二是用 S. K. 的话讲的。我想在这里针对 S. K. 的童年可说的已经不多了，因为如果说故事中的孩子正是 S. K. 的父亲，那么这个例子已经足以展现 S. K. 的童年。*

---

　　* 也就是说，克尔凯郭尔在还是个孩子时，就已经具有超常的、老年人才有的心智，他的父亲对他的成长付出了难以想象的心血。——译者注

第 三 章

青 年 早 期

1830 年到 1834 年

"我的人生有一种罕见的连续性,"S. K. 说。在他看来,童年时代不是通过穿上长裤而结束的,甚至也不是在 1830 年 17岁进入大学时结束的。我看不出有任何理由怀疑他的校长的声称,尽管 S. K. 变得更加严肃,却有一些关于他异常幼稚的事情。在一本未完成的书中,他使用约翰尼斯·克利马科斯这个名字来描述自己。

"然而,他确实陷入了爱河,狂热地爱上了……各种思想。没有一个年轻的爱人能比他更深地感动于这种难以理解的过渡,爱情在他的胸中由闪电唤醒,在这种闪电中,相互的爱意在爱人的体内被唤醒,通过这种可理解的过渡,一种思想与另一种思想相互契合,对他来说,这种过渡就是他在灵魂的尢声中猜测与等待的幸福时刻。所以,当他的头因思想而沉重,像成熟的麦穗一样低垂时,这并非因为他听到了爱人的声音,而是因为他在倾听各种思想秘密的耳语;当他的眼神充满梦幻时,这并非因为她的画面在他头脑的眼睛里,而是因为各种思想的运动正在进入他的视野。他喜欢从一个单独的思想开始,沿着逻辑的前因后果的道路一步一步地向另一个更高的思想爬去;因为对他来说,逻辑的前因后果就是通往天堂的阶梯,他觉得自己的蒙福甚至比天使更荣耀。然后,当他到达更高的思想时,他感到一种难以形容的高兴,一种富有激情的狂喜,他沿着同样的前因后果一头栽下去，直到他抵达自己曾经出发的那个点。然而，在这方面，他并非总能按照自己的愿望取得成功。如果他没有执行与前因后果链中的链条一样多的动作，他就会变得痛苦，因为那时他的动作是不完美的。然后，他又重新开始一遍。然后，如果他成功了，他的灵魂就会愉快地颤动起来；因为这种纯粹的高兴，他晚上睡不着觉，连续几个小时不停地做着同样的动作，因为思想的这种上下起伏是一种无与伦比的高兴。在他的幸福时光里，他的步态很轻，几乎是在滑行；而在其他时候，他的步态是焦虑的、不确定的。也就是说，只要他还在努力向上爬，在前因后果还没有为它自己开路的时候，他就会心情沉重，因为他害怕失去自己已经准备好的许多前因后果的线索，而他还不十分清楚这些线索的必要性。当一个人看到另一个人捧着一大堆易碎的物品，一件堆在另一件上面时，即使他走路不稳，也不会让人感到奇怪，因为他每时每刻都在紧紧地抓住平衡；然而，如果一个人看不见那堆东西，人们可能会笑，就像许多人会笑约翰尼斯·克利马科斯一样，他毫不质疑自己在另一种情况下拿的东西比让他们吃惊的东西更高，他的灵魂担心只要有一个前因后果掉下来，就会让整堆东西散架。"

　　这无疑是一幅理想化的画面；它省略了他性格中不那么吸引人的一面，然而，这并没有夸大他对各种思想的兴趣。在哥本哈根大学的头几年里，他一如既往地、勤奋地学习各门课程，不仅是因为这是一种责任，而且是因为有机会接触到更广泛的文化让他很喜悦，而这种文化正是大学提供给他的，或者说大学生的自由生活使这种机会成为可能。现在，他第一次能够超越他那个奇特家庭的各种狭隘的资产阶级兴趣，家里没有美的任何容身之处，在他仍然追求父亲鼓励的各种哲学兴趣的时候，他开始贪婪地追求文学和音乐方面的乐趣。他的灵魂里有音乐，尽管他在家里从未听说过歌剧，他成为一个歌剧爱好者。他有一种戏剧性的本能，这使他成为剧院里的一位常客。他热情地欣赏着人生中审美的方面；这些是他从未谴责也从未弃绝的兴趣；

因为在后来的岁月里,他声称宗教"没有废除审美的事物,而是废黜了它"。由于这些兴趣,他与哥哥彼得分开了,尽管彼得有在德国攻读博士学位的优势,而且在 S. K. 还是学生的时候就已经是哥本哈根大学的讲师了,他的这些优势从未获得索伦的欣赏,彼得也反对索伦对它们感兴趣。

我们可以臆测,这个儿子各种广泛的兴趣使年迈的父亲无法理解 S. K.,这个家对 S. K. 来说似乎又狭隘又古板,但是没有证据表明他对父亲的喜爱和钦佩有所减少。他遵从父亲的意愿,将自己登记为一名神学生。哥本哈根大学并不期待 S. K. 从神学学习开始;相反,它要求各系的学生在第一年或者至少在第二次考试之前,都要投身于文科学习,而索伦热情地抓住了这个机会。他第一年就参加了第二次考试,并且很出色地通过了。值得注意的是,他不仅在历史、拉丁语、希腊语和希伯来语(他已经在学校学习过)方面获得了优等,而且在哲学、物理和数学方面获得了优等。因此,我们看到,尽管他在 3 年后决定不献身于科学研究,他并不缺乏科学研究的能力。毫无疑问,他没有像父亲希望的那样迅速地、认真地开始神学学习,很可能父亲对此深感不安——与其说是因为他对神学缺乏兴趣,不如说是因为他对其他的一切都感兴趣,无论是大学的自由课程提供给他的,还是各种书提供给他的,无论是在学生辩论俱乐部里发现的,还是在各个咖啡馆的学生生活里发现的,无论是在剧院里发现的,还是通过观察街头生活的方式发现的。在哥本哈根大学的第一年,他似乎成了街头的常客,他在那里找到了自己最大的消遣,就像他在人生的尽头所做的那样。很明显,这是父亲带他到客厅里虚构各种散步场所的一个延续。因为没有任何人猜到他在带着良好的意图观察生活,所以他被认为是一个只会消磨时间的游手好闲的人(flaneur)。

在哥本哈根大学的头四年里,他没有表现出忧郁的任何迹象,后来他将这种忧郁归因于自己的童年时代,却几乎没有归因于他的青年时代。这个时候,人生充满希望地召唤着他前进,在这个时候,没有一丝不苟的优柔寡断和游移不定的任何迹象,几年后,这些迹象如此明显地、如此痛苦地折磨着他,直到他人生的尽头。因此,我们必须认识到,这个特点是他随后患上的痼疾的一种症状。在青年时代,S. K. 的哥哥彼得表现出了忧郁的症状,正如我们现在从韦尔策出版社最近出版的 S. K. 的日记片段中看到的那样。此时,彼得无法决定是离开莫拉维亚兄弟会,还是回到他们的聚会。他两样都做了——而且都后悔了。这个条目与《或此或彼》"序曲"中的一条是类似的:"要么做,要么不做——你都会后悔,"只不过在彼得的日记里既没有机智,也没有幽默。彼得无法决定是从事学术事业,还是去找一个教区并被任命为牧师。他申请了一个乡村教区,过了一段时间后,他被提名为牧师……但是他不想在那里当牧师。于是,他因为担心自己不配当国教牧师而感到苦恼,他不得不去找国王,请求允许他撤回自己的申请。国王责备了他,但是答应了他的请求。这是一个非常不寻常的情况,以至于引起了许多流言蜚语。一直以来,彼得都无法决定是否要公开加入格伦特维的党派,因为它受到官方的反对,他可能害怕危及自己在国教或者哥本哈根大学任职的机会。后来,当格伦特维占上风时,彼得成为一个公开的门徒,成为一名主教,但是他最终辞去了这个职务,因为他被一个观念困扰,那就是他犯下了违背圣灵的、不可饶恕的罪。彼得和索伦两兄弟总是不和,在这段时间里,他们的书房一直并排坐落在那栋大房子的顶层。这是脾气不相容的一个显著的例子,我们现在可以从彼得的日记里看出,错误并不完全在索伦那边。有若干条目提到,彼得对此表示遗憾,他已经有一段时间无法参加圣餐了,"因为我无法与自己的兄弟和解。"

有件事表明了 S. K. 这位年轻学生的某种严肃性,他在大学三年级(1833 年)时,也就是他 20 岁的时候,开始写日记,这本日记后来成为世界上有史以来最著名的文献之一。它是探索性地开始的,而非人们期望在日记里看到的那种条目,因为第一个(日期为 1833 年 12 月 3 日)条目是将圣保罗《加拉太书》里的一段经文翻译为拉丁语。第二个条目(1834年3月10日)同样是一个解经研究,所有内容都与神学问题有关,直到我们到达第11个条目(1834年9月12日),这是讨论"江洋大盗"的好几个条目中的一条,他认为这是写一本书的一个好主题。然而,所有这一切并未表明S. K.有意要写一本日记,因为构成第一本日记的62个条目最初写在一些活页纸上,后来才誊写下来。日记本的第一个条目写的是他在1835年夏天度假期间对西兰岛北部的印象,当时他将吉勒莱厄作为自己的根据地。在此之后的时期,即反抗的、放荡的和绝望的时期("通向灭亡的小径"),日记的条目相对较少。

　　一年后,他开始更认真地写日记,这一点从一个条目中可以看出,这个条目在页边空白处被夸张地描述为"1837年7月13日的决议,下午6点在我们的会客厅发布"。从这个条目中,我们惊讶地得知,S. K.感到"强烈地厌恶记录各种偶然的观察",他对此也"经常感到诧异",想到几位伟大人物通过训诫和以身作则的方式推荐过写日记的做法,他得出的结论是,写日记对他来说是"令人不快的甚至反感的",原因是在每一种情况下,他都想到了日记被公开的可能性,这将需要一种比他的谨慎行事更精心谋划的发展;"在这种抽象的可能性(字面上的打嗝或者恶心)的沉重压力下,思想和心情的芳香挥发掉了。由于这个原因,我写下的各个条目被如此紧密地挤压在一起,以至于我现在不再理解它们,它们是相当偶然的,所以我可以看到在同一天通常有许多条目,这表明有某种记流水账的意思——这是疯狂的。在抽象的可能性中,一个人要觉察出大量清晰可见的思想和理念,和奶牛在不适当的时间挤奶时遭受的不舒适一定是一样的,并且会引起同样的无法安息。因此,当外部环境无法帮助你的时候,你最好自力更生。"考虑到这些因素,他想到了解决办法,"通过更频繁的条目,让思想带着第一抹心情的脐带出现,而不提及它们可能的用途(无论如何,我不应该通过翻阅自己的书页来从它们那里得到这些内容),但是就好像我是在向一个朋友吐露心声,首先在未来的某个时刻获得了解自己的可能性,以及了解写作中的柔韧性,了解书面表达的清晰度,了解在说话时我必须达到的一种特定的程度……对每一个没有在公开环境里成长的人来说,这种躲在场景后的做法当然是必要的。"

S. K. 一生都在坚持这个计划,但是当然,随着时间的推移,他对日记可能是什么样的、可能会取得什么样的成就的想法变得更加明确。直到 1842 年,他才开始将自己的笔记本称为日记本。这些日记并不能恰当地称之为日记,因为尽管他在其中一本日记的开头写道,法无明文者不罚(nulla dies sine linea),S. K. 很少在日记里注明日期。在大多数情况下,它们是没有标明时间的各种思想。早期的日记肯定是写给他自己的,他将有红色标题的部分直接搬到了"序曲"里:给他自己(Ad se ipsum)。但是在 1846 年,他继续在自己标记为 JJ 的日记里草草地写下了许多惯常的格言条目,并且继续在活页上写下了许多条目,就像他余生做的那样,他从 3 月 9 日开始写一本新的日记,命名为 NB,这是漫长的 NB 日记系列的第一本,以 NB36 作为结尾。从那时起,这些总结其人生经历的偶尔尝试被命名为"报告""报告—结果"或者"描述"。这显然表明了一个期待,就是这些日记将会在他去世后出版。考虑到这一点,他于 1847 年开始修订他早期的日记,从那时起,他小心翼翼地只使用读者通常可以理解的各种缩写。他甚至建议用《法官的书》这个标题来出版这些书。他曾经在日记里写道:"在我死后,不仅我的作品,我的人生也会不断地被人研究。"这个期待当然没有落空。

因为(据我所知)S. K. 日记的起源和发展尚未被连续地描述过,所以我在这里从这个宏伟工程开始的地方介绍它。

这样一部作品的问世证明,这个年轻人并非他表现出来的游手好闲者,然而在他父亲和哥哥的眼中,他正是这样的人。在 1834 年 11 月 22 日的一篇文章中,他评价了这个被误解的悲剧。这在很大程度上要怪他自己,因为他喜欢假装比本人更轻浮。他若干次发现有理由抱怨彼得表现得就像寓言中的"哥哥",彼得在自己的日记里证实了这一点,他若干次透露自己脾气暴躁,是因为这位弟弟得到了父亲更慷慨的对待,而那是不配得的。事实上,这本日记本身就表明,S. K. 在自己的神学学习方面相当勤奋,在 1834 年春天,他选择马滕森作为自己的导师(而非他的哥哥彼得,后者以哥本哈根大学里最好的导师而闻名)。他们本来要一起研究施莱尔马赫,但是 S. K. 很快坚持要对神学主题进行一次普遍的讨论。马滕森立刻意识到他的这个学生拥有非同寻常的才能,但是他同时认为 S. K. 是"诡辩的"。S. K. 的判断是,马滕森从未深入研究过任何主题。这是一种奇怪的命运,将这两个人这么早就聚集在一起,最终他们发生了如此可怕的冲突。马滕森这样评价 S. K.,"当时他对我非常忠诚。"然而,这是一个相当大的误解。

鉴于 S. K. 已经开始享受的自由人生和在他面前敞开的更广泛的各种兴趣,这个家一定看起来很狭隘,宗教氛围也很古板。"我不得不在家里承受一切痛苦,"他抱怨说,"尤其是在彼得变得非常虔诚之后。"这听起来有些任性,但是我们必须记住,当时的索伦是一个有信仰的年轻人。直到 1835 年的某个时候,他才与父亲和兄弟定期参加圣餐。依据 S. K. 的日记,我们不知道在那种家里盛行的宗教氛围有多么病态和迟钝,然而,当我们现在读彼得的日记时,这样的宗教氛围足以让人窒息。依据彼得最亲密的朋友的信件,我们可以看出,整个家庭环境充满了一种令人不快的、笃信宗教的氛围,既传统又敏感。

然而更糟糕的事情接二连三地降临这个家族,它长期以来曾经似乎特别受到上帝的眷顾,这是一个理想的资产阶级家庭。很久以前,也就是 1819 年,小索伦·迈克尔因为头撞到另一个男孩的头而去世,年仅 12 岁。1822 年,24 岁的马仁·克尔斯滕死于抽筋。在 1832 年,灾难接二连三地降临这个家族。人们可能会认为这是众神致力于用天谴来毁灭这个家族。忧郁的父亲在他们身上看到了愤怒的上帝之手。最开始,尼古琳·克里斯汀于 1832 年 9 月 10 日去世,当时她 33 岁,生下一个死胎。一年后,1833 年 9 月 21 日,尼尔斯·安德烈亚斯在新泽西州帕特森市去世,享年 25 岁。这对索伦来说是一个巨大的失丧,因为尼尔斯是与他年龄最相仿的兄弟。对父亲来说,这不仅是一个悲伤的原因,而且也造成了他良心的一次次剧痛。父亲对这个儿子很严厉,强迫他违背自己的意愿去经商,最后将他送到美国谋求财路。在那里,这个年轻人花了几个月的时间求职,却没有成功。他发现美国"对于简单的劳动者来说是一场盛宴,对于那些对语言生疏、一开始没有足够的钱的职员来说却不是"。最后,他在帕特森找到一份不太像样的工作,但是他很快就在那里得病去世了。这幅悲惨的画面中唯一的慰藉,就是罗杰斯夫妇父母般的慈爱,以及圣保罗圣公会教堂院长拉尔夫·威利斯顿牧师在教牧方面的关怀。父亲对这种失丧感到更为痛心,因为在临终前寄给家人的信里,这个男孩亲切地怀念母亲,却只字未提父亲,所以传递这些信的牧师认为父亲一定已经去世了。老人除了提供一块石头来标记他儿子的坟墓之外,无法再做些什么。哎呀,那个坟墓再也找不到了,因为墓地已经被城市吞没了。10个月后,1834 年 7 月 31 日,在经历了许多个星期的病痛折磨后,妻子离开了他;5 个月后的 12 月 29 日,他的女儿中最聪明的彼得里亚·塞弗琳嫁给了国家银行的一个主管亨里克·费迪南·隆德,她在 33 岁生下一个儿子时去世了。

因此,在两年的时间里,老人失去了 3 个孩子和妻子;在上帝似乎赐福给这个家的 7 个孩子中,只剩下 2 个了——只有彼得和索伦,大儿子和小儿子。要记住的是,那些逝去者没有一个人活到 34 岁。这位老人推断没有一个孩子会活得比这更久,这并非毫无道理。事实上,对于彼得和索伦(当时他们分别是 29 岁和 21 岁)来说,父亲分派给他们的寿命将不会超过这个跨度,如果活到 34 岁的话,他们确实会比他的其他孩子去世的平均寿命长 9 年。两个儿子相信父亲的预言是真的。索伦在日记里提到了一个引人注目的事实,即基督死时只有 33 岁,正如他所说的,这个年龄相当于人类中的一代。此外,由于父亲出身于一个

长寿的家庭，他深信自己的寿命会比所有的孩子都长——他的
儿子们对此毫不怀疑。

　　这么多亡故如此迅速地接踵而至，哪怕一个并不忧郁的人
也会在其中看到悲剧，由于这种经历，父亲的忧郁惊人地增加
了。对于这两个年轻人来说，这个家一定阴郁得无法忍受，尤其
是对于索伦来说，他不得不忍受彼得日益增长的忧郁。虽然老
人真诚地说出了约伯的话，这些话常常带着顺从的传统托词，而
且说得令人如此印象深刻，以至于索伦永远不会忘记它们，"赏
赐的是耶和华，收取的是耶和华，耶和华的名是应当称颂的。"他
暗自想到，上帝赐给他孩子，只是为了将他们带走，从而惩罚他。
他知道自己在愤怒的上帝手中是个罪人。另一方面，索伦想到
了希腊悲剧中的许多主题。他记得一位悲剧演员借一个农民角
色之口热情回应了如下问题，他是否有任何理由信仰上帝——
"因为上帝恨我。"他很快发现了一个比希腊悲剧的概念更为深
刻的类比。

第 四 章

大 地 震

22 岁生日

"然后,大地震发生了,骇人听闻的剧变突然强加给我一条新的铁规,以解释这一切现象。然后我猜测父亲的高龄不是一个神圣的祝福,而是一个诅咒;在我们家族,杰出天赋的存在只是为了创造相互之间的摩擦;然后我感到死亡的寂静在我周围越来越强烈,我在父亲身上看到的是一个一定比我们所有人都活得更长的不幸的人,他自己所有的希望就像坟墓上的一个阴森森的十字架。罪一定落在了整个家庭之上,一个神圣的惩罚一定迫在眉睫;它一定会消失,一定会被上帝的大能之手击退,一定会作为一个失败的试验被抹掉。直到我时不时地想到,父亲肩负着以宗教的慰藉来安慰我们的重任,让我们所有人都做好准备,这样,如果我们在这一切里面失去了一切,一个更美好的世界就会向我们敞开,即使犹太人虔诚地希望他们的敌人受到惩罚,即使我们的记忆会从地上消失,即使我们的名字也会**被抹去**。"

S. K. 这样描述(在金边文件中,我们开始研究第 33 页)一个让他不知所措的经历,在他 22 岁的时候,童年时代结束了,或者更确切地说,与童年时代相连的时代结束了,因为他仍然充满深情地服从父亲,没有想过要像年轻人一样独立地走上一条条新的路径,也没有想过要根据他个人的各种癖好和天赋制定自己的计划。

但是这个"地震"是什么呢？在我们试图回答这个问题之前，最好记住 S. K. 对相同经历的另一个描述。这是"奎达姆日记"里每个月 5 号的自传插页之一。这个条目的日期为 3 月 5 日午夜。我在此全部引用。

所罗门的梦

所罗门的审判举世闻名。它有助于区分真相和欺骗，这位法官作为智慧的王子而闻名。他的梦并不那么广为人知。

如果说有任何值得同情的剧痛的话，那就是所罗门不得不为自己的父亲感到羞愧，不得不为自己最爱的父亲感到羞愧——他不得不在靠近父亲时转过脸去，以免看到父亲的不光彩。但是，还有什么比敢于按照儿子的愿望去爱父亲，比敢于为父亲感到骄傲更大的、更值得同情的幸福呢？此外，因为他是唯一的选民，是独一无二的杰出人物，是一个国家的力量，是一个国家的骄傲，是上帝的朋友，是对未来的应许，他在有生之年会受到人们高度的尊敬！幸福的所罗门，这是你的命运！在被选中的人中（甚至属于他们是多么光荣啊！），他是国王的儿子（令人羡慕的命运！），那个从众国王中选出来的国王的儿子。

所罗门与先知拿单一同幸福地生活。父亲的力量和成就并没有激励所罗门去做勇敢的事，因为他实际上没机会去做，但是这激起了他对父亲的敬佩，敬佩使他成为一个诗人。如果诗人几乎嫉妒他的英雄，那么儿子对父亲的忠诚是幸福的。

后来有一次，儿子去拜访他的父王。夜里，他醒来时听到父亲睡觉的地方有动静。恐怖抓住了他，他担心有坏人要谋杀大卫。他悄悄地走近——他看到大卫带着一颗破碎的、懊悔的心，他听到这位忏悔者的灵魂发出了一声绝望的哭喊。

他一看见这一幕就昏倒在床上，睡着了，但是他没有安息，而是做了一个梦，他梦见大卫是一个不敬虔的人，被上帝拒绝，皇家的威严是上帝对他愤怒的迹象，他必须穿紫色的衣服作为一种惩罚，他被判统治人民，被判聆听人民的祝福，上帝的正义秘密地、隐秘地宣告对罪人的审判；这个梦暗示着这样的猜测：上帝不是虔诚者的上帝，而是不虔诚者的上帝，一个人必须是一个不虔诚的人，才能成为上帝的选民，而这个梦的恐怖就是这个矛盾。

当大卫忧伤痛悔地俯伏在地上的时候，所罗门却从床榻上起来，他的悟性被压碎了。当他想到上帝的选民会是什么样子的时候，恐怖抓住了他。他猜测，与上帝神圣的亲密关系，在上帝面前的纯洁之人的真诚，都无法解释这种亲密关系，但是私下的罪才是解释这一切的秘密。

所罗门成了智慧的人，但是他没有成为英雄；他成了一个思想家，但他没有成为一个祈祷者；他成了一个传道人，却没有成为一个相信者；他能帮助许多人，却无法帮助自己；他纵欲，却不悔改；他变得懊悔和沮丧，但是无法再坚定地站立，因为意志的力量已经被青春的力量束缚。他折腾人生，也被人生折腾——在激动人心的迷恋和奇妙的想象力的各种发明中，他是强壮的，超自然地强壮（那是女人般的软弱），他巧妙地阐述各种思想。但是他的本性有裂痕，所罗门就像一个无法支撑自己身体的瘫痪者。在他的后宫里，他像一个幻想破灭的老人一样坐着，直到寻欢作乐的欲望苏醒，他喊道："击鼓吧，在我面前跳舞吧，你们这些女子。"然而，当南方的女王被他的智慧吸引来拜访他时，他的灵魂随即变得丰富了，智慧的回答从他的嘴唇间流出，就像珍贵的没药从阿拉伯的树木里流出一样。

在 1843 年 5 月 5 日生日当天或前后，S. K. 在日记里写下了这样一段话："在我死后，没有人会在我的文稿中（这是我的安慰）找到一个单一的解释，没有人能解释是什么真正充满了我的人生，我内心深处的秘密写作可以解释一切，并且经常将这个世界称之为小事的事情转化为对我来说具有惊人的重要性的大事件,我除了解释小事的秘密光泽以外,也将很多大事视为无意义的。"然而,S. K. 不是在上面引用的两段话中泄露了自己的秘密吗? 是的,在某种程度上泄露了——但是他没有主动透露它。他说,一个杀人犯总是想说出自己的秘密,他也是如此;但是他的想象力使他能够一遍又一遍地说出自己的秘密,却又不透露出来。同一日期的另一个条目大概是关于"亚伯拉罕的冲突",他在《恐惧与颤栗》里描绘了这一点,他说,"可以解释这个谜语的人,也可以解释我的人生。但是在我同时代的人中,有谁能理解这一点呢?"

同年 8 月,他写道:"我也许会重现自己童年时代的悲剧,对宗教之事的骇人听闻的、私下的解释向我表明的是可怕的预感,我的想象力锤打出了这种预感,我对宗教的冒犯——我也许会将它重现在一本标题为《谜一般的家庭》的小说里。它应该完全以一种父权制的、田园诗般的基调开始,这样,当这个词响起时,并且将一切毁灭之前,没有人会怀疑这场悲剧。"

啊,要是他讲过这个故事就好了! 那时他的传记作者就不会陷入这样的困境。我们只知道这个秘密是他父亲的罪,因此是不可侵犯的。我们只能猜测这个罪的秘密是什么。有一个不容置疑的迹象。1846 年 2 月,他在自己的日记里写下了这样一个简短的条目:"那种可怕的情况是,当一个男人还是小男孩的时候,他就得承受许多的磨难,饥饿而又寒冷的他站在山丘上诅咒上帝——这个人在 82 岁的时候仍然无法忘记这一切。"

S. K. 很可能认为这里面不会有任何东西可以泄露自己的秘密;但是 82 岁是他父亲去世时的年龄,这可能促使 S. K. 日记的第一位编辑巴福德在彼得·克尔凯郭尔主教年老时向他展示这段文字。这位老主教一看到它,就会大声地说:"这是我们父亲的故事,**也是我们的故事**。"按照巴福德的说法,这位老人接着说,他的父亲 11 岁左右的时候在日德兰荒原上放羊,在那里他饱受饥饿、寒冷和孤独的痛苦。有一次,他在绝望之中,站在一个小丘上,向天空举起双手,并且诅咒上帝说,如果上帝真的存在的话,祂竟然如此铁石心肠,让一个无助而又无辜的孩子承受如此多的痛苦,却不来帮助他。"但是,在童年时代许下诅咒的记忆从未离开过这个男孩、这个男人、这个一家之主——他看到,上帝的恩典从那一刻起给他带来了各种暂时的祝福,因此他没有品尝到神圣的愤怒,而是被财富、被恩赐满满的孩子们、被普遍的尊重淹没——然后,庄严的焦虑和畏惧最深刻地抓住了他的灵魂。上帝**确实**存在,而且**他**诅咒过这个上帝——这难道不是永远无法被原谅的违抗圣灵的罪吗?正是由于这个原因,老人的灵魂继续处于焦虑的恐惧中,出于这个原因,他看见自己的孩子们被判处的惩罚是'无声的绝望',出于这个原因,他在他们的幼年时期,将基督教的各种最严厉的要求放在他们的肩上——出于这个原因,他成了试探的一个猎物,而且不断地陷入灵魂的冲突之中。"

在我看来,这位父亲直到死前不久才讲述了这个关于诅咒的故事,也许对 S. K. 来说,大地震揭示了父亲的纵欲。这就是所罗门在大卫身上发现的错误。我们不知道他在那一刻明白到什么程度。在上面引用的段落中,出现了"预感"和"猜测"这两个词,正是"想象"将这些怀疑"锤打"成或多或少明确的形状。然而,一场地震,甚或是一场梦,都发生在一个明确的时刻。使 S. K. 不知所措的经历可能是因为他无意中听到了某件事情,或者是父亲感到被迫违背自己的意愿而披露的事情。我们必须记住,在这个时期,由于如此多的亡故,父亲已经陷入了最深刻的忧郁中。我倾向于假设,父亲可能是在 1835 年 5 月 5 日 S. K. 22 岁生日的时候独自向 S. K. 忏悔的。他的便雅悯——或者他的以撒!——的生日,是那个时期父亲可以与儿子亲密交谈的罕见机会之一。3 年后,S. K. 的 25 岁生日是父亲最后的也是最完整的忏悔的机会。

我从日记里引用的以下一些段落,可能看起来与我们目前的兴趣无关,事实上,它们是由随机记录的许多偶然的观察组成的,第一段写在"一小片纸片"上,第二段写在日记的正文里,其他的写在页面的边缘。然而请记住，我们是在侦破一桩案件，在这个过程中，哪怕是最琐碎的细节，哪怕是一个指纹，都可能是至关重要的。事实上，如果 S. K. 曾经透露过他的秘密，我们可能会期待在这种偶然的观察中找到线索，而这种线索离自发写作不会太远。请注意，我们在这里要注意 3 件事：大地震的时间；罪的性质；最后的却并非最不重要的是，如何解释这一经历对 S. K. 产生的巨大影响。最终我们会看到，这里的大部分条目都与最后的那件事有关，我们将在下一章中进行更详细的研究。

"如果一件事要变得完全令人沮丧，就必须首先在最有利的环境中产生一种怀疑，怀疑一切是否正常，否则一个人不能清晰地意识到任何如此错误的事情，这件事一定存在于家庭关系中，在那里，原罪强大的消耗力将自身显现出来，它可能上升到绝望的地步，比事实更可怕地影响一个人，这可以证实那个预感的真实性。

"预感通常先于将要发生的一切（参见文稿中的一张小纸片）；但是正如这可能具有威慑的影响一样，它也可能具有试探的影响，因为事实上，它在一个人内心唤起一个想法，即他是命定的，可以说，他看到自己经历的许多前因后果组成了一个链条，然而他无法控制那些前因后果。因此，一个人必须对孩子们如此谨慎，永远不相信最坏的，永远不通过一个不合时宜的怀疑或者一句偶然的话（地狱的火焰点燃了每个灵魂的火种）唤起一种警觉的意识，让无辜的却不强壮的灵魂受到试探去相信自己有罪，陷入绝望，从而朝着这个目标迈出第一步，这个令人震惊的预感预示着——一种话语，它给了邪恶王国一个机会，它用自己蛇形的、使人僵冷的眼睛，使那些灵魂缩减为精神上的一种无能为力。这个说法也适用于这种情况：'祸哉，那绊倒人的。'

"在这里，我们可以观察到，阅读有关病症的内容常常会产生的影响……有一种特定的易受影响的气质是如此强烈，以至于它几乎可以创造出病症……所有的罪都始于恐惧。

"当我第一次听说赎罪券包含一种声明，即它们可以代偿所有的罪时,这给我留下了非常可怕的印象,他甚至侵犯了童贞女玛利亚(etiam se matrem virginem violasset)。我仍然记得几年前,当我怀着对一个江洋大盗的青春浪漫的热情说出这句话时,它给我留下的印象是:毕竟这只是一种对力量的滥用,这样的人很可能会改过自新,然后父亲非常严肃地说,'只有在上帝的不断帮助下,一个人才能与有些罪抗争。'我急忙下楼回到房间,看着镜子中的自己。父亲常常说,要是一个人能有这样一位德高望重的老人做忏悔神父,向他倾诉衷肠,那是一件好事。"

　　首先,这使大地震发生的日期重见天日。似乎 S. K. 怀疑有什么事情不对劲的时候,正是他想到江洋大盗的时候,日记零星提到了这一点,时间从 1834 年 9 月 12 日到 1835 年 3 月 15 日。这让我们离他的 22 岁生日足够近了。请记住,我们在这里讨论的是日记早期的部分,正如 S. K. 说的,这些条目是如此"挤压在一起",甚至有时连他也无法理解这些条目。S. K. 说江洋大盗是无辜的,父亲一句无关紧要的回复让索伦意识到,父亲将自己"往最坏的可能去想"——因此他赶紧跑去照镜子,看看自己是否像父亲认为的那样堕落。他对父亲的看法惊人清晰地出现在了这些文字里:"etiam se matrem virginem violasset."(他甚至侵犯了童贞女玛利亚。)这个作为他父亲的男人,在他母亲还是处女的时候就侵犯了她!他的母亲!太恐怖了!他父亲勾引了一个完全依赖他的女仆。S. K. 在晚年吹嘘自己作为一名警探的能力,他很可能在年轻时就开始锻炼这种天赋,这肯定是他探查出的第一个事实。但是毫无疑问,他认识到的远不止这些。这可能不是他父亲第一次犯那种罪,因为他在人生中很晚的时候才结婚,他晚年极端的道德严苛,很可能是对早期的放荡和纵欲作出的一种反应。

　　在接下来的章节里,我们会看到,有理由相信父亲和 S. K. 一样因为畏惧而陷入了罪中。如果儿子无意中听到父亲的祈祷,可能会猜到一些可怕的事情,从一颗破碎的、懊悔的心的祈祷中,S. K. 清楚地了解到,这种想法萦绕着父亲的一生,那就是施加在他身上的各种福祉都是上帝愤怒的信号,是他末日的一种征兆。尤其是他如此多的家人都去世了,他在前瞻比他们活得更久的悲惨命运时,一定感觉到天堂的猎犬就在自己的身后紧追不舍。小儿子仍然在父亲的统治之下,他阴郁的预言毫无疑问地被小儿子接受了。父亲的罪突然得到证实是"骇人听闻的剧变",强加给 S. K. 一条新的万无一失的规则,以解释引起他怀疑的所有"现象"。所罗门的梦和关于大地震的记录都暗示着 S. K. 与父亲的关系彻底破裂——也暗示着 S. K. 与上帝的关系彻底决裂("对宗教的冒犯")。与父亲的决裂在"佩里安德"里表现得更为明显,这是"奎达姆日记"中的另一个自传性的插入,日期是 5 月 5 日,S. K. 的生日。不幸的是,它太长了,这里无法引用,但是可以在《诸阶段》(第 298 页及以后)中找到它。科林斯的暴君佩里安德用一些愚蠢行为掩盖了自己智慧的话语。他"一脚踢死"了自己的妻子。只有弟弟足够敏感,对他母亲受到的待遇怀有致命的仇恨。与 S. K. 不同,这个弟弟从未与父亲和解。

　　S. K. 还发现了另一种在不透露秘密的情况下讲述秘密的方法。他将自己的经历归于一个女性角色安提戈涅,从而更安全地隐藏了秘密。他在这种伪装下感到很安全,冒险地将这个故事融入了自己的第一部文学作品《或此或彼》。后来,他在 1843 年的日记里写下一段简短的话,展示了他的安提戈涅如何与所罗门的梦有关:"我必须再次用我的'安提戈涅'占据我自己。我们的任务是发展并且解释罪的预感。正因为如此,我反思了所罗门与大卫,反思了所罗门年轻的时候与大卫之间的关系;所罗门的智慧(他身上最重要的特征)和他的纵欲都是大卫伟大的结果。他很早就开始怀疑大卫内心有惊人的心烦意乱,他不知道会有什么罪压在大卫身上,但是他看到这个极度敬畏上帝的人在向上帝忏悔时的表达如此合乎伦理——如果大卫是一个神秘主义者,那就另当别论了。这些忧虑和预感扼杀了精力充沛的各种品质(除了以想象力的形式),唤醒了智力的各种品质；这种想象力与智力的结合，在缺乏意志的因素的情况下，恰恰是构成感官的东西。"

我只能引用《或此或彼》中的一段简短的话："所以拉布达科斯族是让愤怒的众神们狂怒的对象；俄狄浦斯杀死了斯芬克斯，释放了底比斯，谋杀了他的父亲，娶了母亲，安提戈涅是这场婚姻的果实。希腊悲剧也是如此。我在这里说一句题外话。在我的版本中，一切都保持不变，然而，一切都是不同的。俄狄浦斯杀死了斯芬克斯，解放了底比斯，这是众所周知的。俄狄浦斯一生受人尊敬和钦佩，为他对伊俄卡斯忒的爱感到幸福。其余的东西都隐藏在男人们的眼睛里，没有人质疑这恐怖的梦会变成现实。只有安提戈涅知道真相。她是如何知道的，这超出了悲剧的兴趣，每个人都可以自由地做出自己的推测。在她很小的时候，当她还没有完全成熟的时候，那个恐怖秘密的阴暗暗示时刻困扰着她的灵魂，直到最后确定性的一击将她抛入痛苦的畏惧的怀抱。"

安提戈涅故事的其余部分，在 S. K. 按照现代悲剧理想重构它时，我必须进行缩写。他假设，过了一段时间后，俄狄浦斯会死去，人们对她父亲的记忆会受到最高的尊重。然后安提戈涅觉得自己比以往任何时候都应该更加庄严地保守这个罪的秘密，如果这件事被公之于众，人们对她父亲的记忆就会受到诅咒。最严重的冲突发生了，她爱上了一个同样深爱着她的男人，她明知自己爱着他，却不明白自己为什么要保持冷漠。这里，S. K. 在一本为蕾琪娜写的书中解释了自己的情况，却将他扮演的角色指派给一个女人，以掩饰它与自己有关。S. K. 强调，安提戈涅无法透露那个秘密，它会给人们对她父亲的记忆带来耻辱，因此她无法嫁给那个男人，她不会进入一场不完全公开的婚姻。这个严酷的秘密就是她的祸患。

第五章

在八条小径的交汇处

1835 年

> 乞讨——那不是我们的来源。
> 人生高速马车路上的青年啊,
> 用力抓住宝藏。
>
> ——克里斯蒂安·温瑟

S. K. 于 1835 年 5 月 5 日进入充满男子气概的青年时期,他在这份金边文件中选择了这句格言来描述这一时期的特征,他的人生已经走过 22 年。到目前为止,根据他的估算方法,他本质上是个孩子,因为他完全处在父亲的统治之下。从本质上说,那场大地震压垮了 S. K.,按照他的描述,就像所罗门发现了大卫的罪;然而,它同时也解放了他——使 S. K. 立即从父亲的统治下释放出来,成为一个自由人,这大大激发了他本性中智力的一面,正如他在下一章的开头说的那样。他在那里形容自己"内心被撕裂"。那是我们可能预料到的,事实上,那是终极的影响;但是一种生气勃勃的自由感起初占据了上风。S. K. 的一个深刻的特征是,他要经过很久才能感受到这场灾难的全部影响,而非立刻感受到。通过他富有想象力和反思性的技艺,这种震撼在他的一生中弥漫开来。我在这里用的是丁尼生对亚瑟·哈勒姆之死的评价。事实上，当 S. K. 在日记里写自己听到兄弟尼尔斯在美国去世的消息时，也做了同样的心理学观察，那是在哈勒姆去世的前一年。他说，随着岁月的流逝，他愈发感觉到这一点。在《畏惧的概念》一书中，考虑到大地震的经历，他说："畏惧［焦虑］不是像飞镖那样急速移动，而是慢慢地钻入心脏。"

这时，父亲给了他足够的钱让他在西兰岛北部度过两个月的暑假，这个事实增强了他的独立意识。我们可以假设，这位父亲已经准备好"相信这个最小的儿子是最糟糕的"，他发现事情并没有那么糟糕，他的儿子并没有陷入严重的恶习，事实上，这位"浪子"保持着一种异常的清心，他感到非常欣慰。因此，父亲受到感动，慷慨地对待 S. K.，他心想，也许 S. K. 离开哥本哈根一段时间，就会使 S. K. 与那些狐朋狗友分开，对于父亲的那种严肃而狭隘的家庭传统来说，他们的行事方式和兴趣是奇特的。彼得仍然将 S. K. 视为《圣经》中的浪子，他在日记里以寓言中的"哥哥"的角色写道，他本来也可以享受这样的假期，但是不得不在哥本哈根闷热的天气里继续学习。

对 S. K. 来说，这个假期是一个宝贵的恩惠。这个拥有诗人灵魂的城市青年，那时第一次拥有了在乡村生活的机会，在那里，据我们判断，他第一次敏锐地意识到乡村的美丽。然后他开始了乘坐马车的长途旅行，这是他成人岁月里的主要消遣，他发现了名叫戈里布森林的那座大森林，还有它的"八条小径交汇的隐蔽处"，后来这里成了他最喜欢的常去之地。他还对这个地区的历史遗迹以及遇到的人很感兴趣，无论他们是农民还是教区牧师。这是他第一次获得完全自由的机会，也许这也是他第一次内心自由地享受自由的时刻。此刻，释放感让他振奋不已。他可以在想象力呈现给自己的无限可能性中做出选择。他是一名神学生的事实并没有妨碍他。他特意权衡了所有自由职业的优势——奇怪的是，哲学被排除在外——尽管这可能是他在一封信中省略的那部分所考虑的：不，我没有消失（Non nulla desunt）。他对各门自然科学非常感兴趣——然而，也许他给一位名叫彼得·威廉·隆德的科学家写信的事实,进一步强化了他的这种兴趣。这个人是他最喜欢的妹妹佩特拉的丈夫,他是一位在巴西生活了很长时间的植物学家,并且当时在巴西定居了。他还被描述为古生物学家和动物学家——科学在那个时代并不狭隘。隆德一定是一个知名人物,S. K. 这个沉默寡言的年轻人坦率地阐述了自己的精神状态,尽管也许这封信从未寄出,也许隆德之所以被选为收信者,是因为他生活在世界上一个偏远的地区。这封信写于 1835 年 6 月 1 日,也就是假期开始前的一个月,但是它被抄写在记录西兰岛北部经历的日记里,还被登记在那里,以便与 8 月 1 日在吉勒莱厄写的一个很长的条目形成对比,那里是他选择作为根据地的小镇。在这篇文章中,他认识到选择一种职业(律师是他偏爱的职业)毕竟是一个相当正式的问题,并且无法解决他现在提出的更深层次的问题。在这个条目的开头,他提到了一个月之前写的上述信件。

　　"实际情况看起来就像我在前面几页试图呈现的那样。现在,恰恰相反,当我试图获得对自己人生的一个清晰认识时,我有了不同的想法。……然后我相信,通过获得一种不同的能力,通过将我的力量引向另一个行业,我可能会得到一种特定的从容。有一段时间,我可能已经成功地驱散了一种特定的忧虑,但是毫无疑问,它可能会回来,就像一个人被浇了冷水之后,他反而会浑身发热。[人们普遍认为,喝一杯冷水对发烧患者来说几乎是致命的。]我真正需要的是,让我的头脑变得清晰,知道**我必须做什么**,而不是我必须知道什么——除非在每个行动之前,我必须有这样一种知道。重要的是理解我命定要做什么,感知到上帝要**我**做什么;关键是找到对**我**来说是真理的真理,找到**我准备为之生且为之死的理念**。虽然我将在哲学家的体系中工作,如果需要的话,我有能力评价他们的体系,然而发现一个所谓的客观真理对我有什么益处呢? 如果我能发展一套国家理论[像黑格尔那样],并且将从许多方面获取的细节组合出一个整体,构建一个我不再生活于其中的世界,而我只是处于别人的注视下,那对我有什么益处呢？如果我能够阐述基督教的意义,解释许多关于个体的现象,如果它对**我**和**我的人生**没有任何真正深刻的重要性,那对我有什么益处呢？……真理冷冰冰地、赤裸裸地站在我面前,对我是否认识它漠不关心,它让我产生了一种可怕的颤动,而非产生一种没有疑心的忠诚,那对我有什么益处呢？可以肯定的是,我愿意认识到这种**理解的必要性**,并且承认人们可能会因此而受到影响;然而,**它必须充满活力地体现在我身上——**而**这就是我现在认识到的最主要的事情**。正是因为这一点,我的灵魂在渴望,就像非洲的沙漠渴望水一样。……我所缺乏的,正是一套**完整的人生**经验,而非仅仅是对人生的一种理解,所以我不应该以此为基础来发展我的思想——嗯,不应该基于叫做客观的某种事物之上,不应该基于在任何情况下都不属于我自己的事物上,但是我应该将其建立在与我灵魂最深的根有关的事物上,通过这些根,可以说,我已经发展出神圣的本性,即使整个世界崩溃,我也紧紧地抓住它不放。这就是我**缺乏的,我正在为它努力**。……重要的事是这种内在的行动,是人朝向上帝的这一面,而非一堆公认的事实,因为它们会自己出现,然后它们不会以偶然的聚合或者一行细节的形式出现,它们一个挨着另一个,却没有形成一个体系,所有半径没有一个交汇的焦点。以前,我也的确寻求过这样一个焦点。在深不可测的消遣的海洋上,同时在理解的深刻性里面,我徒劳地寻求一个停泊的地方;我已经感受到,一个消遣者抓住另一个消遣者的手时那种近乎不可抗拒的力量;我已经感受到,这种消遣能产生的那种虚假的热情;我已经感受到,这种消遣带来的厌倦和痛苦。我已经尝过智慧树的果实,并且经常享受它们的滋味。然而这种高兴只是在领悟的那一刻,它并没有在我心里留下更深的印记。在我看来,智慧的圣杯并未让我喝醉,更确切地说,我一度掉进了智慧的圣杯里。"

幸运的是,这个长长的条目和它前面的长信可以在德鲁翻译的日记里读到(第 16—22 页)。从来没有一个年轻人能如此刻意地、如此彻底地、如此智慧地审视自己。任何熟悉 S. K. 作品的人都会认识到，在这里引用的段落中，他强调的话语表明了他后续思想的方向，这些思想之后由诸如"主观性就是真理""借鉴""真理的重复"等短语表达出来。在另一段中，他用苏格拉底的格言"认识你自己"来表达自己的任务。借此，他在这里开了一个好头——但是，哎呀，这是一项无法一气呵成的任务。

在给隆德的信里，S. K. 说："我站在这里，有一个很大的问号。在这里，我像赫拉克勒斯一样站着——然而不是站在十字路口，不，这里似乎有更多纵横交错的小径，因此，要领悟到那条正确的小径就完全更加困难。这也许正是我的不幸，我对太多的事情感兴趣，却对任何决策都不感兴趣。我的兴趣全都不是完全统一的从属关系，而是完全相互协调的关系。"戈里布森林里一个点辐射出"八条小径"这样的想法吸引了他，然而在这时，他的想象向自己呈现出了更多的可能性。他知道，没有人比他更清楚"活在可能性中"意味着什么，在他人生的大部分时间里，他继续生活在可能性中，他的想象力为这样一种人生提供了许多丰富的材料。但是他也知道，他将一次又一次地经历这种绝望，这种绝望来自不受必然性约束的可能性——正如他在《致死的疾病》中表达的那样。此刻，他生气勃勃的自由感不受任何必然性的限制——绝望很快随之而来。

8 月 1 日，在吉勒莱厄度假期间，他在那里写下一个冗长的、深思熟虑的条目，它出人意料地以一种富有激情的决心结束了："所以，抛开死亡吧——我要穿越卢比孔河！这条小径当然会将我引向战斗，但是我不会灰心，不会为过去悲伤，因为悲伤在那里有什么用呢？我会精力充沛地继续前进，不会像陷入流沙中的人一样浪费时间去悲伤，那个人想先计算一下自己的沉陷有多深，却没有考虑到在进行这种计算的时间里，他正在沉陷得更深。我会沿着自己找到的小径匆匆忙忙地往前走，并且向我遇到的每一个人打招呼，我不会像罗得的妻子那样回头，而是要记住，这是一个我们正在奋力攀登的山丘。"

这听起来像是一个真正的选择和一种高尚的决心——也许是一个裁定——努力为他的神学答辩做准备,既因为这将让父亲高兴,也因为这是进入哥本哈根大学的表面原因。但是我们从后面的条目了解到,穿越卢比孔河的意义远不止于此,他准备以如此大的勇气面对自己与父亲之间的冲突。不能再"乞讨"了,对一个精神饱满的年轻人来说,"用武力抓住宝藏"才更适当。没有任何迹象表明他在众多可见的小径中选择了任何一条。他后来意识到,他当时面对的不是要作出决定的或此或彼,正如威廉法官说的,这不是在善与恶之间做出选择,而是认识到那里有这样的一个选择要做。他意识到这一点时为时已晚,当意志无法做出真正的选择时,选择只能由一个人更为卑鄙的倾向决定,"当舵手迟迟不改变方向时,船就会总是漂浮在礁石的上方。"他摆脱父亲以后有一种令人振奋的解放感,这些事实蒙蔽了双眼……他也摆脱了上帝。后来他才明白,他的态度是一种违抗,他的怀疑是反抗。"太难去相信了,"他说,"因为太难去服从。"

在《观点》(第 78 页)中,S. K. 清晰地将这一刻描述为一个高兴的独立时期:"因此,我开始了自己的人生,在智力的恩赐和外在环境上受到了各方面的宠爱。为了尽可能丰富地发展我的头脑,我做了一切,并且继续做着一切……在某种意义上,我可以说,我带着一种骄傲的、近乎鲁莽的态度开始了自己的人生。在我人生中的任何时刻,我都不相信一个人可以去做自己想做的事——只有一件事例外,所有其他事情都是无条件的,但是有一件事是有条件的,那就是摆脱我拥有的忧郁的力量。我说的话在别人看来是一种徒劳的自负,但是事实上,就像我接下来说的话一样真实,对其他人来说,这似乎也是一种自负。我说,我从来没有想过,在我这一代人中,曾经生活过或者将要出生的人会比我更占优势——但是在我的内心深处,我是所有人中最可怜的一个。我从来没有想过,即使我要尝试最鲁莽的事业,我也会取得胜利——只有一件事例外,其他一切都绝对会胜利,但是有一件事不可能胜利,那就是摆脱忧郁、摆脱随之而来要承受的各种痛苦,我从来没有完全自由过,哪怕只有一天。当这被赋予我时(即这样的痛苦和这样的寡言少语),这种孤独的内心折磨是在憎恨人和诅咒上帝方面得到表达和满足,还是在相反的情况下得到表达和满足,取决于个体的许多个人特性。"

S. K. 在《观点》一书中声称,他"从未放弃过基督教",但是此时他正在迅速远离基督教。在给隆德的信中,它的"基本立场暂时不能确定";但是他刚度假回家,日记里的许多条目就开始以批判的疏离和骄傲的超然态度谈论基督教和"基督徒",这在一个神学生身上显得很奇怪。10 月 17 日,他全面阐述了自己得出的结论:"**然而,哲学和基督教永远不可能统一**。"这就是 S. K. 晚年经常宣称的,意思是说,应该远离思辨! ——基督教仍然存在,但是哲学必须被遗忘。然而,在这里,他的意思是说,基督教必须被拒绝,因为它无法与哲学和解。下面的内容非常清晰地说明了这一点,尤其是在几天后写下的一个条目中,我引用其中一部分。

"我试图说明为什么基督教和哲学无法统一。为了证明这种分离是正当的,我考虑过,站在理性的立场上看,基督教,或者更确切地说,基督徒的人生必须从理性的立场来呈现。我现在将通过展示基督徒如何看待基督教以外的人来证实这一点。为此,只要回想一下基督徒是如何看待异教徒的就够了,他们认为异教徒的神明是魔鬼们的发明,异教徒的美德是恶习,基督徒里面的某个领袖宣称人在基督到来之前不过是泥块和石头,他们是如何拒绝将自己的福音传给异教徒的,他们是如何不断地以这句话开始,'你们要回转并且被归正',他们自己是如何宣称他们的福音是对异教徒来说是愚昧、对犹太人来说是绊脚石……为什么会有这么多人,正如他们说的,在自己的意识中发现了基督徒的冲动,而另一方面,他们既不是基督徒也不自称是基督徒? 这肯定是因为基督教是**一种激进的疗法**,会让一个人退缩;由于与早期许多基督徒没有完全相同的正式观念,他们将决定性的一步推迟到了最后一刻,因此这些人肯定缺乏力量进行绝望的**一跃**。除此以外,还有我们在基督教中遇到的奇特的、古板的氛围,这使每个人都暴露在一种非常危险的炎热气候中,直到他们适应了这种气候。如果我们仰赖地球上的生活,他们会起来反对我们,宣称一切都是罪恶的,无论是自然还是人;他们谈论的是康庄大道,而非与之相反的窄路。如果我们看向另一个世界,它就在那里,正如基督徒教导的,我们首先发现这个结是如何解开的——第五幕。虽然基督徒没有像北欧民族那样宏伟的想象,描绘洛基被锁在悬崖上,毒药滴落在他身上,而他们将他的妻子放在他身边,让他感到安慰,但是基督徒知道如何剥夺那些不幸之人的一切安慰,甚至剥夺能平息他燃烧的舌头的一滴水。基督徒对未来世界的描绘几乎总是荒凉、惩罚、毁灭、永恒的折磨和痛苦,这就是他展望的;尽管他在这方面的想象丰富而奢侈,但是当涉及信徒或者选民的祝福时,它是如此贫乏,这被描述为一种带有幸福意图的凝视,双眼专注而呆滞,瞳孔巨大而且不转睛,或者充满泪水的凝视阻碍了清晰的视力……在我看来,更为人道的是,看到全世界伟大的、杰出的、有才华的人聚集一起,这些人将手放在推动人类进步的车轮上。想到这样一个名副其实的人类学术机构,这样一个科学的、学问的共和国,我的热情总是被激发出来,在这个共和国里,我们总是与各种矛盾发生冲突,知识每时每刻都在成长……然而,基督徒们不愿意这些伟大人物进入他们的团体,这样这个团体就不会变得太复杂,这样就只能奏出一个和弦,以至于基督徒们可以像一群聚集起来的朝官那样坐在那里,为他们修筑完高高的、不可逾越的城墙而喜悦,以便对抗……野蛮人。为什么要这样? 我不是要责备基督徒们,而是要展示基督徒人生中**实际上**存在的各种矛盾,警告每一个胸部还没有紧束这种智力束胸的人,让自己屈服于这样的事情,以保护自己不受这些胸襟狭小的、哮喘般的概念的影响。住在一个太阳从不照耀地平线的地方当然是艰难的,然而总的来说,住在一个太阳直射在你的头顶上的地方,而不让你或者你周围的任何东西投下阴影,也不会让你特别惬意。"

在这里,S. K. 不仅以批判的超然态度谈论了基督教,而且以显然的任性列举了他能想到的基督教的许多最严重的错误,将他从家里古板的氛围里发现的狭隘概括归因于基督教,而他显然更喜欢异教徒的理想或者人文主义的理想。在这整个段落中,没有什么是后来的 S. K. 不会驳斥的——他没有后悔,也没有为之忏悔——除了承认"基督教是一种激进的疗法"和它需要"绝望的一跃"之外。在后来的一段时间里,他坚持认为,一种"对犹太人来说不是绊脚石,对希腊人来说不是愚拙"的教义显然不是基督教的。几年后,他意识到自己的心态不仅意味着反抗父亲,也意味着反抗上帝。

S. K. 突然获得释放的直接结果是,不仅吸引他展开各种新的智力追求,而且吸引他积极地参与学生生活,尤其是参与学生会的活动,1835 年 11 月 28 日,他在学生会面前发表了一个长篇演讲,主题是"我们的新闻文学——一项午间光照下的大自然研究"。在另一个场合,他负责主持这个机构的全体会议,当时正在嘈杂地讨论一项与当前利益相关的政治问题,当决定看起来可能有悖于他拥护的保守派利益时,他不容分说地宣布休会,公然违抗哥哥和其他的顾问们。多年后,在访问克里斯蒂安八世时,S. K. 惊讶地发现有人曾经告知国王这次会议以及他在会议中发挥的作用。

在后来的几年里,政治活动对他来说是完全不相关的,但是在这个时候,1835 年底,他为丹麦高雅文学的伟大权威海伯格的官方刊物《飞邮报》写了 4 篇政治文章,这第一次的文学冒险为他赢得了热烈的掌声。在政治上,他是一个坚定的保守派,直到他人生的尽头都是如此——即使在他攻击国教的时候也是如此。可以从 10 年后出版的《文学评论》一书了解他的社会哲学。《文学评论》的第二部分由德鲁翻译,并且以《现时代》为题出版。他的论战针对群众的统治,针对暴徒打着神圣正义的旗号进行不正义的统治。他并不反对这样的变革，而是与将法国大革命的各种抽象理论强加给丹麦的那种努力斗争，它没有考虑这个北欧民族的特征、没有考虑国家的历史、没有考虑依据人民中的天才而发展起来的各种制度。在现代的发展中，斯堪的纳维亚的各个国家拥有世界上最自由的政府，拥有特别针对人民的且适合他们处境的各种制度，这充分证明了 S. K. 的论点是正确的。

第六章

通向灭亡的小径

1836 年

"虽然我的内心四分五裂,没有任何希望过上一种幸福的尘世生活('我会过得很好,我会在这片土地上长命百岁'),没有任何希望拥有一种幸福而舒适的未来——它最自然地来自和存在于家里的家庭生活的历史延续性——在毫无希望的绝望中,我只能紧紧抓住人性的智力方面,这是多么奇妙的事情啊,以至于想到我那不可忽视的头脑恩赐是我唯一的安慰,想到让我唯一感到喜悦的理念,想到人们对我是漠不关心的。"

在金边文件中,这个令人伤感的条目追随着前一章开头的生气勃勃的格言。这似乎是针对格言代表的独立、勇敢的精神的一个不一致的结论;然而事实上,这是违抗的自然结果,正如S. K. 后来对它的描述那样,是"自由的船难"。在他自己的经历中,他发现"审美的"人生,即为享受而活的人生,即使它是智力上的享受,也会导致绝望,实际上的绝望,个体甚至没有意识到它。这就是他试图在自己所谓的审美作品里间接地教导的一课,在这些作品中,他将自己展现为一个有威慑力量的榜样。因此,这些作品在远为更广泛的意义上是自传性的,超过了包含他不幸的爱情故事的其中 3 部作品暗示的意义。要想生动地描绘S. K. 人生中的这个阶段,我们只需阅读《或此或彼》开头的"序曲",以及威廉法官和他的年轻朋友之间的对话(总共约 200

页)。从某种意义上说，S. K. 在这些页面中讽刺了自己，以理想的一致性来表现审美人生；因为在现实中，法官的伦理建议在某种程度上必须包含在我们对 S. K. 的描绘中。他不能说自己"内心四分五裂"，除非伦理的人生观仍在努力维持他自己。他的那些主要的兴趣是"审美的"；它们恰恰是这本书第一部分的作者"A"的兴趣，唯一的例外是《诱惑者日记》。在这里，我们可以证明 S. K. 对戏剧和歌剧有着浓厚的兴趣——尤其是莫扎特，更尤其是《唐璜》。这些都是新生后的 S. K. 没有放弃的兴趣。毫无疑问，当他说在伦理和宗教领域"审美的事物不是被废除，而是被废黜"时，他心里就有这些想法。

1844 年出版的《畏惧的概念》是对他当时的疾病，即让他陷入绝望和罪的畏惧(焦虑)的一次深刻的心理学诊断。在他的例子中，大地震唤醒了他的畏惧，被他定义为"以参考命运为前提的畏惧"。他命定只能在地球上(正如本章开头的段落暗示的那样)活很短的一段时间，他认为由于这个严酷的家庭秘密，他被排除在婚姻以外。"那有什么奇怪的呢"，他抓住了人生中智力的一面；他不停地进行社交活动，却"对人们漠不关心"，那有什么奇怪的呢？畏惧作为"一种值得同情的憎恶"，使他陷入了罪恶，那有什么奇怪的呢？"所有的罪都是从畏惧开始的，"当他在 1837 年慢慢地回顾自己走过的小径时，他如上写道；多年后，在 1843 年 5 月 17 日的一个条目中，他说，"是畏惧导致我误入歧途。"畏惧就像毒蛇的眼睛，既使人生厌，又吸引人。

在最后一章提到的智力活动和社会活动并没有在 1836 年停止，尽管在这一年的年中之前，他走的小径急转直下，并且被证明是他说的"通向灭亡的小径"。

我们从 S. K. 给威廉·隆德写的一封长信中得知，1835 年，他已经开始让自己专注于浮士德和唐璜的中世纪传说。这些中世纪研究，首先让他对人类生活中的恶魔元素，即那些"今生邪恶王国的力量"有所领悟。他将浮士德与卡波克拉底教派中的诺斯替教派联系在一起，该教派的原则是"通过每种恶习来获得人生的经验"。这些日记表明,他对这个原则非常感兴趣,并且倾向于承认,它作为一种理论一定有一些真理——只要人们不试图去实现它。他在谈到浮士德时说,"他并不是想熟悉邪恶,以便为自己没有那么坏而感到喜悦(只有非利士人这样做),相反,他想在自己心中感受到所有罪恶的水闸被打开。"S. K. 学会了理解将自己出卖给撒旦的这个中世纪概念的吸引力。他的想象可以很好地飞升到高山上,魔鬼可以在那里向他展示地球上所有的王国及其荣华,并且许诺"所有这些东西都将是你的……只要。""所有这些东西"表达了炼金术士们的宏伟梦想,以及所有寻求魔法石之人的宏伟梦想。在我们这个时代,想象力没有这样的翅膀:人们能够想到的东西只占地球的一丁点儿——也许正因为如此,他们可能做好了出卖自己灵魂的准备。浮士德是典型的怀疑者,唐璜是典型的纵欲者。因此,S. K. 觉得他们都是自己的典型。没有任何证据表明,他从 1836 年之前开始对永世流浪的犹太人亚哈随鲁感兴趣,后者是绝望的典型。在他反抗的第一个蓬勃发展的时期,他不知道自己已经陷入了绝望。当然,知道一个人处于绝望之中是"选择绝望"的起始行为,而根据威廉法官的说法,这是走向解脱的第一步,因为它意味着"选择自己",选择一个人的自我,选择它所有的具体处境以及它所有的缺点。

　　然而在 1836 年,S. K. 清晰地认识到自己处于绝望之中,并且觉得自己是亚哈随鲁的化身。在保罗·穆勒教授的文稿中,我们可以发现一本标题为"亚哈随鲁"的作品——它很可能被称为"亚哈随鲁如是说",因为它是由一个绝望中的人可能说出的箴言组成的;其中许多听起来像是 S. K. 的"序曲",鉴于作者与 S. K. 的亲密关系,S. K. 很可能常常从他的嘴里听到那些箴言。毫无疑问,保罗·穆勒知道 S. K. 的雄心勃勃的计划,即写一部综合的作品,从哲学和美学的角度处理中世纪的一个通常被忽视的方面:"宗教之外的人生有 3 个典型的方面——怀疑、纵欲和绝望。"穆勒去世前,大概在床上向他最喜欢的学生发出过这个警告："告诉小克尔凯郭尔不要承担太大的任务,因为太大的任务曾经让我受到伤害。"也许正是出于这个原因,S. K.从未着手写计划中的那部作品。在保罗·穆勒的建议下,他转向了关于反讽的研究,这是他在1841年申请硕士学位时的那本厚书的主题。他打算写一本"关于古人运用反讽"的书,尽管从来没有人写过这样一本书,但是毫无疑问,对它的初步研究使他成为现代最尖刻的讽刺作家之一。S. K.对"江洋大盗"的兴趣,使他通过罗宾汉这样的故事对各种童话产生了兴趣,尽管这些散漫的研究从未形成一本书,但是每个读者都会注意到它们在很大程度上为他的所有作品润饰了不少。

我提到这些智力追求,是为了表明这位"永远的学生"并没有浪费他在哥本哈根大学度过的所有10年时间,尽管只有在最后两年,他才勤奋地为自己的神学答辩做准备。

S. K.不仅从事各种审美主题的研究,而且他积极地过着审美人生。"乞讨?"不! ——既不向上帝乞讨,也不向人乞讨。"年轻人用武力抓住宝藏。"S. K.不顾父亲的反对,决心以一个富家子弟的身份住在大学里。多亏了裁缝、男装店店主、书店老板、装订工、烟草老板、咖啡馆和许多餐馆,他可以开出无限制的账单——他就是这样做的。可以肯定的是,偶尔会有窘境。10月,他被迫向一位朋友借了一笔相当于100美元的钱,然而,他在11月无法支付学生会要求的不太多的会费,而他曾经如此积极地参与其中。毫无疑问,还有其他的窘境。尽管如此,他还是可以大手大脚地挥霍。父亲最终给一个宴会承办人支付了560美元的债务,这大大证实了勃兰兑斯的理论,即S. K.亲自举办了《诸阶段》中描述的那一场奢华的宴会。他在其他对话里也表现出同样优雅精致的品味,这很难作为一种减轻罪责的情况。"唯美主义更危险,"威廉法官说,"与它更精致的程度成正比"——正如柏克所说的"通过失去一半的粗俗,恶习可以获得更多的邪恶"。

最后一章开头的格言表达了反抗的精神。S. K.很清楚这描述了他的心态,但是他并没有立刻怀疑它不可避免地导致了绝望。数年后,在《致死的疾病》一书中,他将自己的情况描述为绝望的最极端的形式:"想要不顾一切地做自己的绝望——反抗",他说,"这种绝望在世界上很少见到,只有在诗人的作品里,也就是说,在真正的诗人的作品里,才会遇到这样一些人物,诗人总是将这种恶魔般的意识形态赋予他们的角色(用纯粹的希腊语来理解这个词)。"他在那里说:"为了在绝望中做自己,必须意识到无限自我。然而,这个无限自我实际上只是自我的最抽象的形式,它是自我最抽象的可能性,人绝望地想要做这个自我,将自我从赋予它力量的每一种关系中分离出来,或者将它从存在这样一种力量的概念中分离出来。在这种无限形式的帮助下,自我绝望地想要清除自己或者创造自己,使自己成为它愿意做的自己,在具体的自我中区分它愿意接受什么,不愿意接受什么。人的具体的自我,或者说他的具体化,实际上是有必然性和局限性的。它是一种完全明确的东西,带有这些能力和性情等等。借助无限形式(消极的自我),他首先想要重塑整件事情,以便以这种方式从其中获得一个他希望拥有的自我。"

S. K. 相信,自己是"不寻常地纵欲的"。必须对此持保留态度;因为那些熟悉他的人认为他是一个不寻常地纯洁的人,当他谈到某种情况时,他自己也说了一些类似的话,这肯定是他自己的情况,需要"纯洁与不纯洁的一种非凡的结合"。可以肯定的是,他有一种罕见的羞耻感,而且他可能比大多数男人更为那些不纯洁的纵欲动机感到痛苦。我们必须记住,正是发现了父亲的纵欲,使 S. K. 突然处于罪中,他在家里接受的清教徒式的训练,使他本性的各种欲望与违抗的罪极其荒谬地成正比,正如《旧约》所表达的那样,"擅敢行事"。在《或此或彼》的第一部分,当他声称"基督教将纵欲带入了世界"这个令人震惊的命题时,他并非在恣意地玩弄悖论,而是在认真反思自己童年时因父亲对性本能的严厉压制而受到的极其严重的创伤。基督教排斥纵欲,事实上由于它被排斥,它反而被假定了。"作为一种力量,作为一种制度本身，纵欲最初是由基督教提出的。我或许可以举出一个更进一步的限定，从而最突出地表明我的意思：正是通过基督教，性欲首先被置于精神的标题之下……所以，纵欲以前在世界上存在过，但是在精神上还不够格。之后它是如何存在的呢？它在灵魂上的存在有了资格。所以它在异教中也是如此；如果有人要寻求它的最完美的表达，那么它在希腊也是如此。在灵魂方面有资格的纵欲不是矛盾与排斥，而是和谐与一致。"

1845 年，他在日记里写道："如果有人告诉一个孩子，摔断一条腿是一种罪，那么他将生活在多么焦虑的畏惧之中，也许他经常摔坏一条腿，而且对他来说，仅仅接近于摔坏这条腿就是一种罪。假设他不可能活在童年的印象中，那么出于对父母的爱，为了不让这种误解因他自己的灭亡而变得可怕，他会尽可能地坚持下去。就像当一个人将缰绳拉得太紧时，马会用尽全力将他扯向前——然后他摔了下来。事实上，一个人有时会发现，在罪是什么的问题上，存在着这样的误导——它最有可能由有着最好意图的人造成。就像一个放荡的人想阻止他的儿子过这种生活一样，他将性本能本身解释为一种罪，而忘记了自己和孩子之间的区别，忘记了孩子是无辜的，因此必然会被孩子误解。孩子是不幸的，作为一个套着马具的孩子，他已经像一个奴隶一样在一生中被勒住并且艰辛地劳动。"

在此期间，日记的条目很少，也很简短，但是它们清楚地表明，S. K. 在 4 月已经堕落不堪。它们表明 S. K. 经常醉酒，还有频繁的自杀想法。他写道：

"我观察到自己的头开始朝下、用后腿直立起来——诗人必须拥有北极人在他们的天堂期待的东西：一头他们总能从中切出一块肉的猪，它永远会重新长出来。"

"一个人将自己的脑袋打开了花，砰、乓，po 式的一种结束，故事结束了；咔嚓、噼啪，si 式的另一种结束，现在可以开始另一种了。"

"向非利士人开战！［他引用艾肯多夫的话说］'我相信我比所有人类的愚蠢行为还要蠢两倍。'"

"有一个人想出去自杀——同时一块石头立刻掉下来砸死了他,他最后说了一句话:'赞美上帝。'"

人们普遍同意将 S. K. 的性堕落放在 5 月份,而 P. S. 缪勒和乔根·乔根森应该对此负责,这并非不可能。后者是一个有点过了盛年的酒色之徒,他的机智吸引了 S. K.;人们认为前者是诱惑者的原型,在《或此或彼》和《诸阶段》中都有描述,由于他与《海盗报》的联系, S. K. 后来与他发生了可怕的冲突。

必须说的是,"堕落"建立在一个巧妙的、假设的构想之上,我们受惠于 P. A. 海伯格;但是这个构想是如此稳固,以至于现在没有任何人对堕落的事实产生怀疑,可能只是在细节上存在意见分歧。海伯格得出的结论是,在醉酒状态下, S. K. 被一对寻欢作乐的好友带到 "一个地方,足够奇怪的是,人们在那里会为一个女人的卑鄙行为付钱"。这些是 S. K. 在"一种可能性"这个故事中使用的词语,它被插入"奎达姆日记"里,日期是 4 月 5 日午夜。这是一个很长的故事,与 S. K. 曾经写过的一个中篇小说的时间最为接近。据推测,它讲述了他的故事,但是润饰是如此之多,以至于他确信没有人会在其中发现自己的秘密。当然,这是他想隐瞒的秘密,尽管这并非他试图隐藏得最深的秘密。似乎 S. K. 与这个故事的主人公一样,直到很久之后才记得发生了什么。更令人怀疑的是,他是否也因为怀疑可能要对一个孩子的出生负责而受到折磨,而这个孩子可能生活在痛苦和堕落中;他的头脑中蕴含着如此多的可能性,即使这个可能性没有给他带来严肃的关注,也可能在一段时间内被他玩味过。

如果我们没有证据证明他有过一次性堕落,我们就应该是在捏造这件事,因为这对他后续的人生造成了最严重的后果,而且,正如我们将要看到的,他经常被是否应该公开承认这件事的问题折磨。毫无疑问,当他在《畏惧的概念》里写"在肉体方面丧失自由"时,他想到了这件事。我毫不怀疑,他在写"麻风病人的独白"时反思了这件事,它被插入"奎达姆日记"里,日期是 2 月 5 日午夜。他在《畏惧的概念》里反思自己的情况时,区分了"对善的畏惧"(他称之为值得憎恶的同情)和"对恶的畏惧"(值得同情的憎恶);当他谈到个体时,"似乎整个世界的罪最终联合起来使他有罪——或者说,与同一件事相当的是,好像通过变得有罪,他在整个世界的罪中变得有罪。"这本书的扉页上写着:"在教条问题的方向上对原罪的心理路线作的简单思考。"在现代,还没有人像他这样严肃地对待原罪的问题——或者严肃地对待像丹麦语所称的遗传之罪的问题。这也就不足为奇了,因为他的经历是父亲的罪的延续;当他忏悔时,他意识到必须"让自己忏悔,从而回到家庭、回到氏族、回到民族、回到上帝"。正是这种团结的意识使传统的原罪教义成为现实。因此,他与这个问题搏斗,其他任何人都无法解决它,他还得出了其他人都没有得出的结论。

1842 年,日记里的一个条目用这些话描述了他的经历:"人们对原罪的本质已经有了足够多的解释,然而他们却缺少一个主要的范畴——畏惧,这才是决定原罪的真正因素。因为对一个人恐惧的东西来说,畏惧是一种吸引力,是一种值得同情的憎恶。畏惧是一种外来的力量,它控制着一个个体,但是他无法挣脱它,也不想挣脱它;因为一个人担心,但是令他恐惧的东西也会吸引他。然后畏惧会让个体变得无能为力,而第一次犯罪总是在无能为力中发生的。因此,他显然缺乏责任感;正是这种缺乏使他落入了圈套。"

也许有人认为 S. K. 的罪恶感是病态的。每个拒绝基督教罪恶观念的人,都会这么认为。然而事实上,S. K. 在若干个条目中评价了他轻视罪的事实,就像任何一个明智的人会做的一样。例如,在 1843 年 5 月 17 日的一个条目中,他回顾了自己违反婚约的行为,并且得出了如下结论:"但是,如果我自己亲自解释的话,我一定是将她引向了各种可怕的事情,我与父亲的关系、他的忧郁、永恒的夜晚、我对真理的偏离、我的欲望和放纵——然而也许在上帝看来,它们并非如此恶毒,因为确实是畏惧使我误入歧途,当我知道或者猜测自己唯一崇拜的人的威力和力量正在摇摇欲坠时,我怎能从继续他那里寻求庇护和支持呢?"

以下关于罪的定义在这里是合适的,尽管它最早是在 1849 年出版的《致死的疾病》中首次提出的:"罪就是:在上帝面前绝望地不想做自己,或者在上帝面前绝望地想做自己。但是,即使在其他方面,这个定义可能被承认有各种优势(在这些优势里,最重要的是,它是圣经中唯一的定义,因为圣经总是将罪定义为不顺服),难道它不是太精神化了吗? 对于这一点,我们首先必须回答的是,罪的定义永远不能过于属灵(除非它变得如此属灵,以至于它废除了罪);因为罪恰恰是精神的一种资格证明。其次,为什么它会过于精神化? 因为它没有提到谋杀、盗窃、不贞等等吗? 它没有提到它们吗? 当一个人不顺服并且违抗祂的诫命时,这种自我主张难道没有反抗上帝吗?"

第七章

摸索着迷途知返

1836 年 5 月到 1838 年 5 月

这段时间虽然长达两年，但是可以简单地交待一下。在我的那本厚书里，我将它命名为"伦理阶段"——这是有疑问的，只是出于对 S. K. 的范畴的尊重。但是事实上，除了宗教信仰之外，S. K. 从未认真考虑过一个可能的伦理阶段。即使是在《或此或彼》中作为伦理阶段例证的威廉法官，也信仰一种模糊的、内在的传统宗教——而且比大多数人都要虔诚得多。从日记里明显可以看出，S. K. 在跌倒之后，立即开始考虑重新站起来。从长远来看，有一些明显的进展，但是进展缓慢得令人沮丧，如果不是一次深刻的宗教体验唤起了他，也许什么也不会发生。

在《观点》中，S. K. 自己非常简短地谈论了这个时期，在某种程度上给我们留下了这些年徒劳无益的凄凉印象。"因此，我开始享受生活中所有可能的乐趣，却从未真正享受过，更确切地说（沉浸在忧郁痛苦中的一种快乐），我努力制造让自己很享受的印象。我结识了三教九流，但是我从来没有想过自己在他们中间会有一个知己，当然也从来没有想过他们中的任何一个人是我的知己。也就是说，我被迫成为并且是一名观察者。通过这样的生活，作为一个观察者和作为精神，各种经历让我极其富足，我可以近距离地看到各种快乐、激情、性情、感觉等等的集合，它们使我在观察和模仿一个人的过程中获得实践。我的想象力和我的辩证法总是有足够的材料可以运用，我也有足够的时间,摆脱一切喧嚣,无所事事。在很长的一段时间里,我只从事以想象力为成分的辩证练习,我将头脑当作一件乐器来试奏——然而我并非真正地活着。我被各种各样的事物诱惑,不幸的是也被各种错误诱惑,唉,也被灭亡之路诱惑。因此,当我年满 25 岁时——对自己来说,那是一种谜一般的成长和非凡的可能性,我不理解这种可能性的意义和性质,尽管我曾有过最卓越的反思,如果可能的话,它能理解一切。我理解了一件事,那就是我的人生最适合用于来苦修;但是,从这个词的正确意义上说,我没有活过,除了以精神的角色去活以外;我从来没有成为一个人,甚至更不用说成为一个小孩或者年轻人了。后来我的父亲去世了。我童年时代强烈的宗教印象获得了施加到我身上的一种新力量,现在它被反思软化了。"

请注意,在金边文件中,S. K. 没有为本章提供任何新的格言。事实上,我们现在交待的时期在某种意义上与前一时期相连;S. K. 仍然在通向灭亡的小径上——只是现在他正试图迷途知返。他敏锐地意识到自己的尴尬处境。1836 年 6 月 12 日,在他大约堕落一个月之后,他写道:"宗教改革进展缓慢。"正如弗兰兹·巴德恰如其分地指出的那样,他必须原路返回。宗教改革进行得如此缓慢,以至于一年多以后(1837 年 10 月 11 日),他重复了同样的话,并且增加了一个更忧郁的反思,大意是,只有当一个人成功地、毫无错误地倒着演奏他迷恋的同一首乐曲时,魔幻作曲家(fairy kiug)创造的魅力才能被打破。

释怀的前景很糟糕——除非有来自外界的帮助。幸运的是,在他最需要帮助的时候,它来了。它首先来自他最受尊敬的老师保罗·穆勒,他称赞穆勒是"让我觉醒的强有力的号角声"。这个短语可以在《畏惧的概念》的初稿中找到,在这本书中,他分析了自己在灭亡的小径上的处境,并将此书献给了第一个伸出援手帮助他走出困境的人。但是这个短语是什么意思呢?再一次地,我们可以在一篇巧妙的、侦探般的作品里找到答案,这一次我们必须归功于勃兰特教授。在我那本更厚的书中,我相当详尽地复述了他的论点：在这里，我只能声明那个结果。在诗人赫兹的日记里有一个 1836 年 6 月 4 日的条目，如下："下午，在海伯格夫妇动身前往巴黎之前，我们向他们告别。前来的人有——克尔凯郭尔和保罗·穆勒。"请注意，在这样一群可能在那个场合聚集在一起的智者中，只有这两个人被提到——而 S. K. 首先被提到，好像他只是一个学生，却是那个聚会上耀眼的光芒！勃兰特将这与 S. K. 在 1838 年为学生会写的喜剧中的一段话联系起来，在这个段落中，他假扮威廉伯德，而赫兹扮演艾寇。还有一个下午的聚会，表明威廉伯德和艾寇在一起；威廉伯德匆忙离开，回到自己的房间正要开枪自杀，这时艾寇进来拦住了他。在 S. K. 的日记里有一个未标明日期的条目，勃兰特认为它描述了 6 月 4 日海伯格告别聚会的影响，没有任何理由可以反对这一假设。

"我刚从一个以我为灵魂的聚会中走出来：从我口中流淌出连珠妙语，所有人都笑着赞美我，但是我离开了（这里的破折号确实应该与地球轨道的半径一样长）————————————

————————————————————————————————————

然后想开枪自杀。"

但是，是什么促使 S. K. 匆忙地离开了一个让他如此受人仰的聚会呢？他为什么想要开枪自杀？勃兰特的回答是：使他觉醒的强有力的号角声。他认为，正是在那时，当 S. K. 处于最机智的、最狂野的、最虚无的心情中时，保罗·穆勒带着严重的担忧和憎恶对他说："你是如此争论不休，这是非常可怕的。"可以肯定的是，这个警告实际上是针对 S. K. 的，因为正如我们从 1854 年的一个条目中了解到的那样，直到人生的尽头，他都记得这个警告。如果这些话被记住这么久，它们肯定是在最需要这样一个警告的时刻，是在最有可能产生最大影响的时候说出来的。第一个影响如此有破坏性，因为这些话是直接针对"机智的魔鬼"说的，S. K. 本人认了自己恶魔般的违抗上帝和人的最明显的表现。也许是因为这个号角声并没有立刻彻底唤醒

S. K. 。我们已经看到,在一次长时间的反思以后,各种新的经历对 S. K. 的影响是缓慢的。我毫不怀疑,在保罗·穆勒死后,他听到的号角声更响亮了——就像他的父亲第一次获得了对他的全部权威,父亲的声音从坟墓那边传了过来。保罗·穆勒死于 1838 年 3 月 13 日,距离 S. K. 的宗教觉醒只有两个月,为了让他做好准备,他同时听到了另一个号角声,乔治·哈曼的号角声。

1836 年 9 月 10 日是 S. K. 一生中一个值得注意的日子,因为就在那时,他第一次知道了乔治·哈曼,这位德国作家在 S. K. 出生前 25 年去世,然而,S. K. 感到哈曼这位思想家是自己的同时代人,也是与自己最志趣相投的同时代人。关于哈曼的第一个条目很重要,主要是因为它提到了哈曼写的一些段落,但是没有引用它们:"关于基督徒对异教的看法,参见哈曼,1D,第 406 页、第 418 页以后,尤其是第 419 页:'不,如果上帝亲自对他说话,祂一定会提前发出**权威的话语**,并且使之成为现实:醒醒吧,你这个沉睡的人!'"

哈曼引用了休谟《关于人类理解的探究》中关于奇迹的一章:"因此,我们可以得出结论,基督教不仅起初充满了奇迹,甚至直到今天也充满了奇迹,如果没有奇迹,任何理性的人都无法相信基督教。仅凭理性不足以使我们相信基督教的真实性:任何被信仰感动而赞成基督教的人,都会意识到他自己身上持续的奇迹,这颠覆了他理解的所有原则,并且使他下定决心去相信最违背习俗和经验的东西。"

哈曼的评论让 S. K. 震撼:"休谟可能带着一种轻蔑和批判的气息说出这番话,然而尽管如此,这仍然是正统的,是面对一个敌人或迫害者时,嘴里说出的对真理的见证——他所有的怀疑都在证明他的命题。"

我几乎完整地引用了哈曼的另一段话,日记只引用了其中的最后一句话:"因此,一个活在上帝里的人与'自然人'的关系,就像一个醒着的人与一个在沉睡中打鼾的人的关系一样——就像与一个梦中人、一个梦游者的关系一样……一个梦中人可能比一个醒着的人拥有更生动的图像,可能比后者看得更多、听得更多、想得更多,可能对自己有意识,梦中人比醒着的人想得更有条理,他可能是各种新事物和事件的创造者。对梦中人来说,一切都是真实的,然而一切都是幻觉……问题是,一个醒着的人是否有可能以任何方式说服一个睡着的人(只要他睡着了),让他相信自己睡着了。不——即使上帝亲自对他说话,他也有义务提前发出权威的话语,并且使之成为现实:醒醒吧,你这个沉睡的人!"

这些正是 S. K. 此时最需要听到的话语。它们是思想的种子,但是它们发芽缓慢,在这个时期尚未结束时,也就是大约 8 个月后,它们才充分发挥作用。有一个常见的错误,却是一个非常严重的误解,就是假设 S. K. 谈信仰的"跳跃"时,认为信仰的意志可以在一个充满各种障碍的头脑中运行或者存在,无论那些障碍是智力上的还是情感上的。这当然不是他本人的经历;虽然他轻蔑地拒绝接受"护教学",但是他的大部分作品都是为了消除信仰上的各种障碍,包括智力上的和情感上的障碍。除此以外,他声称,任何人都无法帮助另一个人去信仰。

与此同时,许多事情几乎和以前一样进行着——也就是说,相当糟糕地进行着。我们已经看到,他在 7 月就自己的日记作出了一个认真的决定,但是此时他并没有做出任何努力去执行它。从表面上看,他的情况正在变得越来越不稳定。在这一章和最后一章所述的 3 年里,他与父亲的决裂并没有愈合;他以某种方式住在父亲家里,他肯定没有别的地方睡觉,大概他经常在家里吃饭。毫无疑问,他"不得不背过脸去接近父亲,以免看到父亲的耻辱",这是艰难的,他也很难与正直的哥哥生活在一起,这也是艰难的,但是,当这位老人每天见到他的儿子时,却感到他们被一堵无法逾越的墙隔开了,看到他的便雅悯——或者是他的以撒——蒙受耻辱,这对老人来说是多么痛苦啊! S. K. 确实被献祭了,但是没有献给上帝! 如果 S. K. 住在其他地方,对他俩都会更好。事实上,S. K. 于 1837 年 7 月 28 日离开了父亲的家。从此以后,他在城里租下一间房,在一家寄宿公寓吃饭。但是父亲对他非常慷慨。父亲答应每年给他500老荷兰盾(相当于1000美元)的津贴,大约是一个教授半年的工资。此外,父亲还偿还了1262老荷兰盾(约2500美元)的债,其中400美元是欠同学们的债,560美元是欠咖啡馆的债,还有一大笔钱都给了裁缝师,等等,大约100美元是欠烟草商的债,然而最大的一笔是794美元,用于书籍和装订。后来,他在父亲的账簿上写下了这笔钱的收据,并且附上了一句话:"这样,父亲帮助我摆脱了窘境,为此我感谢他。"但是决裂并没有愈合。在下一学年,S. K.在他年轻时就读的学校教高年级班拉丁语,这也许是他头脑更严肃的一个迹象,也可能是他的津贴无法支付更奢侈的开支的一个迹象。

通过将S. K.与诗人赫兹和在寄宿公寓后方的会客厅相遇的一群年轻人联系起来,勃兰特开辟了一个新的视野,以观察S. K.作为一个学生的生活。赫兹以现实主义的方式构建了自己的小说作品,在其中一部作品中,他依靠的是自己依据这个小圈子里的许多谈话做的笔记。虽然所有的角色都有绰号,但是还是可以辨认出来,其中有几个人物在S. K.的作品中出现过。似乎《诸阶段》的"酒宴记"中的人物就是从他们中间招募来的。S. K.作为这个团体的一员,给人留下的印象并不令人愉快。他的机智和渊博的知识让人钦佩,但也让人恐惧,尤其是那些成为他恐怖讽刺之靶子的人。多愁善感的汉斯·克里斯蒂安·安徒生就是他们其中之一,这个软弱的巨人是S. K.最喜欢打击的目标。P. S.缪勒(他可能是"诱惑者")是唯一能够有效地回应阐释者(即S. K.)的打击的人,而P. V.雅各布森(他被塑造成威廉法官这个人物)是唯一一受到S. K.尊重的人。我们依据威廉法官对他的"年轻的朋友"的描述,以及依据S. K.这个时期的日记对自己的描述,可以得到这样的印象:S. K.是一个有天赋却傲慢无礼的年轻人,他用自己的机智伤害和战胜他的同伴们,不会表现出任何同情心,而是远离生活,目空一切地观察生活。我们得到的特别信息是,他发出的声音是严厉的、刺耳的。从其他各种来源,我们知道 S. K. 的公开演讲并不让人惬意,而且他容易在紧张的情况下崩溃。

7 月 8 日和 16 日(他离开父亲家前不久),他在日记里写了两个条目,当然不是为了启发读者:"哦,上帝,一个人多么容易忘记这样的决心啊!过了一段时间,我才回到这个世界,我在最里面的席位上的统治地位被剥夺了。啊!但是,如果一个人得到了全世界,却失去了自己的灵魂,对他有什么益处呢!今天(5月 8 日)我也试图忘记自己,但不是在嘈杂的喧嚣中忘记自己——那个替身是没有任何用处的——我外出走到兰达姆的房子里与博列得谈话,强迫(如果可能的话)机智的恶魔留在家里,我就是那个拿着燃烧之剑的天使,当之无愧地站在我和每一个无辜少女的心之间——然后祢没有追上我。上帝啊,我感谢祢,祢没有让我立刻变得精神错乱——我从来没有如此害怕过。我感谢祢,祢又一次侧耳倾听我。

"今天又是同一个场景——我来到了兰达姆的房子里——仁慈的上帝,为什么现在会唤起这种倾向——哦,我觉得自己是孤独的——我孤独地站着,倨傲不逊的满足受到一种诅咒——所有人现在将藐视我——哦,祢是我的上帝,别让祢的手落在我身上——让我活下去,让我改过自新。"

大约两个月后,我们从标明了不寻常的精确日期的一片松散树叶上了解到,他再次来到兰达姆的房子里,"7 月 9 日,星期日,在腓特烈斯堡花园,在拜访了兰达姆之后,我像一棵孤独的冷杉树一样,自顾自地分叉并且指向上方,我站着,没有投下任何阴影,只有野鸽在我的树枝上筑巢。"

这些富有激情的、绝望的、语无伦次的话语是什么意思呢?当我们得知博列得是一位已故牧师的女儿,并且已经与一名神学生订婚时,它们并没有给这些话语多少启示。S. K. 声称他对博列得的兴趣纯粹是"智力上的",但是鉴于她订婚了,他对这种亲密关系感到有点愧疚,尽管如此,S. K. 在她的陪伴中找到了一种慰藉，这是他在巨大的孤独中渴望得到的东西，所以他继续去看望她。这显然无法解释这种富有激情的绝望。当我们发现他在兰达姆的房子里意外地遇到了什么时，我们就走得更远了，那件事就像一支军队一样恐怖，全是因为一个 14 岁的漂亮女孩，蕾琪娜·奥尔森，他一见钟情地、绝望地爱上了她。日记里有许多关于"我与她的关系"的描述，其中最长的一篇写于 1849年，它的开头说："我第一次见到她是在兰达姆的房子里。我在那里第一次见到了她，当时我还没有拜访她的家人。"蕾琪娜（因为 S. K. 这样称呼她，所以她晚年也这样称呼自己）在他死后很久还记得，她第一次在遗孀兰达姆的房子里见到 S. K. ，当时她被邀请参加一个为她这个年龄的年轻女孩们举办的聚会。S. K. 出乎意料地来访，"他头脑的活跃给她留下了深刻的印象。他的谈话滔滔不绝，极其令人着迷。"她相信刚刚从日记里引用的那些段落提到了这次见面，她认为他对自己印象深刻，就像她对他印象深刻一样。在《或此或彼》第一部分末尾的"诱惑者日记"里，关于这个情况正好有一个生动的描述：年轻人意外地发现自己由 8 个漂亮女孩陪伴着，并且通过自己的谈话将她们迷住了。尽管 S. K. 成功地隐藏了自己的情绪，他却担心自己会疯掉。他 24 岁时爱上了一个小女孩，这是他的初恋。这也将是他的最后一次恋爱，而且，尽管所有的迹象并非如此，这场恋爱却延续到了他早期人生的尽头——他确实像但丁一样，期待着在天堂与蕾琪娜重逢。

我们得知了这个惊人的事实，现在对 S. K. 的情况和性情有所了解，在某种程度上，我们能够拼凑出他在这一场合发出的许多语无伦次的感叹，我们发现它们反映了大地震的后果，正如前一章开头引用的段落描述的那样。他如此倾向于忘记的"决心"是什么？显然，他决心在人生中不寻求任何亲密的接触，尤其是与女性的接触，因为他注定将在几年后死去，他父亲的秘密和他自己的罪将他排除在婚姻以外。当这个决心被忘记的时候，上帝（"天堂的猎犬"）追上了他，并且通过一种意想不到的经历让他不知所措,将他带到疯狂的边缘。在这段频繁醉酒、智力也持续沉醉的时期,他经常感到自己处于疯狂的边缘,现在更是如此。然而,他那恐怖的孤独迫使他一次又一次地到腓特烈斯堡去,因为他擅长的间谍活动让他知道,蕾琪娜会在那里。但是,当他说"所有的人都将藐视我"时,他是什么意思呢?无非是害怕别人揭露他堕落的肮脏秘密。日记后来的条目充分表明,尽管他讨论了这件事情的正反两面,他感到婚姻需要绝对的坦率。更不可信的是,尽管如此,他认为有必要公开忏悔,尤其是如果他要谋求教会的牧师职位的话。

　　这是注定以悲剧告终的一段爱情的不祥开端。

　　现在必须回顾一下,参考 S. K. 在大学里已经度过的 8 年,有一门课的学习在某种程度上可以协调他所有随机的兴趣——那就是哲学。必须强调这一点,当我们记住他对约翰尼斯·克利马科斯的描述时,当我们反思他所有作品的哲学深度时,这是理所当然的。哲学是他追求的一门学问,不仅是作为一种辩证的练习,而且他带着个人兴趣的激情去追求它。因此,他学习哲学的唯一方式是,它可以被有益地学习,也就是说,为了他自己的消遣,以期在他的人生中发现意义,而意义曾经随着他摒弃基督教消失了。我们已经看到,在 1835 年夏天,当他宣布基督教无法与哲学和解时,他将至高无上的重要性赋予了哲学。他以极大的热情致力于研究黑格尔的哲学,它在当时正受到丹麦人的欢迎,被认为是终极的智慧。渐渐地,在我们现在要交待的时期结束之前,S. K. 已经对黑格尔主义感到不满,因为它并没有给他提供**现实**。他赞赏地引用了利希滕贝格的话:"这就像将一本烹饪书读给一个饥饿的人听一样。"S. K. 后来的作品要么明确地、要么含蓄地驳斥了这种哲学。在哈曼的影响下,他逐渐质疑黑格尔的哲学,并且认为宗教尤其是基督教更接近现实。尽管如此,他还是继续崇拜黑格尔这位思想家。我曾经在《附言》(第 558 页)的注释中引用了 S. K. 赞赏黑格尔的一段最长的文字,然而,他在某处用一句话概括了一切:"如果他写下自己全部的逻辑学,并且在序言中披露这仅仅是一个思想实验的事实(然而,在很多时候,他逃避了一些事情),那么他将是有史以来最伟大的思想家。现在他是滑稽的。"

应该记住的是,宗教主题在 S. K. 的哲学探究中占有一个突出的地位,尽管他已经放弃了自己的宗教实践。它确实是人生中一个过于真实的因素,任何真正的哲学家都无法忽视它。S. K. 持续地抱怨黑格尔不仅无视宗教,而且无视伦理。哲学家必须解释宗教——也许可以在心理学家们的帮助下解释宗教。至少是这样。S. K. 的各种哲学兴趣的这个方向在他后来的作品中表现得很明显,这些作品中的各处出现了一些段落,附带地揭示了 S. K. 对宗教的起源与本质有最深刻的洞察。

在哈曼的影响下,S. K. 逐渐推翻了他对哲学与基督教的相对重要性的判断。他仍然使用与 3 年前相同的表达,"基督教与哲学无法统一",然而他现在的意思是,哲学必须要,或者更确切地说,使用约翰尼斯·克利马科斯的口号,远离思辨! 远离"体系",回到现实。这就是现代的存在主义哲学衍生自 S. K. 的那个点。

我们可以在 1838 年 8 月 1 日的一个条目里找到他的终极立场,我尽自己所能将这首打油诗翻译过来。S. K. 被称为一个"诗人",然而,这也许是他写过的唯一的诗句。

> 两人狭路相逢
> 你拿铁锹,
> 我持犁耙,
> 我有必要怕你吗?

这显然意味着,无论是基督教还是哲学,都没有必要害怕对方。尽管这个条目的表达是琐碎的,但是它对 S. K. 来说意义重大。我们可以通过这样一个事实来衡量它的重要性:他在一张没有

日期的松散的纸上重复了这句话(没有实质性的改变),接下来的 16 个条目都是对它的评论。另一个条目更具决定性:

> 格言:[拉丁语]
> 　　"教导儿子希腊智慧的养猪人,必受咒诅。"公元前 60 年的一条犹太法令。
>
> 　　基督教不想与各类哲学打交道,即使各类哲学想要与基督教分享战利品;基督教不能忍受所多玛国王说,是我使亚伯拉罕富有。

这是他在听到权威的话**之后**写的,"醒醒吧,你这个沉睡的人!"

　　日记里与这一时期相关的最后的话语写于复活节后的第一个星期日,1838 年 4 月 22 日,离他 25 岁生日只有 3 周,离下一章描述的宗教经历不到一个月:"如果基督要来住在我里面,就必须像今天的福音书里写的那样:'我站在门外叩门。'"

第八章

父亲与儿子和解

25 岁

[不，不，不，不！来，让我们到监牢里去。

我们两人将要像笼中之鸟一般唱歌；

当你求我为你祝福的时候，我要跪下来求你饶恕；]

我们就这样生活着，祈祷，唱歌，说些古老的故事，

嘲笑那班像金翅蝴蝶般的廷臣，

听听那些可怜的人们讲些宫廷里的轶事；

我们也要跟他们在一起谈话，

谁失败，谁胜利，谁在朝，谁在野，

用我们的意见解释各种事情的秘奥，

就像我们是上帝的耳目一样；

在囚牢的四壁之内，

我们将要冷眼看那些朋比为奸的党徒随着月亮的圆缺而升沉。

——《李尔王》

　　这条格言写在第 3 张金边信纸上，李尔王和他女儿科迪莉亚在一座有围墙的监狱里和解了，从中可以发现，S. K. 与父亲衷心的和解是在他 25 岁生日那天实现的。然而，我在括号中打印了 4 行 S. K. 没有抄写的内容，理由是这些文字也一针见血地

贴切。任何东西都无法让我们期待这样的和解。如果我们没有这样的证据，和解将是难以置信的，与此完全一致的是 S. K. 在他后来的作品中对父亲表达的崇敬。在这一点上，我们不得不设想发生了一些事情，一些极端重要的事情，它们像地震一样惊人，却产生了完全相反的影响。

不需要更聪明的侦探来向我们保证这一点，他的足智多谋在这种情况下也没有任何用处，因为在这里，S. K. 完全成功地抹掉了父亲那个秘密的所有痕迹。我们不得不假设，这位身体虚弱的 82 岁的老人利用庆祝儿子合法成年的机会，鼓起自己所有的勇气和尚存的力量，向儿子坦白了自己的各种罪。有可能是这样吗？S. K.（正如李尔王的台词暗示的）在这个场合被感动了，请求父亲原谅自己；然而可以肯定的是，另一句台词基本上描述了父亲做了什么："我要跪下来求你饶恕。"这位老人非常睿智，他知道，儿子发现和质疑他的不端行为，使他的儿子离开了家，离开了上帝。因此，他英勇地努力弥补自己造成的伤害。

S. K. 本人也说过，这个赤裸裸的事实并不像对它的预感那么可怕。因此，在这种情况下可能是这样。但是我们也必须假设，父亲向他的儿子表明，他多么努力地试图做好人，他多么深刻地忏悔；简而言之，他是一名基督徒，而非一个伪君子。父亲一定已经让 S. K. 明白，他传授给孩子们的宗教教诲，无论多么错误，都是出于爱，而且是为了将他们从他屈从的纵欲中拯救出来。后来，这就是 S. K. 对父亲"疯狂"的养育方式的解读。要不是从父亲嘴里听到，S. K. 又怎么会知道呢？第一章引用了 S. K. 在塞丁时写下的一个条目，他说，"我从他那里学到了什么是父爱，因此我对神圣的父爱有了一个概念，这是人生中不可动摇的东西，是真正的阿基米德点。"7 月 9 日，在 S. K. 那次生日的两个月后，他写下了这篇感恩祷告，这是出现在日记上的第一个祷告，但是绝非最后一个："天父，我多么感谢祢，在我如此迫切需要的时候，祢在地球上为我保留了一位尘世的父亲，我希望他能在祢的帮助下，第二次成为我的父亲，让他比第一次更高兴。"这就像父亲通过他的忏悔再次生下了 S. K.。

在父亲去世几天后，他写下的条目是这样的："我父亲于[1838 年]8 日(星期四)凌晨两点钟去世。我一直衷心地希望他再多活几年，我将他的死看作是他出于对我的爱而做出的最后的牺牲。因为他不仅是因我而死，也是**为我而死**，为的是如果可能的话，我还能有所作为。在我从他那里继承的所有东西里面，最珍贵的是他的记忆，那幅变像的画——不是通过诗意的想象力变像(因为没有这个必要)，而是通过我现在开始考虑的许多个人特征变像——对我来说，那是最珍贵的东西，我将小心翼翼地保存它，不让世界知道；因为我非常清楚，我可以真正与之交谈的只有**一个人**(E. 博伊森)。他是一位忠实的朋友。"

我在这里顺便说一句，对他的一个朋友埃米尔·博伊森，即后来奥胡斯学院的院长来说，S. K. 是忠实的，尽管到最后他的友谊受到了严峻的考验。他写给博伊森的那封倾诉悲痛的信被保存了下来；但是他小心翼翼地向外界隐瞒了自己的悲痛，以至于只有当日记出版时，那些与他最亲近的人才对他的悲痛有所察觉。他的侄女亨丽埃塔·隆德说，"他显然继续着自己旧的生活方式，像往常一样随众人聚集在咖啡馆里，以他惯常的活力在街上散步。"这种隐藏自己感情的非凡能力是令人惊奇的，更令人惊奇的，是他想要这样做的愿望。在这个例子中，我们可以看出，对于一个内向的人来说，这是一种必要性，他试图通过高举"间接沟通"的原则，使其成为一种美德。最后，他自己认识到"间接沟通"是仙灵与人沟通的一种形式。

但是在刚刚引用的条目中，最引人注目的事情是，他将父亲的去世视为"他出于对我的爱而做的最后牺牲。因为他不仅是因我[死者的名字]而死，也是**为我而死**"。他英雄般的忏悔很可能加速了他的死亡，而 S. K. 与父亲的各种秘密如此接近，他可以理解这让父亲付出了什么代价。1848 年，他写道："我的父亲是最慈爱的父亲，我对他的思念过去是、现在也是最深刻的——我每天都在晨祷和晚祷中想起他。"因此，与他父亲的团聚不仅是完全的,而且是经久不衰的,能够比"那些朋比为奸的党徒随着月亮的圆缺而升沉"持续得更久。他们之间的理解是如此深刻,因为 S. K. 回到他父亲身边时,也回到了上帝身边。在他的象征主义中,"家"意味着基督教,正如 7 月 10 日的条目说的:"我希望自己对**家里这儿**的生活条件感到满意,就像我曾经读到过的一个人一样,他同样厌倦了自己的家,想要骑马离开;当他走了一段路以后,他的马被绊倒了,他摔了下来,当他站起来时,他碰巧看见的是自己的家,当时这对他来说是如此公平,以至于他立刻骑着马回家,并且待在家里。假设只有一个人能正确地看待它。"

许多年后,S. K. 在日记里草草写下了一份关于一位父亲和两个儿子的"简单浪漫"的计划,其中有这样一段话:"他自言自语地说,这次国外之旅现在已经结束了。确切地说,它不是随着他回家而结束的,而是随着他自言自语而结束的。"假设与父亲的和解是先前与上帝和解的结果,这似乎是很自然的;但是日记并没有证实这一点,在《畏惧的概念》中,S. K. 恰恰颠倒了我们看来如此自然的顺序:"让自己忏悔,从而回到家庭、回到民族,直到他发现自己在上帝里面。"与这个比喻完全相符的是,尘世的父亲,在浪子还离得很远的时候,"看见他,就跑过去,搂着他的脖子,热情地吻他。"然而要说的是,他的父亲将他带到上帝面前,这并不符合 S. K. 一再重申的,即在信仰上没有人能为另一个人做这么多的事情。相反,我们必须说,他的父亲扫除了障碍,扫除了"紧闭的门",以便基督可以进入他心里。

直到那一刻,S. K. 还能用这样一种观念来恭维自己,即他对基督教和伦理生活的背叛是由于智力上的怀疑,因此是出于一种相当优越的东西,一种浮士德式的东西。现在他开始知道这是叛逆。此后,是他不断的解释,我们可以肯定,这反映了他自己的经历。1847 年,他在日记上写道:"他们会让我们相信,对基督教的各种反对来自怀疑。这总是一种误解。对基督教的各种反对来自不服从、不愿服从、反抗所有的权威。因此,迄今为止，他们一直在向反对者们打气，因为他们在理智上与怀疑作斗争，而非在伦理上与反抗作斗争……所以这不是合理的怀疑，而是不服从。他们试图使机器运转起来，却没有成功，因为地面是沼泽或者流沙。"

这些话属于标题为"尼布甲尼撒"的文章，它被插入了 6 月 5 日午夜的"奎达姆日记"。我无法在这里引用它，也无法对它进行评论，只想说它表达了对上帝的真实性的特定信念，这是尼布甲尼撒(S. K.)"作为田野里吃草的野兽"度过 7 年的悖论性的后果。S. K. 在某个地方说，违抗上帝的人承认祂的存在，并且向祂表达敬意。一定是在这个场合，S. K. 恐怖地得知他准确地重复了他父亲的经历和 3 年前引起他憎恶的罪。一定是在这个时候，父亲讲述了自己是孩子时诅咒上帝的故事，也许是因为他年轻时就有一种末日即将来临的感觉，导致他在很长一段时间内(记住他很晚才结婚)犯了类似的或者比那些更严重的暴行，畏惧使他的儿子陷入了这种暴行，以至于他的罪就像他儿子的罪一样，是对上帝的违抗。必须假设这一点，才能解释 S. K. 对自己过分行为的判断的严重性，但是正如他说的，这些行为本身"并没有那么残暴"。从这个角度来看，S. K. 的悔改似乎并不异常或者夸张，我们可以理解为什么他觉得从今以后自己的人生必须用于忏悔。他的熟人常常听到他漫不经心地说："我是一个忏悔者。"正因为如此，他感到自己与父亲在这座有围墙的监狱里如此紧密地联合在一起，以至于他可以"为父亲的罪忏悔"。威廉法官在《或此或彼》一书中说："如果父亲有罪，这罪将作为儿子继承的遗产的一部分，儿子将一并忏悔父亲的罪和自己的罪。这位虔诚的犹太人感到父亲的罪压在自己身上，但是他并不像基督徒那样深切地感受到；因为这位虔诚的犹太人无法忏悔，因为他无法彻底选择自己。他的先辈们的罪压在他身上，使他沉思，他在这种压力下倒了下去，他叹着气，但是他无法让自己站起来。只有能选择自己的人，才能再次站起来。"

复活节后的第 5 个星期日之前的星期六,也就是 S. K. 生日后的第 15 天,他以不寻常的精确度在 5 月 19 日上午 10 点 30 分写下了这个条目。"有这样一种事物,它好像**难以形容的高兴**,它发出的光不可名状地穿透我们,就像使徒被圣灵感召那样无法预测:'愉悦,我再说一遍,我说,愉悦!'——不是为某个事物而高兴,而是满心欢喜,'用心,用灵魂,用声音':'我的愉悦超过我的高兴,由我的高兴组成,在我的高兴里面,在我高兴的旁边,在我高兴之处,在我高兴的上方,贯穿我的高兴,伴随着我的高兴——一段天籁般的副歌,可以说,它让我们的普通歌曲戛然而止;一种像微风一样清凉的高兴,一股从马木尔树林吹向永恒宅邸的信风。"

他引用了《创世记》18 章 1 节,其中有一个我们不应该忽视的意义:"耶和华在幔利的橡树那里向他显现,当时他坐在帐棚门口,天气炎热。"难道不再有"紧闭的门"了吗?到目前为止,S. K. 是否已经为主的来访做好了准备,以至于他已经出去坐在帐棚的门口?日记里之前没有任何条目能给人一个最遥远的预感,预示 S. K. 身上将发生决定性的宗教改革。对我们来说,这是难以解释的,就像高兴对他来说是难以形容的一样——除非我们假定父亲献祭式的忏悔打破了紧闭的门,而且基督真的进去了。

从表面上看,这似乎是宗教的——我不反对将一种神秘的经历比作圣保罗的经历(《林后》12 章 4 节),当他"被提到乐园里,听到一些不可言说的话,这是人不可说的"。就像圣保罗的情况一样,这是再也没有人提及的一种经历,也没有人据此作出任何推断。S. K. 声称自己不是一个神秘主义者,他过于反思、过于辩证,从而无法进入神秘。然而,我们可以期待,他依据这一独特的心情体验,标明了他更深层次的宗教人生开始的日期,他将这一时刻视为自己回转的时刻,也许还视为对近乎使徒般的权威的证明。但是没有,他没有指出自己成为一名基督徒的特定时刻,因为在他的说法中,他只是"成为一名基督徒",直到他人生的尽头；他非但没有获得任何权威，而且反复描述自己"没有权威"。在《观点》中，当他谈到自己的宗教人生的开端时，确切地说，他指的是一种体验，这种体验本身不是宗教的，而是属于自然常规，正如他说的，它只是一个"事实"，即他与蕾琪娜的订婚及其可怕的结局。在那一点上，他突然发出完全出乎意料的、没有明显动机的一声惊叹："我请求读者不要去想《启示录》或者任何类似的东西，因为对我来说，一切都是辩证的。"显然，他自己也在思考这个奇怪的经历；但是他不知道如何反思地或者辩证地解释这个经历，因此他没有利用它，甚至他自己的头脑没有将它看作是一个标记，它并未标志着单独挑出他作为神宠的特殊对象或者上帝的特殊工具。对他来说，这种经历仍然是如此模棱两可，以至于他在《重复》(第74页及以后)中描述康斯坦丁·康斯坦提乌斯的一种奇异经历时，大胆地加以歪曲。然而，这对他来说是真实的、超现实的，是他一生都在关注的东西。正是这个无法解释的经历促使他如此热心地研究"阿德勒案"，也就是说，研究一个丹麦牧师因为声称获得了启示而被免职的现象。正是这一点吸引他关注使徒权威的问题。正是这一点引导他说出自己的"肉中刺"。我们可以肯定，他选择这个名称是为了表达这种信念，它就像圣保罗的痛苦经历，这是"由于启示的异常伟大"而产生的。S. K.说的"刺"意味着什么，就算和圣保罗的情况相比，我们无法更准确地获知。他们俩都有羞耻的身体残疾。S. K.有时将这个术语用于他经常哀叹的"灵魂和身体之间的不成比例"；但是他的意思一定是指更明确的某种病，因为他告诉我们，他咨询了一位医生，想知道是否可以将其移除，他问自己是否应该将它"拔出来"。在这本薄书中，深入探讨一个尚未解决的谜题是不合适的。

　　下一个完整的条目是："许多僵化的理念就像一次抽筋，比如脚抽筋——最好的补救办法是对它踩上一脚。7月6日。"如果不是因为这个日期，我们无法在这一实际观察中发现深刻的意义。一个奇怪的机会出现了，30年后，在给巴福德的一封信中,卡尔托夫牧师在附言中说:"1838 年 7 月 6 日,克尔凯郭尔独自(即撇开他的父亲和兄弟)来参加忏悔[一个公开的忏悔准备仪式],并且从我这里领受了圣餐,我当时是圣母教堂的常驻牧师,你可能会对此感兴趣。"这是一条非常宝贵的信息,因为它表明,在经历了难以形容的高兴的 7 周后,S. K. 肯定重新加入了教会。同时代的记录显示,他被一种顾虑("抽筋")束缚着,不能更迅速地采取这个明确的步骤,即领受基督的身体和宝血。也许他已经意识到"对自己的罪感到绝望的罪",他在《致死的疾病》中强调了这一点,并且认识到"对罪的意识是通向基督教的入口的唯一途径"。

正如我们看到的,父亲的死亡发生在 8 月 8 日以后的那个夜晚。遗产分割以后,S. K. 发现自己拥有了新市场上的那栋大房子,以及一笔可观的财富。

第九章

漫 长 的 间 歇

1838 年 8 月到 1840 年 7 月

"我经常遭受的痛苦是,我的真正'自我'为了获得一种世界观的缘故,希望忘记所有的怀疑、麻烦、无法安息,我的反思'自我'寻求将它印在我的头脑里并且保存下来,一方面作为一个必要的阶段,另一方面作为一个有趣的过渡阶段,因为反思'自我'害怕我可能虚假地评价一个结果。

"因此,例如,当我如此安排自己的生活时,我似乎注定要**永远**为答辩而阅读,我的人生即使比自己期待的更长,也不会超过我永久地中断的那一点——就像人们有时会看到一些头脑虚弱的人,他们忘记了自己所有处于中间的人生,记住了自己的童年时代,或者忘记了他们人生中的每一件事,除了某个时刻——我,同样是一个神学生,应该同时想起那个充满各种可能性的辛福时期(人们可能称之为一个人的前世)和我戛然而止的那个时间点,我的感觉就像一个孩子一样,他一定感到别人一直在给自己喝酒,从此自己停止了生长。然后,当我的积极'自我'试图忘记这一点以便开始工作时,我的反思'自我'如此乐意地牢牢抓住它,因为它看起来很有趣,并且会将它本身从我的个人意识中抽取出来,而反思通过假设它是一种普遍意识,使自己更为有力。"

至此,迄今为止一直作为我们指南的金边文件结束了。可能有人会说,它是一个非常乏味的声明。相当正确——但是当 S. K. 在 1839 年 9 月 9 日写下这些文字时,它们对他所经历的时期的描述更为恰当;因为对他来说,那个时期是如此乏味,他将它描述为"漫长的间歇"。他一直在努力准备自己的神学答辩,他非常勤奋,在不到两年的时间里,他就做好了准备,以优等的成绩通过了答辩。他这样做是出于对父亲的尊重。他的熟人们预测,当他变得独立并且继承了一笔财富时,他想要享受它,并且比以往任何时候都更不愿意进行他已经表现出厌恶的神学学习。他对一位打听者说:"我父亲活着的时候,我们经常讨论这个问题,我有能力为自己的论点辩护,即我参加答辩不是为了教职;但是在他去世后,我不得不承担他在辩论中的角色,我再也无法忍受自己了。"或者,当他按照自己的愚蠢行为回答一个傻瓜的问题时,他说:"那是因为我再也不能用胡言乱语来搪塞这位老人了。"

我们可以理解,对于一个已经被誉为有前途的作家的年轻人来说,再次服从学校的纪律,搁置多年来一直吸引他的各种有趣的学习,是多么令人厌烦的事情。在这一章的格言中,这已经表达得足够清楚了,事实上,在这个乏味的时期,关于"曾经的欣喜若狂的博士"的人生,没有什么需要再多说的了。他做出一个庄严的决定,并且忠实地执行。1839 年 5 月 13 日,当他埋头苦干 9 个月之后,他写道:"我不得不设想,为答辩而学习是上帝的旨意,我做这件事要比投入各种调查实际上达到的各种更清晰的理解更让祂高兴;因为对祂来说,顺服比公羊的脂油更珍贵。"

这个纪律是有益的。我们从这一章的格言中看到,他分裂的头脑阻碍自己成为一体。他已经学会将"积极自我"视为他的"个人意识",而他的"反思自我"严格服从他的"真实"自我。

但是,尽管 S. K. 现在开始整合自己的人格,并且最终获得了他定义为"想要做一件事"的"清心",再强调也不过分的是,他从未成功地融入他所谓的"普遍性",即融入社会;在家庭、教会和国家方面,他始终是一个例外,从某种意义上说,他是一个局外人。他痛苦地哀叹自己的异质性；当他颂扬个人主义时，他并非推荐古怪的个人主义，而是推荐（在卡莱尔的意义上）一种强有力的、可以清晰地定义的人格，它与整体融为一体，将使社会更富足，使社会成为比一群暴民更好的某种事物。因此，他远未将自己视为一种范式、一种模式或者一个值得效仿的榜样。但是，作为例外，他终于能够安慰自己，认为自己是一个"纠正者"，哎呀，也是一个"祭物"。我在这里一劳永逸地进行这个观察，它适用于他的一生。我首先强调，它是一个怜悯的恳求，也是宽恕S. K. 的各种明显缺陷的一个理由。因为他明白，自己这个祭物不是徒劳的祭物，而是"一个为了其他人的祭物"。谁会如此铁石心肠，不去怜悯尼采呢？当然，S. K. 对我们的怜悯有同样多的要求，对我们的爱有更多的要求，即使他并非那么可爱。我们是一个没有经历过这种痛苦的正常人，S. K. 无法将他参与的服侍交给我们。异常之处在于，他甚至如此深入地专注于自己异常的精神状态，以至于他比其他人更深入地探索人格的秘密。在现代病理学家出现之前，他就了解到，对异常现象的研究可能会导致对正常现象，即对健康状况的更深入的、更清晰的认识。

在漫长的间歇时期，S. K. 只允许自己的神学学习有一种偏离，那就是对蕾琪娜的想念。这时候，蕾琪娜已经接受了坚振礼，所以她是一位年轻的女士了，他想向她求婚，这不会有什么不得体的地方。后来他描述了自己的爱情故事，他说："在父亲去世之前，我已经决定要娶她。父亲去世了。我为答辩而阅读。在这段时间里，我让她的存在缠绕着我的存在。"1838 年 10 月11 日，他写道："坠入爱河的这段时间肯定是最有趣的，在这段时间里（在第一次被狂喜击中给他留下总体印象之后），从每一次邂逅中，从每一个眼神中（可以这么说，它迅速地隐藏到睫毛后面），一个人将某种东西带回家，就像一只鸟在繁忙的季节将一块又一块的东西衔到自己的巢里，不断地为自己拥有的巨大财富感到非常惊讶。"我们从"奎达姆日记"（《诸阶段》，第 193—195页）中的一段讨人喜欢的文字中了解到，他是多么全神贯注于对爱的思考。他真的爱上了她,而且深深地爱上了她;但是除了那些通常会促使他爱上她的动机之外,他还希望,自己可以通过蕾琪娜与普遍性和解。这是他在地球上过上幸福的、正常的人生的唯一希望,也是一个绝望的希望。在有些"时刻",他能够相信结婚的可能性,当他在绝望时,会想到婚姻的其他优点。他在一张没有标明日期的纸上写道:"唯一能安慰我的是,我可以让自己躺下并死去,在死亡的时刻承认我在有生之年不敢揭露的爱,这种爱让我既幸福又不幸福。"

日记里唯一的抒情爆发是这样的:"你,我心中的主宰,蕾琪娜,你被珍藏在我内心最深处的隐秘里,你是我最重要的思想的源头——在那里,通往天堂和地狱的距离同样遥远——未识之神!哦,我真的可以相信诗人们的报告,当一个人第一次看到心爱的对象时,他相信自己很久以前就见过她,所有的爱就像所有的知识一样,是回忆,在特定的个体中,爱也有它的类型、它的神话、它的《旧约》吧?在每一个少女的脸上,我都能看到你的美丽的各种特性,但是在我看来,我必须拥有所有的少女,才能从她们的美丽中提取出**你**全部的美;我必须环游整个世界,以找到我缺少的区域,而这个区域是我的整个自我在最深处秘密地表明的——下一刻,你与我如此接近,你如此临在地、如此强大地充盈我的头脑,以至于我在自己面前变了像,并且觉得在这里真好。"

"你这盲目的爱神!你这暗中察看的,岂肯显露给我看呢?我是否应该在地球上寻找我所寻找的,我是否应该体验我人生中所有具有古怪前提的**结论**,我是否应该将你拥入怀中——

是否进一步阅读命令?

作为我的**渴望**,你是否在我前面行进?你是不是变了像,从另一个世界召唤我?哦,我要抛弃自己的一切,为的是变得足够轻盈,从而跟随你。"

在这里,我们再次被一个不祥的预感震撼了,哎呀,事实证明,这个预兆实在是太真实了。

1840 年 7 月 3 日,当以优异成绩通过答辩、漫长的间歇时期结束时,S. K. 发现自己第一次可以自由地去父亲的出生地朝圣,这在第一章中描述过。

但是,在这一章的末尾,我必须简要地提到一件小事,这件小事本来应该属于这一章的开头,事实上,它可以被看作是 S. K. 在进入间歇时期前的最后一次嘲讽。1838 年 9 月 7 日(他父亲死后不到一个月),S. K. 出版了一本薄书,或者更确切地说,是一本小册子(他称它为"一份"),上面有这样一个奇怪的标题:"来自一个仍然活着的人的遗书"。克尔凯郭尔违背自己的意愿出版了这本书。关于安徒生作为小说家的身份,人们经常提到他的最后一本书《只是一个小提琴手》。"一个仍然活着的人"这句话表达了 S. K. 真正的惊讶,父亲比克尔凯郭尔更早地去世了,尽管他忧郁地预言,自己会比父亲更早地去世。接下来的一句话,应该被理解为 S. K. 对温柔的汉斯·克里斯蒂安·安徒生的严厉批评的相当蹩脚的道歉,同时也是第一次无效地试图隐藏在假名的背后。必须承认,作为童话作家,安徒生是独一无二的,他不应该尝试写小说。促使 S. K. 如此严厉地鞭笞安徒生的,是安徒生那怯懦的观念,即天才是一种软弱的东西,可能会被各种不利的环境扼杀。S. K. 愤怒地回答说:"天才就像迎着风的雷暴,就像一场大火,火焰会被风吹得更猛烈。"

这本薄书值得注意,因为它是 S. K. 的第一部文学作品。不仅仅是因为这个事实,更因为赫希教授在书里发现了丰富的材料,可以用来研究 S. K. 作为思想家和作家的风格。虽然 S. K. 声称是蕾琪娜使他成为诗人,但是从这本薄书中明显可以看出,他不必等待她,也可以使自己成为思想家和作家。虽然起初他有一种非凡的想象力,但是直到他被爱深刻地打动,诗才在他身上诞生,爱是贯穿他整个人生的**最原始的流动**。这立刻使他发自内心地接触到普遍性；由于他的异质性，他无法具体地拥有爱的"直接"享受，这使他的想象力可以自由地处理性爱的一切可能性，甚至处理性爱更严重的各种畸变，直到最后他在对上帝的爱中体验到它的升华。当这位思想家成为诗人时，他有别于任何普通的思想家。除了柏拉图，没有其他哲学家知道如何用想象力和诗来装饰最严格的思想，并且使其生动。

第十章

蕾 琪 娜

1840 年 9 月到 1841 年 10 月

我将让 S. K. 讲述他如何快速求爱的故事,他在 1849 年 8 月 24 日的日记里说了这件事,这个条目名为"我和她的关系",现在印刷出来占了 9 页,此外还有几页旁注。我只引用第一部分。它的前面写着维吉尔的一句诗,"Infandum me jubes, Regina, renovare dolorem."(很奇怪,蕾琪娜/女王,你让我重新痛苦起来。)

"1840 年夏天,我参加了正式的神学答辩。然后我去了父亲在日德兰半岛的出生地,也许那时我已经在诱惑她了,比如借给她一些书,要求她读一本特定的书里的一个明确的段落。

"我是 8 月份回来的。从 8 月 9 日到 9 月这段时间,在更严格的意义上可以说是我与她接触的那段时间。9 月 8 日,我从家里出发,下定决心要将一切都决定下来。我们在她房子外的街道上见了面。她说家里没有人。我大胆地将这理解为一种邀请,这也正是我想要的机会。我和她一起上了楼。客厅里只有我们站着。我恳求她为我弹一小段钢琴,就像她在其他时候做的那样。但是她弹得并不成功。然后我突然拿起乐谱,轻轻地合上它,将它扔到钢琴上,说,'啊,我对音乐有什么兴趣呢;两年来我一直在追求的就是你啊。'她保持沉默。至于其他方面,我没有做任何欺骗她的事;我甚至警告过她要提防我本人,提防我的忧郁。当她谈到与施勒格尔的关系时[施勒格尔曾是她的老师,曾向她求爱,后来成为她的丈夫],我说,'那么让这段关系成为一个间歇,因为我有第一笔抵押贷款。'(旁注:N. B. 不过,当她在第 10 次谈到施勒格尔时,她一句话也没说,而是完全沉默了。)[事实是,她跑出了那个房间。]最后我离开了,因为我害怕有人会发现我俩在一起,而且看到她如此不安。我直接去找议员[她的父亲];我知道,我非常担心给她留下如此深刻的印象,也担心我的来访可能会引起误解,甚至损害她的声誉。

"她父亲既没有答应,也没有反对,但是毫无疑问,他有足够的意愿,我很容易就能理解。我要求得到一个和她谈谈的机会。它定在 9 月 10 日下午。我没有说一个字诱骗她。她说,她愿意。

"我立刻让她的整个家庭知道了我和她的关系。我的精湛技艺特别针对那位父亲,顺便说一句,我总是很合他的心意。

"但是在内心深处——我看到自己犯了一个错误。我是一个忏悔者,我过去的人生和我的忧郁真是够呛啊。

"那个时期我遭受了难以形容的痛苦。"

最后的话语又是不祥的预兆。我没有勇气去讲这个可怜的故事的其余部分。我以前讲得相当详细,S. K. 本人也讲过一遍又一遍;现在可以在德鲁从日记里翻译出来的 38 个条目中读到它,在《重复》《恐惧与颤栗》中读到它,还可以在《诸阶段》的"奎达姆日记"中读到它。也许当我简短地讲述这个故事时,它会更清晰,几乎和 1849 年的一个条目一样简短,S. K. 在那个条目中划分了 5 个时期。第一个时期包括订婚的最初几个月,在这期间,他几乎太有骑士风度了,尽他最大的努力去吸引她——但是正如他说的,"我正在考虑是否能和她订婚——她就在那里,我的未婚妻就在我旁边。"他滑稽地将自己描述为"一个戴着假肢的情人",每走一步都会有所反思。他正在极度的忧郁和良心的煎熬中挣扎,因为他已经"将她拖进了急流中"。他清晰地看到,这就是他有罪的那个点。

　　我们很难理解为什么他觉得无法娶自己爱的女人。也许有一种心理学方面的困难逃过了他敏锐的眼睛；事实是，反思胜过了直接性或者本能的反应。然而，这里是他自己的解释——只是部分解释，因为它没有提到"神圣的否决"。

　　"就像在拍卖会上一样，所有东西都被认为是在拍卖锤落下时的状态下出售的，这并不适用于婚姻的情况。在这里，与早年时期有关的一点点诚实正在运作。在这里，我的骑士精神再次清晰可见。如果我没有将她也就是我未来的配偶看得比自己更重，如果我为她的荣誉感到的骄傲不如为自己的荣誉感到的骄傲，我可能会保持沉默，实现她和自己的愿望，让自己和她结婚——有太多的婚姻隐藏着许多小故事。我不会那样做，不然她会成为我的妾——我宁愿杀了她，也不愿意这样做。但是，如果我亲自解释，我一定会将她引向许多恐怖的事情，我和我父亲的关系，他的忧郁，在内心深处孵化的可怕的夜晚，我的狂野、欲望和放纵，这些在上帝看来也许并非那么十恶不赦。"

　　第二个时期。"她试图保持无限的傲慢。"因为 S. K. 在这里写作只是为了自己的消遣。他在另一处告诉我们，她生气地说："如果她相信我是出于习惯而写作，她就会立刻解除婚约。"事实上，她甚至说："她是出于怜悯才接受他的。"在这里，正如 S. K. 后来懊悔地反思的那样，他失去了重获自由、让她享受"她傲慢的胜利"的机会。因为他太好斗了——或者，用他自己的话来说，他紧紧抓住自己唯一的结婚机会。他表现得很专横——或者用他委婉的话来说，"我提到这件事的时候几乎没有提到她。"

　　第三个时期。"她屈服了，并且被 S. K. 改造成了最可爱的人。"例如，她诱导他坐在一把椅子上——在他知道她在想什么之前，她就跪在他面前了。这是他无法承受的。他的忧郁回来了，当时的忧郁被"她女性的、几乎是崇拜的忠诚"增强了。啊，当她的爱人为她朗读明斯特的布道，有时坐在她身边默默地哭泣，谁能责怪她一瞬间的任性！而她的忠诚是多么可爱啊！

　　第四个时期。他决定必须解除婚约，于是他将订婚戒指和这封简短的信一起寄了回去："为了不让一件事情更频繁地受到考验，这件事毕竟是必须做的，而且所做的事将提供所需的力量——让这件事完成吧。最重要的是，忘记写这篇文章的人吧，原谅一个男人，尽管他可能在有些方面是有能力的，却无法让一个女孩幸福。

"在东方，送一匹丝缎是对接收者的极刑；在这里，送回一枚戒指是对送戒指的人的极刑。"

这个故事，包括那封信，可以在"奎达姆日记"的 5 月 8 日看到；但是我必须更简单地讲一下。这件事发生在 1841 年 8 月 11 日，然而不幸的是，事情并没有结束。"她在绝望中超越了自己的极限，也迫使我超越了自己的极限。情况变得很糟糕。"蕾琪娜将他的这一举动看作是他忧郁的一种症状，她一直在着手治愈他的忧郁。结果，她赶到他的房间后，发现他不在家，就给他留了一张便条，恳求他"以基督的名义，以他已故父亲的名义"不要离开他。这番恳求给 S. K. 留下了惊人的印象。她的家人都一致向他恳求。"她的父亲将我的行为解释为古怪的，恳求我不要抛弃她，'她愿意无条件地服从一切。'"

"好吧，那么我可以让自己娶她（如果我没有内心的困难的话），以低廉的代价，我本来可以让他们都感激我，拿我自己来说，我自己扮演的是暴君，因为我持续地使用这种骇人听闻的强迫手段，说我这样做对她是一种仁慈。说真的，如果我这样做了，事实上，我就成了一个无赖，我就是下流地使用了一种令人作呕的手段，利用一个年轻姑娘的悲叹，使她说出了自己不应该说的话，说出了不可能真正想说的话。与此同时，她在这件事上并没有错，因为她很清楚，只要我决定带走她，我就一定会尽自己所能，使她的人生值得活下去。那就是说，她信任我。

"所以，让我们假设，我已经娶了她。然后呢？在半年的过程里，或者不超过半年，她就会使自己筋疲力尽。我身上（这既是我的优点，也是我的缺点）有一种相当阴森的东西，它解释了这样一个事实：没有人能忍受我，她必须在日常交往中看到自

己,从而与我建立真正的关系。当然,在我通常穿的轻巧的男用
外套里,它是不同的。但是在家里,人们会观察到我基本上生活
在一个精神世界里。我和她订婚一年了,但是她仍然没有真正
地认识我。所以之后她会摔得粉碎。而她反过来大概会打碎
我,因为我应该一直通过抬起她来让自己紧张,她的身体在某种
意义上太轻了。我对她来说太重了,她对我来说太轻了。这两
种情况都可以完美地引起一种压力……

"这个案子很简单。我的理由很清晰地告诉我,我做的是正
确的事,唯一正确的事。如果我没有良心上的顾虑来支持我,她
一定已经赢了。我不能冒险纯粹地听从自己的理性,不顾她的
眼泪、她的恳求、她父亲的痛苦和我自己的愿望——我一定已经
屈服了。我不得不在一个更高级别的法庭上为这个案子辩护,
我的坚定被当成了无情。"

在这里,S. K. 很好地为他的案子辩护。蕾琪娜做他的妻子
的话,似乎不可能幸福,尽管很明显,成为另一个男人的妻子和
寡妇以后,她会继续爱 S. K.、钦佩 S. K.。

第五个时期。两个月的时间,两个月的痛苦——对他俩来
说。他被迫让步,只是为了延续关系,直到他为自己的学位论文
进行答辩,并且发表了论文《论反讽概念》。不管是对是错,他认
为自己能"让她漂浮起来",或者让她摆脱他的唯一办法是假装
自己是一个只玩弄她的感情的恶棍。"她像一头母狮一样战
斗。""我时不时地对她说:'现在屈服吧,让我走吧,你会受不了
的。'"对此,她富有激情地回答说,她宁愿忍受任何事情,也不愿
让我走。我也试着让这件事有这样一个转向,是她解除了婚约,
这样她就会免遭所有的屈辱。她就不会听到这种屈辱。……

"大约两个月后,婚约解除了。[1841 年 10 月 11 日。与此
同时,学位论文已于 9 月 16 日答辩,而书准备于 29 日交付印
刷。]这是我有生以来第一次骂人。这是唯一要做的事。我立刻
从她身边走到剧院,因为我想去看看埃米尔·博伊森……表演
结束了。当我走到第二层拼花地板上时,议员从第一层拼花地

板上下来说:'我可以和你谈谈吗?'我跟着他去了他家。'她绝望了,'他说,'这会害死她的,她彻底绝望了。'我说,'我仍然有能力让她平静下来,但是这件事已经决定好了。'他说:'我是一个骄傲的人;我很难低头,但是我恳求你不要和她分手。'他真的很骄傲,深深地触动了我;但是我坚持自己的立场。那天晚上我与他们一家人共进晚餐。我和她聊了聊,然后就离开了。第二天早上,我收到他的一封信,说他整晚都没睡,我一定得去看她。我去劝她。她问我,'你会永远不结婚吗?我回答说:'嗯,大约10年以后结婚吧,当我放荡不羁的时候,我一定会让一个年轻漂亮的姑娘使我恢复活力。'她说,'原谅我对你做的一切。'我回答说,'相反,我应该祈求你的宽恕。'她说,'吻我。'我吻了她,却没有激情。仁慈的上帝!

"成为一个恶棍才能摆脱这种情况,如果可能的话,成为头号恶棍,这是唯一要去做的事情,从而让她放松,让她步入婚姻……我在床上哭了一整晚。但是在白天,我比往常更轻率、更机智——那是必要的……我去柏林旅行。我承受了很多痛苦。我每天祈祷时都会想起她。到目前为止[8年以后],我还一直坚持——每天为她祈祷,至少一次,经常是两次,除此以外我时时刻刻都在想念她。[她曾经请求他有时记起她——他经常带着一种强烈的反讽意味回忆这个请求。]当那条纽带断裂时,我的感觉是这样的:要么你投入各种狂野的放荡中,要么投入绝对的虔诚之中,它与牧师们的那种虔诚完全不同。"

蕾琪娜宣称她会死,这给S. K.留下了惊人的印象,他觉得自己的良心可能会受到谴责。几个月后,当她不仅被证明还活着,而且与弗里茨·施勒格尔订婚时,S. K. 悲伤地说:"她选择了哭泣,而我选择了痛苦。"他应该对蕾琪娜的另一声呻吟感到宽慰,但是这与刚才的呻吟并不相符;她说自己现在必须去某户人家当家庭女教师。后来施勒格尔被派往丹麦殖民的西印度群岛当总督时,S. K. 还记得这件事,当时施勒格尔经常称她为"我亲爱的小家庭女教师"。

在这一章的结尾,我请求大家同情——对 S. K. 的同情甚至超过对"她"的同情,"她"就是他的奥菲莉亚 *。难道只有在第五幕结束时,当悲剧英雄死去时,才应该向他致敬吗?当哈姆雷特发现母亲的罪行时,我们难道不该同情他吗?当 S. K. 遭遇同样的经历时,我们难道不能同情他吗?他一点一点地觉得自己的情况与哈姆雷特的情况是吻合的。如果哈姆雷特在假装疯狂的话,那么 S. K. 常常处于这种疯狂的边缘,他多次讨论自杀的问题。他也爱那个女孩,但是因为他的秘密,他无法娶她。他令人发指地对待这个女孩,哈姆雷特也是如此——然而我们可以同情他。唯一的本质区别是,我们眼前的故事并未随着两个恋人的死亡而结束。蕾琪娜有足够的勇气再次订婚,因此为她殉情的决心插入了一个滑稽的注脚;而 S. K. 虽然每天都在死去,却活了 14 年,最终为了一种完全不同的事业贡献自己的人生。因此,这不是一个简单的悲剧,但是它确实提供了一个"通过同情净化各种激情"的机会,正如亚里士多德说的那样。

---

* 奥菲莉亚,莎士比亚笔下的人物,哈姆莱特的恋人。——译者注

第十一章

审 美 作 品

1841 年到 1845 年

S. K. 的行为在哥本哈根引起了极大的丑闻。他面对了丑闻两周的挑战后(这是他欺骗蕾琪娜的计划的一部分),于 10 月 25 日前往柏林,打算在当时作为欧洲知识分子之都的这个城市待一年半。他特别渴望听到谢林在法院和柏林大学的掌声中摧毁黑格尔的体系。1842 年 2 月 2 日,S. K. 在给博伊森的一封长信的结尾写道:"柏林的这个冬天对我来说将永远非常重要。我已经完成了很多工作。当你想到我每天要听三四节课,每天要上一节语言课,而且我写了那么多东西[即《或此或彼》相当多的一部分]时,尽管一开始我不得不花很多时间记录谢林的演讲,我誊写了一份很好的副本,而且读了很多东西——所以没有什么可抱怨的。最重要的是我所有的痛苦和我所有的独白。我活不了多久了——我从没有期待过活得长久——但是我在这样一个简短的时期活得越来越有张力。"

他对谢林的热情是短暂的。谢林最初的那些讲座唤起的希望是,他将针对"现实"说一些真话,但是这种希望破灭了。2 月 27 日,S. K. 写信给博伊森,"谢林胡言乱语……我要离开柏林,赶紧回哥本哈根……不是为了用许多新的纽带束缚自己……而是为了完成《或此或彼》。"他在离开哥本哈根不到四个半月后,于 3 月 6 日回到哥本哈根。我们从《重复》中了解到,这段时间的某些部分,他是在剧院里度过的,尤其享受了某种闹剧带来的乐趣,《匪徒》这部闹剧是当时柏林的时尚。

他提到的许多"独白"当然是关于蕾琪娜的,而且它们更加痛苦,因为它们从未就他的罪做出清晰的裁决——因此他已经想好了书名,"有罪?/无罪?"。他甚至不清楚是否肯定排除了**和解**的可能性。他在给博伊森的信中写道:"我认为,只有在特定的意义上,我们的关系才会破裂。"但是,只有当她能够彻底了解他、接受他本来的样子时,他才有可能回到她的身边。他的内省性使他不可能直接向她透露自己,所以他不得不求助于所谓的"间接沟通",他声称这是他从"她"那里学来的。因此,《或此或彼》是"为蕾琪娜写的"——然而它不仅仅是"为她澄清以摆脱困境",正如他特别提到"诱惑者日记"时说的那样——他有意无意地在实践我们在胡迪布拉斯那里发现的智者忠告:

> 用一只手将那位女士推开,
> 用另一只手将她拉回家。

在去施特拉尔松德的短途旅行中,他写道:"你说,'我失去了什么,或者更确切地说,从我身上剥夺了什么呢!'啊,你怎么认识它或者理解它? 当提到这个主题时,你最好保持沉默。又怎么会有人比我更清楚呢? ……我失去了什么? 我失去了唯一的所爱。我失去了什么? 在人们的眼中,我失去了自己骑士般的话语。我失去了什么? 我失去了一直以自己的荣誉做担保的东西,尽管受到这种打击,我将永远对她忠诚。而在我写这封信的时刻,我的灵魂和我的身体一样不安,我在一间上下左右摇晃的汽船的船舱里。"

在柏林,他写道:……"我非常爱她,她像一只鸟儿一样轻盈,像一个想法一样大胆;我让她越来越高,我伸出自己的手,让她栖息在上面,对我说,'在这里,它是荣耀的',她忘了,她不知道是我创造了她的光,是我给了她想法上的大胆,她对我的信仰使她在水面上行走;我称赞她,而她接受了我的称赞。——在其他时候,她跪在我面前,只想仰望我,想要忘记其他一切。"

　　一年后,他写道:"如果我曾经有信心,我本来应该已经和蕾琪娜在一起了。"1851 年,弗里茨·施勒格尔拒绝了关于 S. K. 可能以友谊的名义再次接近蕾琪娜的建议,作为回应,S. K. 利用假名将《祭坛脚下的两个讲演》献给了她:

> 给一个不知名的人
> 她的名字将有一天
> 被传扬
> 一同献上的还有这本小书
> 和作者从开始以来的所有作品

　　早在 1849 年,他就在日记里写了以下内容:"我的意志是不变的,在我死后,作品应该献给她和我已故的父亲。她将属于历史。——我的存在将绝对地使她的人生更突出,我作为一名作家的作品也可能被视为她的荣誉和赞扬的纪念碑。我将带着她一起走向历史。当我忧郁的时候,我只有一个愿望,那就是使她着迷——**在那里**她不会谢绝我,我走到她身边,像一个司仪一样胜利地领着她,我说,'请给她腾出一点空间,我们亲爱的小蕾琪娜。'"

　　他的遗嘱是以一封信的形式写给他哥哥的:"我的前未婚妻,蕾琪娜·施勒格尔夫人,自然会绝对地继承我仅有的一点遗产。"哎呀,剩下的遗产很少,而且蕾琪娜拒绝接受它。这表明,上一章的主题不仅与此重叠,而且贯穿了 S. K. 整个一生,正如他在《观点》中宣称的那样,这个经历是决定性的"事实",它决定了最重要的伦理和宗教转变:"我非常震惊,以至于我完全理解,我不可能成功地通过媒体获得舒适和安全,媒体让大多数人这样过活:我要么将自己投入灭亡和纵欲中去,要么绝对地选择将宗教作为唯一的东西——要么选择衡量之下很可怕的世界,要么选择修道院。这是我必须选择的第二个自我,这一点实质上已经确定了：第一个自我的古怪，纯粹是第二个自我之张力的表现；它表现的事实是，我不可能只在某一点上有宗教信仰。"

他在另一处说："我与她订婚以及婚约的解除，实际上是因为我与上帝的关系，是我与上帝的婚约，如果我敢这样说的话。"另一方面，他经常肯定地说，"是她使我成为一个诗人。"

1843 年 2 月 20 日，《或此或彼》一书在哥本哈根出版并且引起轰动，一方面是因为这本书如此厚，另一方面是因为它使用了假名。这是 S. K. 写得最厚的一本书，并且恰当地分为两卷出版。通过使用各种最令人惊奇的手段，S. K. 能够在一段时间内让公众脱离正轨。直到 1846 年，在《附言》的附言中，他才承认自己是到那时为止创作的 6 部假名作品的作者；当人们发现他是《或此或彼》的作者时，没有人再被他后来的各种假名长久地欺骗。在这本书出版之前，他假装愤慨地给一家日报写信，抗议将最近几部假名作品归于他名下，事实上没有人曾想过这些作品会是他写的。在日记里，他骄傲地讲述了自己欺骗人们的痛苦："在欺骗人们关于我的生存方式方面，我如此有创造力，如果我要将它写下来，那么我可以写一整本书。"

"当时我正在阅读《或此或彼》的校样，正在写《造就人的讲演》，我几乎根本没有时间在街上散步。所以我又用了另一个权宜之计。每天晚上，当我筋疲力尽地离开家里，在靡靡餐厅享用晚餐后，我会在剧院待上 10 分钟——1 分钟也不多。由于我的名气如此之大，我估计剧院里会有几个搬弄是非的人这样说：'他每天晚上都在剧院里，别的什么事都没做。'哦，亲爱的流言蜚语，我多么感谢你！没有你，我就不会达到我的目的。事实上，我这么做是为了我的前未婚妻。我忧郁地希望自己尽可能多地受到嘲笑，仅仅是为她服侍，仅仅是为了让她能够扛住。"

我们从 S. K. 那里了解到，第二卷的前半部分，也就是威廉法官对婚姻之美的颂扬，是在他与蕾琪娜订婚的时候写的，然而，他已经没有希望实现自己如此热情地描述的各种高兴。其中有着深刻的悲情;我们不禁要问,当他不仅持续地关注着蕾琪娜,而且还忙着完成他关于反讽的论述时,他是否还能抽出时间来创作这样一部作品。第二卷的后半部分是在柏林写的,正如我们看到的,他在那里还有许多其他的事情要做;第一卷的全部内容都是他回到哥本哈根之后写的。他夸口说整本书是在 11个月内写完的。

正如 S. K. 说的,《或此或彼》不仅引起了轰动,被"大量阅读,甚至购买",还让读者感到困惑和惊讶。评论家们,甚至像海伯格和戈德施密特这样精明的评论家,都很恼火,因为他们无法理解它是怎么回事;因为以前从未出现过这样一本书。这本书声称是由维克多·埃里米塔编的,他利用了偶然发现的"A"和"B"的文稿。"A"是一位才华横溢的年轻人,他用光彩夺目的措辞描绘了审美生活的各种乐趣,从一开始就在"序曲"中揭示了这一点——这是拜伦式的绝望表达——也就是说,这不是通向幸福的道路。审美人生最极端的异常体现在诱惑者身上,他的日记放在第一卷的末尾。S. K. 知道他自己可能会被理所当然地认定是"A",他谨慎地指出这件作品的原型是另一个人。他在写"诱惑者日记"时遇到的困难,比写《或此或彼》的其他任何部分都要多,因为它带给他许多良心上的痛苦。对它最高程度的威慑是,当他发现这是《或此或彼》里最受欢迎的、最吸引人的元素时,他对此感到憎恶。在 S. K. 的其他任何完整的作品被人知晓之前,它就被翻译成了英语和其他几种语言,脱离了《或此或彼》的上下文。"B"是一个年长的男人,婚姻幸福,担任要职,他试图说服自己的年轻朋友相信,伦理人生更胜一筹。读者不知道威廉法官是否成功说服了他的年轻朋友,还是可能被后者诱惑了;因此,读者可以自由地选择这里举例说明的两种截然不同的人生观。威廉法官在这里的形象有点平淡无奇,因为他很可能扮演了一个道德家的角色,并且受到传统宗教信仰的支持,然而他没有任何令人信服的宗教热情。然而,正是在第二卷,海伯格发现了意义的深刻性,这促使他建议 S. K. 的读者重读第一卷,并且在那里寻找一种他们可能没有意识到的意义,正如它逃过了他的注意。

即使从文学的角度来看,《或此或彼》也绝非 S. K. 最令人钦佩的作品,然而,它在他那个时代是最受欢迎的,也许今天也是如此。"A"的才华横溢的文稿相当随意,法官的信也太长,然而整个作品显然是 S. K. 天才的一份证明,它的缺陷是由于理念过多,S. K. 不得不"咳出"或者让它们离开自己的胸膛。S. K. 自己对其中《或此或彼》的"裁决"是热情洋溢的:"有一个年轻人,像亚西比德一样满有天赋。他在这个世界上迷失了方向。他依据自己的需要,四处寻找一个苏格拉底,然而在他的同龄人中,他找不到苏格拉底这样的人。然后他请求上帝将自己变成一个苏格拉底。瞧,那个因为成为亚西比德而感到骄傲的人,对上帝的礼物感到羞愧和谦卑,当他得到了本来可以使自己感到骄傲的东西时,他觉得自己比所有人都自卑。"

从某种意义上说,书名比书更重要。它成了 S. K. 的名字,街上的人都知道这个名字。事实上,这恰好代表了他的主张:在实际选择中做出决定性的选择。S. K. 将"或此或彼"理解为黑格尔的"调和"的对立面,他说,"放弃调和,就没有思辨;承认调和,就没有或此或彼。"他在日记里说:"事实上,《或此或彼》里有一个计划,从它的第一个词延伸到它的最后一个词,可能从来没有人想过,因为序言以开玩笑的方式对待这件事,并且从来没有说过一个关于思辨的词。就整本书而言,我最关心的是,它底部的形而上学意义可能会变得非常明显,事实上,也就是说,一切都会让一个人直面这种两难的困境。"

他又说:"什么是或此或彼? ——如果必须说出来的人是我,那我一定要知道什么是或此或彼。一听到'或此或彼'这个词,折叠门就会打开,各种理想就会出现——哦,神圣的景象!《或此或彼》是承认绝对者的通行证——赞美上帝! 是的,《或此或彼》是通往天堂的钥匙。"在另一处,他说,"'两者兼而有之'是通往地狱的道路。"

是什么促使 S. K. 写下一本这样的书？他本人声称有如此多的理由，以至于人们可能会怀疑应该接受哪一个理由。这是为蕾琪娜做的"一件好事"，尤其是"诱惑者日记"的目的是"为她澄清以摆脱这段关系"；它有"一个宗教的目的"；它体现了一种形而上学的立场；它是"诗意的一种撤离"，"一个必要的指望"；它是一个精心策划的"骗局"，旨在诱使人们认识真理。我们不必在这许多理由中作出选择，因为这些理由都是行得通的，还有一个是 S. K. 不愿意向自己坦白的：我们已经看到，他在试图使蕾琪娜厌恶自己的同时，也想吸引她，至少要让她知道，他并不像自己假装的那样是个卑鄙的恶棍。其中有一篇是写给她的，他在"伴随"这本书出版的《两个造就人的讲演》里更具体地提到了她。

1849 年，他遥远地回顾了当时的情况，他说："作为一个作家，我从一开始就有一个宗教的目的，这是事实；但是可以以另一种方式来看待这个问题……当我在《两个造就人的讲演》中使用'那个具体的个体，我的读者'这个表达时，我心里尤其想她，因为那本书包含一点给她的暗示，尤其是在那个特别的时候，对我来说，千真万确的是，我在寻找那个单独的读者。这种想法逐渐被我消化了"——也就是说，它被概括成为他最喜欢的范畴，"那个单独的个体"，即与大众区分开的那个个体。

宗教的目的，尽管在第二卷的布道词中首次显明，也可能在试图表明审美人生以绝望结束，促使个体选择伦理人生，而伦理人生至少是在通往宗教的道路上。

S. K. 自费出版了这本厚书，正如他之前所有的作品一样，他总共出版了 13 本书。书商们可以得到 25% 的佣金，他自负盈亏。这个事实，再加上 S. K. 经常抱怨不得不"花钱"买自己的作品，给这样的荒诞说法提供了一些合理性，即总的来说，他花在买书上的钱比卖书得到的钱多得多，他的大部分财产就这样消失了。就在最近（1935 年），勃兰特教授和艾尔斯·隆美尔教授进行的一次调查打破了这个神话，证明 S. K. 不仅从他自费出版的书中获得了可观的利润，而且从 1847 年 8 月开始，他后来的所有作品，除了 9 期《瞬间》杂志以外，都是由出版社承担出版费用，出版社通常还向他支付版税。因此，我们必须理解他的抱怨意味着什么，由于写作是他的职业，而且他的劳作得到了报偿，他的报酬本来应该足以支持他需要的富裕，如果他要继续从事如此高质量的、如此大范围的密集创作的话，不幸的是，在丹麦这样一小片地方，这还是不够的。

　　在这里，有必要尽可能简明扼要地讨论一个问题，他的哪几本书是无利可图的——这就是 S. K. 用匿名写作的原因，或者更确切地说是用假名。他亲自在以下几段中提出了几个理由，第一个理由来自《附言》后的"最初与最后的声明"。"我的假名或者多重身份在我个人身上并非出于偶然的原因……然而，它在**全集**的特征那里有一个本质的原因，"正如他说的，这需要彻底放弃各种倾向，在任何一个具体的个体身上几乎找不到那些倾向。"所以，在假名作品中，没有一个单独的词是我的。""我的愿望和我的祈祷是，如果有谁想要引用这些作品中的一句特定的话，请他帮我一个忙，列出这个假名作者的名字。"下面这句话来自《观点》。"人们会意识到这些假名的重要性，以及为什么我必须让所有的审美作品都使用假名，因为我用完全不同的范畴引领着自己的人生。"显然，除了这些原因以外，还有更多的原因。我们可以简单地驳回 S. K. 有时声称的表面原因，即他只是追随了浪漫主义者们设定的一种时尚。这并不能很好地解释为什么一个假名也具有多重身份，不仅仅是因为 S. K. 针对不同的书采用了不同的假名，《重复》涉及 2 位作者，《或此或彼》涉及 5 位作者，《诸阶段》涉及 10 位作者，S. K. 带着淘气的愉悦评论道，这件事情就像一种中国玩具——套盒。因此，他大量使用假名一方面可能是因为热爱复杂的情节。但是假名显然比这要深刻得多，它反映了他在自己的人格中发现的数条分裂的线，也许并不比在许多人身上发现的人格分裂更明显或者更深刻，但是他批判性的内省比以往任何时候都更加尖锐地分析了这些分裂的线。没有人比他更费尽心血地追随苏格拉底的格言："认识你自己。"相应地，他的各种假名多半是各个方面的化身，或者至少是各种可能性的化身，这是他在自己的本性中发现的。他在《重复》中说，"那个个体有多重的影子，所有的影子都与他相似，影子也不时地同样声称自己就是那个人。"这表达了他使用多重身份的最深层的原因，而在使用它们时，假名非常有启发性。例如，他暗示，他选择维克多·埃里米塔作为《或此或彼》的编辑，意味着他自己就是这场冲突中的维克多，而这场冲突导致他选择了伦理人生，而他写这本书时就像生活在一座修道院里。然而这还不是它的全部。很长一段时间以来，他的内省性使自己无法使用所谓的"直接沟通"，因此，他装作出于好心去做这件必须做的事，他实践并且颂赞"间接沟通"，使用假名作为达到这个目的的工具。1848年，他经历了一次蜕变，在他能够清晰地说出自己的想法以后，他基本上放弃了使用各种假名。然而，必须指出的是，如果"间接沟通"首先是由于他的癖好而强加在他身上，那么他开始将其视为一种恶魔的特性，毫无疑问，它是一种倾向于减数分裂的形式，即苏格拉底的形式；而 S. K.，即使在放弃它之后，他也不会承认自己不恰当地使用了它。事实上，通过使用假名进行的"间接沟通"，是 S. K. 可以完成"绘制一幅情绪宇宙地图"（使用斯文森的表达）这个新颖任务的唯一方法，它勾画了人类灵魂特征的各种可能性，从而设计出一种新的心理学，对人生进行哲学方面的评价，或者设计出关于各种价值的比较哲学。为此，他创造的角色与那些小说家创造的角色是不同的，小说家创造的角色在人性上必须是不一致的，是善与恶的混合体，必须在非人性上保持一致，是某种典型的范例，无论是朝着善的方向还是朝着恶的方向，正如人类生活中很少会出现这种角色。但是这些假名还为另一个用途服务。S. K. 的思想本质上是辩证的，所以它必须以对话的形式表达出来，苏格拉底的教导也是如此。S. K. 有一种戏剧性的本能，他为此感到高兴，并且能够很好地做到这一点。威廉法官的两封冗长的信填满了《或此或彼》的第二卷,如果 S. K. 没有巧妙地设计让威廉法官与这位年轻的朋友进行这样的谈话,那么这两封信就会枯燥无味到令人难以忍受的地步。在《重复》中,需要康斯坦提乌斯和"年轻人"这两位发起人作为不同态度的范例。在《人生道路诸阶段》中,威廉法官关于婚姻的专论是对"酒宴记"的轻浮言论的回应,而奎达姆是使这场运动朝着宗教方向发展的必要条件。

《或此或彼》出版后不到两个月,在复活节(那年的 4 月 16 日)发生了一件事,如果我们可以这样称呼它的话,它再次为 S. K. 的人生指明了新的方向。日记这样描述它:"在复活节主日的晚上,在圣母教堂(明斯特布道期间),她向我点了点头——我不知道这标志着恳求还是宽恕,然而无论如何,那个点头是如此友好。我坐在一个僻静的地方,而她发现了我! 但愿她没有发现我! 现在,我在一年半里承受的各种痛苦,还有我所有惊人的努力,都白费了——她仍然认为我不是骗子,她相信我。现在等待她的是怎样的试探啊! 她的下一个想法将是,我是个伪君子。我们越往上爬,就越恐怖——设想有一个像这样我真诚和虔诚的人以这种方式行事!"

在"奎达姆日记"的初稿中,据说他怀疑,鉴于距离很遥远,自己的理解是否正确,她是否真的点了点头,或者她是否在向别人点头。无论如何,它可能"只对他的眼睛才具有如此巨大的意义"。当然,这个点头对 S. K. 来说意义重大。它促使他再次逃到柏林——不是为了忘记"她",而是为了反思复合的可能性,并且为她写下另外两本书,它们呈现出不同的或此或彼。他无法马上离开,因为直到 5 月 6 日,他才做好印刷《两个造就人的讲演》的准备,它伴随着《或此或彼》一起出版。两天后,他离开了。在 5 月 25 日寄出的一封给博伊森的信中,我们对他的智力活动有了一些了解:"我已经完成了一项自认为很重要的工作[《重复》——在不到两周的时间里就写完了!]而我正忙着写一本新的书[《恐惧与颤栗》],我的图书馆和印刷厂同样不可或缺。一开始我病了,现在我已经好了,所以说——也就是说,我的头脑正在扩张,大概会杀死我的身体。我从来没有像现在这样努力地写作。那天早上,我出去了一小会儿。然后我回到家,不受打扰地坐在自己的房间里,直到大约 3 点左右。我的眼睛简直无法睁开。就这样,我拄着手杖拖着脚向餐馆走去,但是我的身体实在太虚弱了,如果有人大声地喊一下我的名字,我相信自己会倒地而亡。就这样,我回到家重新开始写作。在过去的几个月里[在哥本哈根],我一直在准备一次名副其实的淋浴,现在我拉下了淋浴的绳子,各种想法涌上了心头——健康的、快乐的、肥嘟嘟的、欢欣的、受到祝福的孩子们,很容易就会出生,然而他们都带着我人格的烙印。"

这两本书写得如此惊人地快,从文学的角度来看,是 S. K. 写过的最完美的作品。我们可以再说一遍,以前没有出版过像它们这样的书。它们是双胞胎,因为它们是在同一天出版的,都是关于同一个主题——他那场让人失望的恋爱;然而,它们就像任何两本书一样彼此不同。在这两本书里,有一些段落只有蕾琪娜才能完全理解,或者只有她理解它们被包括在内的原因。因此,沉默的约翰尼斯这个名字被用来作为《恐惧与颤栗》的假名作者;因此这本书也选择了这样的格言:"骄傲的塔奎因在他的花园里通过罂粟说的话,儿子能理解,但是信使无法理解";因此,《重复》的假名作者康斯坦丁·康斯坦丁乌斯在他写给读者的信中说,"克莱门斯·亚历山德罗斯的书写得太好了,以至于异教徒无法理解他的书。"

S. K. 当仁不让地发明了"重复"这个范畴,来取代柏拉图的"回忆"和黑格尔的"调和"。但是"重复"并没有在他后来的任何作品里再次出现。那一刻,他对"重复"产生了浓厚的兴趣,因为他很珍惜与"她"复合的希望。

7 月份的某个时候,S. K. 回到哥本哈根印刷自己的书。但是与此同时,发生了一件事,这件事是他精心设计想要实现的,但是当它真的发生时,却使他大吃一惊,一开始就激起了他的愤怒。蕾琪娜和弗里茨·施勒格尔在 6 月订婚了！1849 年，他回顾了这段经历，并且在日记里写道："当她与施勒格尔订婚以后，她在街上遇见了我，并且以尽可能友好的方式向我打招呼。我不理解她的意思，因为当时我对她订婚这件事一无所知。我只是疑惑地看着她，摇了摇头。毫无疑问，她设想我知道她订婚这件事，并且在寻求我的同意。"

他痛苦的幻灭立即在日记里表达了出来："在一个人身上可能发生的最可怕的事情，就是在他看来，自己在一件至关重要的事情上变得可笑，例如，发现自己感情的总和与实质都是胡说八道。一个人在与另一个人的关系中很容易招致这种危险——例如，通过相信对方的许多哭喊和尖叫。在这种情况下，一个人需要被造就得不屈不挠。"

S. K. 当然没有被造就得不屈不挠，但是他拥有一种韧性，使他能够支撑这个毁灭性的经历，并且从中接受教育。事实上，这是宗教危机的顶峰，而这场危机是通过他违反婚约引起的。在《畏惧的概念》中的一段引人注目的话，他将这种经历描述为"接受可能性的教育"。"从来没有人在现实中沉浸得如此之深，以至于他无法沉浸得更深，而且可能没有一个人比他沉浸得更深。但是那些沉浸于可能性的人，他们的眼睛太过眩晕，以至于看不到汤姆、迪克和哈里递给溺水者的救命稻草；他的耳朵紧闭着，所以他无法听到自己那个时代的市场价格，无法听见自己和大多数人一样好。他完全沉浸了下去，然后又一次从深渊里浮了上来，他比人生中所有压抑的、可怕的东西都要轻。"他已经说过（或者至少威廉法官说过）"宗教体验本质上是一种信心的表达，即在上帝的帮助下，人比整个世界都轻，相同种类的信仰使一个人能够游泳"。关于游泳者的这种经历，S. K. 在随后的作品中经常将信仰描述为"漂浮在 70000 英寻深的水上"。

S. K. 不耐烦地带着一颗既愤怒又伤痕累累的心，执行着修改《重复》的任务，以适应已经改变的情况。他迫不及待地重写这本书，就像他重写其他所有的书一样，有时会重写两遍，然后再送到印刷厂。他只是在各处改了几个词,撕掉了最后 10 页左右的内容,重新写了结尾。与这些审美作品一同出版的还有一本以他自己的名字署名的宗教书籍《三个造就人的讲演》。这本书是由另一家出版社出版的,但是也在 1843 年 10 月 16 日同一天出版。其中两个讲演是关于经文"爱能遮掩许多的罪",另一个则是关于"灵里的刚强"。那时候,S. K. 的内心是如此强大,以至于他能够亲自写下许多极好的布道词,它们为这两本审美书籍提供了无价的注释。他称它们为"讲演"而非布道词,他给出的原因是它们"没有权威"。但是他自己头脑里也许还有我们可以更好理解的另一个原因,那就是这些布道词不同于任何曾经传讲过或者写下的布道词。

从 S. K. 称这些书为"审美"的事实来看,我们无法推断它们只涉及爱和其他审美主题;因为在这里,就像在《或此或彼》里一样,存在对形而上学的各种兴趣,它们是根基性的,在这里,许多假名作品的宗教兴趣突显了出来。尤其是基督教关于信仰的理念在两本书中都得到了阐释,而且从不同的角度进行了阐释。

但是我无法停下来描述这些书。我一直在想,我正在写的是一本传记——很薄的一本。我对审美作品投入了一种不成比例的关注,因为它们可以阐释 S. K. 人生中最大的危机。但是,即使我在写一本更厚的书,我也不应该倾向于如此全面地描述 S. K. 的各种书,以至于读者可能认为没有必要再去阅读它们,既然已经有它们的英文版本,我不应该在这本书里重复地做大量介绍。的确,S. K. 的人生存在于他的思想中,其程度几乎是无与伦比的;但是,如要我在这里写的文章更完整地描写他的思想发展的话,与写一本简短传记的目的是不相容的,如果需要写这样一部作品,最好用一本单独的书来完成。公众总是叫嚷着要结果,其实 S. K. 思想的结果常常在他的那些厚书里呈现出来。但是,除了考虑到这项任务可能超出了我的能力以外,我被 S. K. 直截了当地表明的一种顾虑吓倒了。因为在他的一生中,他对那些"侵蚀"自己并且对自己断章取义的人感到愤怒;他坚持认为,自己提供的不是"结果",而是提供了一种达到结果的**方法**,这是每个"主观思想家"都必须为自己遵循的方法。

　　宗教危机在蕾琪娜订婚后达到高潮,在之后的很长一段时间里,S. K. 都忙于写作"造就人的讲演"。他很快就出版了四个讲演的合集,然后是两个讲演的合集,接着是三个讲演的合集,最后,在 1844 年 8 月 3 日出版了一本四个讲演的合集之后,这些讲演结集出版,标题为《十八个造就人的讲演》。每个讲演都虔诚地献给他的父亲,上面写着一句套用陈规的话:

> 谨以这些讲演献给已故的
> 迈克尔·佩德森·克尔凯郭尔,
> 这座城市曾经的
> 售袜者
> 我的父亲。

　　每个讲演都有相同的序言,只是略有不同。第一个序言的内容是:"尽管这本薄书(称为'讲演',不是布道词,因为作者没有**布道**的权威;'造就人的讲演'不是为了说教的讲演,因为讲述者从未声称自己是一位**老师**)的希望只是成为它本来的样子,一个多余的东西,它只渴望留在僻静处,因为它是在隐蔽的情况下产生的,然而当我离开它时,我并没有抱着几乎浪漫的希望。因为它的出版意味着,从隐喻的意义上说,它即将开始,因为它将奔赴一场旅行,我忍受自己眼睛的痛苦跟随了它一会儿。然后我看到它是如何沿着一些孤独的小径前进,或者如何孤独地在马车道上前行。在一次又一次的误解之后,由于它被偶然的相似性欺骗,它终于遇到了自己寻找的单独的个体,那个我满怀喜悦和感激地称之为"我的读者"的人,它向自己寻找的人伸出双臂,那个愿意让自己被发现的人,那个愿意接受它的人,无论他在遭遇的那一刻感到快乐和自信,还是感到疲惫和沮丧。——

就它的出版而言,从更字面的意义上说,它仍然是原封不动的,我让自己的眼睛盯着它看了一会儿。因此,它就像站在一片大森林里的一朵无足轻重的小花,而非因为它的辉煌、它的芳香或者它的各种营养属性而被人追求。然后我也看到,或者说,我想象自己看到一只我称之为'我的读者'的小鸟,我突然盯着它,它在飞行时猛扑下来,摘下小花并且带走了它。当我看到这个的时候,我再也看不到那朵小花了。哥本哈根,1843 年 5 月 5 日。"

与此同时(更不用说《哲学片断》了,我将在下一章谈到它),S. K. 于 1844 年 6 月 17 日出版了《畏惧的概念》,对他最近在信仰道路上的经历进行了深刻的"心理学"分析。因为它与他人生中的审美时期有这种关系,S. K. 认为它是"审美"作品之一,尽管它在其他方面与审美作品相距最远,正如他承认的那样,它有一种"授课"的倾向,即使用的是直接沟通。这是一部极其重要的作品,不仅对理解 S. K. 的思想,而且对理解他在最关键时期的发展都是如此,很遗憾我无法再更多地谈论这本书。他将其描述为"在教条问题的方向上对原罪的心理路线作简单思考",并且将其署以一个新的假名,维吉利乌斯·豪夫尼恩斯(即哥本哈根的守夜人)。他将这本严肃的书献给了保罗·穆勒。

《人生道路诸阶段》出版于 1845 年 4 月 30 日,并且伴随着《想象场合下的三个讲演》一起出版,后者在前一天出版。这本厚书是最后一部审美作品,从某种意义上说是对《或此或彼》的重复,因为它有相同的主题,早期作品的大部分假名都作为演员重新出现在这部作品里。没有其他作家有勇气以完全不同的风格重复一部更早的作品。这次冒险没有失败真是奇迹。事实上,S. K. 没有比"酒宴记"里的演讲更才华横溢的作品了,威廉法官证明他对婚姻有一些新的看法,占全书三分之二的"奎达姆日记"直言不讳地讲述了他的爱情故事,也就是说,不像他在《重复》《恐惧与颤栗》里用象征的手法去讲述。因此,尽管这本书是重复的,但是它与之前的 4 本书大不相同。我曾经说过,它们彼此完全不同,它与之前或者之后写的任何一本书都完全不同。

当 S. K. 吹嘘自己写的是"文学中的文学"时,他无疑想到自己写的文学作品具有非比寻常的多样性。

促使 S. K. 写这本与《或此或彼》重复的书的原因,是他考虑到早期的书停留在伦理层面,因此是不完全的。他说,就像阿拉丁的宫殿一样,它也留下了一扇未完成的窗户,他打算通过添加一个题为"有罪?/无罪?"的故事——就是"奎达姆日记"里讲述的故事、他自己的爱情故事及其悲剧性的结尾。S. K. 1843 年到达柏林后,他打算立刻写这本书。那一年 5 月 17 日的一篇日记写道:"我开始写一个新的故事,标题是'有罪?/无罪?';它自然会包含一些震撼世界的东西,因为在一年半的时间里,我在自己身上体验到的诗意,比从所有浪漫文学作品里体验到的加起来还要多。"然后他接着说,"但是我无法也不会——我和她的关系不会化为诗意,它有一种完全不同的现实,她还没有成为舞台上的公主。如果可能的话,她将成为我的妻子。"所以这个故事是为《诸阶段》保留的。直到他无可挽回地失去了蕾琪娜,这本书才写完。

令人惊讶的是,在柏林繁忙的两个月里,日记上的条目几乎没有提及他当时正在写的书,而是提到了两年后在《诸阶段》里发展起来的许多主题,比如"两个麻风病人""女裁缝""尼布甲尼撒"和"疯狂的会计师"。从中我们可以看出,S. K. 的天才犹如泉涌,这让他在两年多一点的时间里出版了 14 本书,更不用说其中有两本厚书,里面装满了那个时期的日记和文稿,其中包括一本未完成的、署名约翰尼斯·克利马科斯的哲学作品。起初,诗人这个词的意思是创造者。当然,S. K. 显然有资格获得这个名字——不是因为他作品的绝对数量,而是因为他作品的质量、多样性、自发性和创造性。在丹麦语中,就像在德语中一样,将一个不写诗的人称为诗人听起来并不矛盾,我们认为柏拉图被称为诗人也是正常的。但是,如果柏拉图是诗人,那么 S. K. 也是诗人;他使哲学过于诗意,在审美作品中,我们当然可以找到诗意,但是也许在我们最不期待的地方、在宗教话语中,我们可以找到最浓烈的诗意。伴随《诸阶段》的"讲演"虽然不是最富诗意的，却是最崇高的。作为对这本书的评论，它们是无价的。人们必须阅读那些讲演，才能理解"奎达姆日记"是如何引领我们通往和进入宗教阶段的。

第十二章

《附言》

1846 年

　　1846 年最突出的事件，是 S. K. 于 2 月 27 日出版了《作为〈哲学片断〉之结论的、非科学性的附言》，署名为约翰尼斯·克利马科斯，而扉页上的编辑是 S. 克尔凯郭尔。这本厚书(英文版 554 页)的书名被奇特地描述为大约两年前出版的一本非常薄的书的"附言"，并且将其署以同一个假名，此外，他还写了一部标题为《论怀疑者》的作品，它始于 1842 年，却没有完成，因为 S. K. 一度转离了哲学，并且在蕾琪娜的那次点头之后萌生了一连串新的念头，因此《论怀疑者》没有完成。哲学与诗一样，有 S. K. 迫切需要表达的兴趣。但是当诗有它的发言权的时候，S. K. 没有继续针对笛卡尔追随者们的作品中的、未完成的论证，因为现在他全神贯注于反对黑格尔的追随者们。出于这种兴趣，他写了《哲学片断》，于 1844 年 6 月 13 日出版。

　　起初，我担心谈论这个假名——约翰尼斯·克利马科斯——可能会显得有些学究，因为 S. K. 将他那些最伟大的哲学作品署以这个假名，并且由此衍生出约翰尼斯·反克利马科斯，他是 S. K. 最伟大的宗教作品的作者。也许他采用了同时代人对希腊僧侣约翰尼斯·克利马科斯的一些认识。克利马科斯在西奈山修道院当院长，于公元 600 年左右去世，凭借写下一篇关于禁欲的神秘主义的论述在整个中世纪闻名，这篇论述名为《通往天堂的阶梯》(以拉丁文作为标题)，因此他的那个源自希腊语单词"klimax"(梯子)的姓氏广为人知。对于这本书,S. K. 不屑于作任何解释,尽管在未完成的作品《论怀疑者》里,他提到了这本著名的书,他将年轻人对知识的热切追求描述为"天堂的阶梯"。就我同时代的人而言,我很难假定他们知道约翰尼斯·克利马科斯,或者知道他的禁欲主义手册;然而,对于我们西半球的人来说,这本书有着特殊的重要性。最近,我偶然从阿特米奥·德·瓦莱-阿里兹佩的一本名为《古代墨西哥的故事》一书中得知,这是在新世界翻译的第一本书,也是在新世界印刷的第一本书,它是由胡安·巴勃罗在查理五世大约 1535 年寄往墨西哥的一台印刷机上印刷的,并且由多米尼加的新手胡安·德·拉·马格达莱纳(世人称为胡安·德·埃斯特拉达)为了自己的新手朋友们的兴趣而翻译,书名为《艾丝·卡拉的精神副歌》。当然,那本书是从拉丁语翻译到西班牙语。这比清教徒登陆普利茅斯岩还要早将近一个世纪! 由于这个原因,约翰尼斯·克利马科斯对我们这些美国人来说有一定的重要性,因此我毫不犹豫地插入了这个小小的解释。

虽然我在很多 S. K. 的书中说过同样的话,但是我可以毫不夸张地肯定,《哲学片断》绝对是自成一格的。它假装是"一个思想项目",抽象地讨论基督教的许多根本主题,既没有使用"基督教"这个词,也没有提到关于基督教起源的那些历史事件。它提出了一个试探性的承诺,自己的续集会披上"历史的外衣"来解决这个问题。《附言》就是承诺的续集。当然,它做的远不止提供外衣,因为一提到"基督教"这个词,外衣就被赋予了。事实上,《附言》以娓娓道来的、深刻的方式处理了基督教涉及的哲学问题,非常幸运的是,《哲学片段》和《附言》都被像大卫·F. 斯文森这样一位能干的人翻译成了英语,他不仅是哲学教授,而且三十多年来一直是一位虔诚地研究 S. K. 的学者。

S. K. 称《附言》是"非科学的",这个丹麦词语有德语词"unwissenschaftlich"的广义,却没有具体提到严格意义上的"科学",尽管他在当时的日记里说,"所有的道德败坏最终都将来自自然科学。"他最初打算用"简单的"一词代替"非科学的",这可以帮助我们确定他的意思。S. K. 从一开始就让他的读者知道,这本书不是以专业哲学家的风格写的,而是对学究的反抗,那种学说将诗和幽默从哲学讨论中驱逐出去。从这个意义上说,它是"简单的",并为不精通哲学的人提供了许多吸引力。尽管如此,S. K. 能够使他的范畴保持清晰,并且满足最严谨的思想家们的苛刻要求。由于这个原因,它并不流行。在其出版几年以后,S. K. 评论说,只售出了 60 本,而且从未有人评论过它。从某种意义上说,它是一部非常复杂的作品,一个人只要看一眼目录就可能看出,正如扉页表明的那样,这本书被描述为"一种模仿的-同情的-辩证的作品,一种存在主义的贡献"。

标题中的另一个词"结论的"更重要;这表明 S. K. 想让这本书成为他的最后一本书。这时,他感谢上帝,他能够说出自己需要说出的话,事实上,他觉得没有必要再写关于哲学的任何东西了。所以这本书很可能是他的最后一本书。他没有想到自己可能会成为一个更大意义上的宗教作家,而非仅仅作为"造就人的讲演"的作者。他认为,自己作为一名声名鼎盛的作家退休,接管乡下的一个小教区,将是一种大度的姿态。这是一个非常明显的想法,因为这是他多年来让自己准备的一件事,也是他父亲的愿望。这种想法自然一再出现;在后来的几年里,当他的财富耗尽,需要"谋生"时,这成了一个诱人的想法。我们将在下一章中看到为什么在这个时候他的目的没有实现,为什么《附言》不是他的最后一部作品。

因为他预计这将是自己的最后一部作品,所以他插入了一章,标题是"丹麦文学的当代成就一瞥",约翰尼斯·克利马科斯在其中回顾了早期假名作者写的作品,意图是明确这个整体文学的目的的一致性。S. K. 意识到他的"间接沟通"未能传达自己渴望给这一代人留下深刻印象的思想;由于不准备放弃这个原则,他采取了这种间接的方式来告诉人们自己的意思。因此,除了《观点》之外，本章是我们对 S. K. 的作品最可靠的解释。但是 S. K. 并没有保持这种精心编造的虚构，因为在《附言》写完后，他附上了"最初与最后的声明"，在声明中他承认自己是这部作品和其他所有的假名作品的作者。

《附言》远非他的最后一部作品，因此在 1848 年（仅仅两年后），他可以在《观点》中这样描述它，它不仅是"转折点"，而且是他整个作品的"中心"，顺便说一句，它在某种意义上也是中心，因为在它以后创作的作品与在它以前创作的作品一样多。但是在那之后的两年里，他继续像以前一样费尽心血地写作；他最伟大的宗教作品是在那时写的，因此，在他人生的尽头，《附言》不再是表面意义上的中心。尽管如此，它仍然具有关键的重要性，因为我们没有在其他任何地方发现他对宗教作品背后的哲学作出合理的声明。正如 S. K. 说的，它是"中心的"，因为，"评价所有假名的审美作品，是描述成为一名基督徒的一种方式（即为了成为基督徒而**远离**审美），它负责描述另一种方式（即为了成为一名基督徒而**远离**体系、远离思辨等）。"

《片断》提出的问题，正如克利马科斯所说，是这样的："**对于一个永恒的意识来说，历史的出发点是可能的；这样一个出发点除了纯粹的历史兴趣以外，怎么可能有其他任何兴趣；是否可能将永恒的幸福建立在历史知识之上？**"这个问题也是《附言》的主题，在那里对"无限感兴趣的个体关注他自己与这样一种教义的关系"更加个人化地处理，更加有激情，因此也更加"主观"："我，约翰尼斯·克利马科斯，现在 30 岁了，出生于哥本哈根，一个像他们一样的普通人，我听说过有一个至高的美好前景，这被称为永恒的蒙福，基督教将赋予我这一点，条件是坚持它——现在我问自己，我如何才能成为一名基督徒。"

当然，一本将此个体问题交给哲学的书，必须最大限度地强调个体对真理的占有。在《或此或彼》里已经说过："惟有造就人的真理，才是你们的真理。"现在《附言》给出了这样的定义："**通过个体对最热烈的内在性的占有，来坚守客观的不确定性，这就**

是真理,对于一个现存的个体来说,这是最高的真理。"这也是对信仰的定义,这种信仰被形象地描述为"躺在 70000 英寻深的水上,仍然保持着我的信仰"。信徒必须满足于"一种勇于战斗的必然性","没有风险,就没有信心"。上述定义将个体视为真理的标准——但不是在普罗泰戈拉斯的意义上说的,而是在苏格拉底如何理解德尔菲的格言"认识你自己"的意义上说的。"无限感兴趣的主观思考者",克利马科斯将自己与这位思辨哲学家作了对比,后者骄傲地宣称自己无私地寻求确定的客观真理,却不考虑自己与客观真理是否有任何关系。

从另一个角度来看,这种"主观的"思维被描述为"存在主义的"思维。因此,在现实中,S. K. 的主观主义比思辨哲学更强调个体存在的客观世界。去"存在"并非意味着简单地去**是**,而是从(**前凝视**)中突显,并非意味着将个体**从**其突显的环境中分离出来,而是使个体与环境密切相连。重要的是要注意"存在"和"存在主义"在 S. K. 哲学中的具体意义,以及注意雅斯贝尔斯和海德格尔所谓的存在哲学承认自己是从 S. K. 的哲学衍生出来的。海德格尔试图通过使用"此在"(我们可以翻译为"theresess")和"实存"来说明"存在"意味着什么。它是由 S. K. 强调使用的"兴趣"(inter-est,内心最深处)这个词来定义的,它表达了这样一个事实,即我们如此密切地参与到客观世界中,以至于我们无法满足于客观地、即不感兴趣地看待真理。"没有激情,人就不可能存在。"

在《附言》中,S. K. 对"各种存在的领域"的描述比他在《诸阶段》中所做的更全面、更明确,甚至为反讽和幽默找到了一个合适的位置;因此,他完成了绘制人类人格的未开发海洋的独特任务。

斯文森教授在《关于克尔凯郭尔的一些事》的"存在主义辩证法"一章以这个段落开头:"我们有一位思想家,他完全颠倒了笛卡尔强调的概率论:他反思了笛卡尔接受之处,也接受了笛卡尔反思之处。他的出发点是某种比抽象的智力怀疑更为深刻的东西,即一种具体的个人绝望。在这种绝望中,通过反讽意味的机智和清晰的表达,他质疑人类生活在其全部实质价值范围内的意义和真理。为了在自己的脚下找到坚实的土地,他集中了自己所有的才能、智力和激情;在逐渐为自己完成这项任务的过程中,他对有关人类存在的各种基本范畴进行了修订。这个修订对其他人也具有重要意义,并且在一部拥有卓越的艺术力量和罕见的道德力量的文学作品中得到了体现。"

让我在这里介绍这本伟大的书的摘要,显然是荒谬的;我甚至不会试图描述它;读者必须作为一个独立的主观思想家去发现自己的道路,尽管我希望自己在上面给出的几个提示可能有助于作为一个初步的方向。

除了这种简明的积极导向以外,消极导向可能更有必要,也就是说,对赫希教授所说的"长久以来德国人的各条误解的小径"发出警告。当卡尔·巴特抛弃 S. K.,宣布自己本质上是天主教徒时,他含蓄地承认自己从一开始就误解了 S. K.。然而,巴特的追随者们仍然误解了 S. K.,因为他们假装从他那里衍生出他们的学说,这种学说假定超越的宗教("上帝和人之间的无限巨大的质的差异",使用 S. K. 的措辞来定义《附言》中的"宗教B")与直接的宗教("宗教 A")之间存在的一种不可调和的对立——好像**这**就是 S. K. 提出的或此或彼。但是,S. K. 事实上并未构想可以脱离直接的宗教("宗教 A")而存在的"悖论的宗教"("宗教 B"),直接的宗教是所有宗教人生的本源,即"人生的流动"。他的选择要么是审美人生与思辨,要么是伦理人生与宗教人生(A 与 B)。参见《克尔凯郭尔》(*Kierkegaard*,1955)的编者导言,第 10 页起,以及《附言》(*Concluding Unscientific Postscript to the Philosophical Fragments*,1846)的编者导言,第 xviii 页起。

斯文森在一篇考虑 S. K. 对罪与原罪之间本质区别的文章中,令人钦佩地表达了宗教 A 和宗教 B 之间的本质区别(前引书,第 135 页):"宗教 A 的特点是,它与神性的关系是被动的,伴随着痛苦和罪恶感。但是它与宗教 B 或者超越的宗教的区别在于，将个体与神性联系在一起的纽带尽管仍然有所有的张力，然而基本上是完整无缺的……可以简单地说一说超越的宗教的独特特征。它包含了将对罪的认知转变为对原罪的认知的过程，在这个过程中，现实自我与理想自我之间的所有连续性、暂存自我与永恒自我之间的所有连续性都被打破了。人格是无效的，因此脱离了上帝的律法，因为人格不能遵守它的各种要求。在个体和上帝之间已经没有了根本的接触点；人已经绝对地与上帝不同了。"

人们很容易误解，甚至会讽刺地理解 S. K. 的"跳跃"观念，尤其是当它进入悖论的宗教领域时，S. K. 称之为"荒谬"。这个跳跃确实是一个决定性的**选择**，就这点而论，它是意志的表达。但是这并不意味着智力和意志之间的对立，因为整个人的选择都涉及智力、情感和意志。S. K. 经常谈到"成为一名基督徒"，却很少说他**是**一名基督徒，也就是说，他从来没有从静态的方面考虑过这种经历。但是因为它是一种**真正的**成为，它无法被之前的任何东西充分解释，无法被任何像内在进化一样的东西解释。因此，正如斯文森说的，"对于由信仰产生的普通意识来说，信仰的运动似乎是悖论的"；从普通人的角度来看，这是"荒谬的"，从信仰的角度来看，却不是这样。信仰也并非完全没有动机。S. K. 将是最后一个肯定这一点的人，因为他所有的作品，从第一个到最后一个，都是以信仰作为动机。他宣称，信仰无法证明，信仰也并非是强迫性的，但是信仰有无数的动机，既有智力上的动机，也有情感上的动机。"悖论的是，"斯文森说，"S. K. 谨慎而精确地发展了一种思想，希腊人模糊地将它看作是神圣的疯狂(柏拉图的《斐德罗篇》)。"

我可能，也许，更喜欢引用斯文森的话，即使我能够更好地说出同样的事情；因为对于那些通常被误解的却具有根本重要性的立场，我不会让自己看起来像是孤立无援。

第十三章

《海盗报》事件

1846 年

　　"《海盗报》事件"是 S. K. 一生中最重要的事件之一,他表面上平淡无奇,内心却翻江倒海。《海盗报》是一份漫画报纸,由一个有才华的年轻犹太人亚伦·戈德施密特创办,经过他如此巧妙的管理,以至于它在丹麦获得了最大的发行量。虽然 S. K. 声称它不代表任何意见,但是戈德施密特自以为是,认为自己是在为政治自由主义的理念服务,因为他可以拖垮大人物,并且揭示他们并不真的比庸俗之辈更优越。它向背叛家庭秘密的不忠实的仆人支付"一份闪闪发光的酬金",而真正的编辑们躲在无赖们的后面,这些人已经准备好因诽谤罪遭受法律的惩罚。所有有名望的人都宣称这份报纸是一桩应该平息的丑闻——然而他们暗地里怀着恶毒的喜悦读着它。他们说,S. K. 之所以是那个攻击《海盗报》的人,是因为他完全独立。他生性好辩,足以应付这场争论。我们已经看到,即使在童年时代,他也不会因为与大块头男孩们的冲突而退缩。

　　1845 年,有一个场合为他提供了机会,当时《海盗报》再次将他的作品捧上了天,并且宣称他的假名作者维克多·埃里米塔"永远不朽"。S. K. 立刻以维克多的名义写下了"向《海盗报》祈祷",他哀叹《海盗报》让自己成为不朽……是一种残酷的礼遇。这篇文章之所以没有发表,是因为当时 S. K. 全神贯注于完成《附言》这部作品;但是,他刚准备好将手稿付印,就出现了一个更好的机会,他很快就利用了这个优势。大约在 12 月 22 日,出现了一份名为《盖亚》的"美学年刊",P. S. 缪勒优雅地筹备它,这是一份新年礼物。它不仅包含了对《诸阶段》的不卑不亢的评论,还包含了明显对 S. K. 进行个人侮辱的一个段落;S. K. 立即以法拉塔·塔茨特努斯(《诸阶段》的假名作者之一)的名义,给《祖国》写了一封信:"一个流浪的唯美主义者的活动,以及他如何支付宴会的费用。"这是对缪勒个人的一次毁灭性的攻击。我在这里只能引用末尾段落的一部分:"但愿现在只有我才可能很快地进入《海盗报》。在丹麦文学界,一个贫穷的作家真的很难被挑选出来作为唯一(假设所有假名都是同一个人)没有在那里被滥用的人。书籍装订者希拉里乌斯在《海盗报》里受到谄媚(如果我没记错的话),而维克多·埃里米塔不得不承受在《海盗报》里变得不朽的痛苦! 然而,我已经去过那里,哪里有圣灵,哪里就有教会——哪里有 P. S. 缪勒,哪里就有《海盗报》。"

戈德施密特在不久之后与 S. K. 见了面,他承认缪勒先生已经被"消灭"了。他希望接替奥伦施拉格尔成为哥本哈根大学的美学教授,但是当他与《海盗报》的关系被公开后,这种希望消失了。他在《祖国》上回复了一封被 S. K. 形容为"恭敬"的信——"他鞠了一躬,然后消失了。我不知道他去了哪里,但是从那一刻起,根据我的理发师的汇报,在《海盗报》的办公室里,在文学界的那个卑劣的舞池里,有一段时间他很忙。"当时,戈德施密特与 S. K. 联系,希望 S. K. 不要再攻击自己。不幸的是,S. K. 的本性不允许他提出这样的要求,在《附言》发表后的前两个月里,S. K. 一直坚持说受到《海盗报》攻击的那些假名作者与自己无关。因此,S. K. 在 1 月 2 日的一篇文章中发起了致命的反击,"飘忽不定的哲学家是如何找到《海盗报》飘忽不定的虚拟编辑的"。虽然有几幅漫画接踵而至,但是并没有让 S. K. 非常悲伤。戈德施密特仍在等待 S. K. 说一个谄媚的词,以满足自己的虚荣心。他非常崇拜 S. K. ,后者可能是哥本哈根唯一一不会屈尊对待他的杰出人物。

这是一个令人遗憾的情况，因为如果任何一个人对另一个人坦诚相待，那么他俩卷入的灾难就永远不会发生。即使当戈德施密特全力发动了一场持续将近一年的攻击，并且这种攻击几乎成为每一期《海盗报》的主要特色时，他还是在街上与 S. K. 友好地交谈，仍然希望从 S. K. 那里得到自己梦寐以求的赞许。戈德施密特告诉 S. K.，S. K. 过去所说的鼓舞人心的话对他的影响是多么巨大；他回忆说，有一次他曾经建议 S. K. 尝试"漫画创作"，现在他问 S. K.，是否觉得自己在写关于法拉特·塔茨特努斯的文章上取得了成功。S. K. 从这种辩证的情况中解脱了出来，说他"没有承认自己是法拉特·塔茨特努斯的更高权利"。戈德施密特说，在《附言》发表后不久，他在街上遇到了 S. K.，"他骄傲而愤怒地瞥了我一眼，不想打招呼或者被问候。"

"那凶狠的目光似乎产生了一种影响，可以说，它拉开了帷幕，揭示了克尔凯郭尔以前曾经吹嘘自己有'更高的权利'，尽管我对此有预感，但是我既不能也不愿意看到这种目光。它不但指责我，而且压垮了我。《海盗报》在战斗中取得了胜利，但是我给自己画了一个虚假的第一名。然而，在这个重要的时刻，我的脑海中出现了一种抗议：我不是一个被看不起的人，我可以证明这一点。在我穿过街道回家之前，实际上已经做了决定，我应该放弃《海盗报》。"这不是一个容易执行的决定，因为《海盗报》给戈德施密特带来了一笔财富，事实上，他在 8 个月以后才放弃它，并且退休去了德国。几年后，他回到哥本哈根，在那里创办了一份声誉良好的月度评论，并且在公众的尊重下恢复了名誉，但是在 S. K. 的眼中却没有，S. K. 继续将他视为"文学界的坏男孩"。后来 P. S. 缪勒去了巴黎，不久就在法国悲惨地死去了，当时只有两个被他诱惑的女人做他的朋友。

我毫不怀疑，S. K. 蓄意攻击《海盗报》（而且，正如他说的，"虔诚地"），是为了维护公众的尊严，是一种"善行"；然而他可能没有料到自己会遭受如此痛苦的、如此持久的迫害。S. K. 原以为那些怂恿他前进的显赫人物至少会支持他；他们却坚持说，

"这没什么",他们什么也没做;S. K. 怀疑,他们看到他被嘲弄时会感到一种令人厌恶的愉悦;然而,毕竟他也假装这没什么。《祖国》没有为他辩护,然而,这份报纸的编辑们实际上正等着他告诉他们,他要让他们做什么。他很清楚,他是一个很好的漫画对象;他可以与自己的同龄人一起嘲笑漫画,而非与那些暴徒一起嘲笑漫画。那些嘲弄他的图画虽然可以取悦大众,却鲜有智慧,尤其是当它们提请人们注意他的裤腿长度不等,并且促使街上的每个人都目瞪口呆地盯着他看的时候。戈德施密特的评论旨在最大限度地伤害 S. K. ,这是为他的政治理念服务的,他试图表明,S. K. 作为一个富人和知识分子贵族,对底层的那些阶级漠不关心。没有什么能比这更偏离事实的了,因为没有人比S. K. 更生动地感受到"上帝面前人人平等",如果我们现在无法相信,就像人们在他死后普遍认为的那样,他的大部分财富都被赐予了穷人,那么在他那个时代,可能没有人比他在福音书的意义上做过更多的慈善工作;当然,没有人能从他在街上结识的普通朋友中找到如此多的乐趣,他喜欢在街上与每个人亲切地交谈。从此,他无法再享受这种愉悦;他勇敢地继续在街上散步,这是他唯一的运动,然而这不再是一种消遣,他比以往任何时候都更能在乘坐马车到乡间的长途旅行中得到安慰,有时旅途甚至长达几天,然而即使是在乡间,他也无法确定自己是否安然无恙。当《海盗报》不再存在以后,他从一开始就遭受的迫害却还在继续。在整个斯堪的纳维亚半岛,"索伦"这个名字都变得滑稽起来,因此慈爱的父母不再将这个名字赐予他们的孩子;只要S. K. 还活着,这种迫害就会持续下去。

因此我无法同意那些鄙视 S. K. 的作家们,因为他们对这件事耿耿于怀。的确,他的悲叹可以写成一本厚书;但是只有这本日记可以信赖,它是他唯一的知己,在这个时候它显得格外厚重。从迫害开始的一年左右的时间里,这些条目比人们想象的更加幽默。S. K. 在《祖国》上只做了一次回应;但是他写了许多机智的、本来应该发表的条目。他在当时记录的最苦涩的抱怨是这样的："甚至有可能的是,尽管我在上帝面前微不足道,我也因个人的过犯而受到羞辱,我仍然是上帝赐予我的人民的一件礼物。他们对待我很糟糕,上帝知道;是的,他们虐待我,就像孩子们虐待一件昂贵的礼物一样。"

我在这里引用其他的一些条目,以便读者可以听到 S. K. 自己的声音:"我缺少的是身体的力量。我的精神是平静的,我一直认为自己必须被献祭,现在我已经收到了自己的命令,并且为这命令做好了准备。我可以更好地忍受它的日常形式。但是,举个例子,当我乘坐马车走了 10 或者 12 英里去寻找消遣时,我的身体逐渐变得有些虚弱,一方面是因为乘坐马车,另一方面是因为我的头脑完全被骚扰占据了,当我从马车上下来时,我身边肯定会有一个快活得足以叫出我名字的人——这对我的身体状况产生了一种非常强烈的影响。或者,我在一条条孤独的马车道上作长途旅行,专心致志于自己的思想,然后我突然在那里遇到三四个完全孤独的乡巴佬,我形单影只,然后这些人开始辱骂我——这对我的身体状况有很大的影响。"

"霍斯多普先生写过一部学生喜剧——当然,它使用了所有可能的不体谅,使用了所有可能的许可。如果有人反对他的话,那就未免太没有同志情谊了! 很好;但是,难道它不能继续是一部学生喜剧吗? 也就是说,它不能只为学生们准备吗? 但是发生了什么? 这部喜剧在全国各地演出,最后在皇家剧院演出——今天我从报纸上看到,这部喜剧在挪威也演出过,挪威的报纸将代表我的角色取名为'索伦·克尔凯郭尔'。"

"安徒生可以讲述'幸运的套鞋'的童话故事,而我可以讲述夹脚的鞋子的故事。"

"我对自己的外表了如指掌,事实上,很少有人像我这样经常受到善意的嘲弄,或者经常受到一点俏皮话、一点戏谑、一个微笑的嘲弄。我真的不反对这一点:它表达了别人对我瞬间产生的一种印象。当事人得逆来顺受,这就是赎罪的因素,也许许多人太看重我的才能,作为一种衬托,他们从我的腿上得到了一点快乐——许多少女也许因为我的精神天赋而将我捧得太高，却因为我纤细的腿而发现自己与我和解。我觉得这一切都是最高程度的天真，是可以原谅的，而且我的腿确实可以使人得到乐趣。但是当一个施虐者擅自鼓动群众去观察它们时，那就是另一回事了。"

［一个曾经对他非常尊敬的啤酒屋老板现在对他表现出了蔑视，但是街道上的守夜人却很同情他。］"我的守夜人对于审美攻击的看法如下：'如果发生最坏的情况，我可以忍受自己的裤子被偷，但是如果有人将裤子画下来——我就活不下去。'……他的意见在我看来很奇怪；因为如果有人偷了我的裤子，而我又没有其他的裤子可穿，也许我就活不下去，假设我被迫在没有裤子的情况下出门，大概会感冒吧。另一方面，当我被允许穿裤子的时候，我从自己的裤子那里得到了一种利益和快乐，这是这个领域里的任何一个人都没有的——我穿着裤子（这是我和所有穿裤子的人的共同点），全镇的人都高兴地看到我穿着裤子——看到我的高兴，也许还看到我的利益。嗯，可以肯定的是，我曾经想通过自己在文学上的努力，为个体的人做点什么。十足的自负和虚荣！也许我只是弄错了方法，毕竟我还可以成功地发挥一些作用。当我走路的时候，我发现了使人受益的方法——那就是我的裤子。我最厚的作品并没有给人留下太大的印象。有人可能会认为'这个时代需要的'是我的裤子。然后我将希望它的每一个要求都是天真的——因为这个要求就是我应该穿着它，最好的情况是有一天我会将它遗赠给这座城市。……我的结论是，这种情况包含着某种魅力的因素。就像阿拉丁的灯完全不显眼一样，我的裤子也不显眼，而且尽量不鲜艳夺目。假设它们是红色带绿色的条纹，或者是绿色带红色的条纹！我真是忘恩负义，竟然将这条裤子当作一件无关紧要的东西，仅仅命令裁缝将它们从普通的灰色羊绒料中裁剪出来——现在正是在这条裤子的帮助下，我几乎成为一个重要人物……几乎每个人都读过那份报纸（尽管事实上他们不敢彼此承认读过——这都是

游戏的一部分）——无数的绅士和女士通过当面亲自检查，以确信我穿的是同一条裤子，确信它们符合报纸上的描述。为了适应这个时代的需要，我已经坦率地回答了每一个问我这是否'真的'是那条著名的裤子的人，这样他们就可以肯定地说，他们亲眼见过那条裤子……"

"让自己被鹅群踩死是一种缓慢的死法。……这种令人难堪的虐待是最痛苦的经历。一切都有尽头，然而人们对这条裤子的关注永远不会停止。我在教堂里一坐下来，就发现有几个举止粗鲁的人坐在我的旁边，他们不停地盯着我的裤子，在谈话时嘲笑我，他们谈话的声音大得足以让我听到每一个字。然而，我已经习惯了这样的事情……"

"哦，如果在永恒中有时间和地点开玩笑，我敢肯定，想到我纤细的腿和我的被嘲笑的裤子，将是一种幸福的娱乐。幸运的是，我敢说，'上帝知道，我在这方面遭受的痛苦有正当的理由，因为从人类的角度来说，我以真正无私的自我牺牲做了一件好事。'我大胆地直接对上帝说——我比自己知道得更清楚，因为我已经感觉到了，他会回答，'是的，我亲爱的孩子，你是对的，'祂补充说，'另一方面，不管你犯了什么罪，不管你哪里做得不对，看在耶稣基督的份上，你已经得了赦免。'"

S. K. 评论说，《海盗报》事件使他"对人性进行了许多观察"。尤其是这次的经历，使他的注意力集中在媒体的影响上，这种影响使许多个体沦落进一个群体，即"公众"。他在日记里写的关于记者和媒体的条目后来占据了很大的篇幅。在我们这个时代的一个世纪之前，他就主张，即使不完全禁止读报纸，也应该有一个提倡节制地读报纸的社会。

然而主要的影响是，"现实的张力"使他放弃了接管一个乡村教区的"忧郁的想法"，并且促使他"留在原地"。

"做一个乡村牧师的愿望一直吸引着我，一直留在我的灵魂深处。它吸引着我，既是一种田园诗般的愿望，与发奋的存在形成鲜明的对比，也是一种宗教上的愿望，为的是找到时间，平息我因隐而未现的各种罪而导致的悲痛。我当时认为，作为一个作家，我即将获得成功，因此我认为以这种方式结束是正确的事情。然而，很明显，**国内的情况正变得越来越混乱**。现在的问题是——文学界和政治环境需要一个特殊的个体，这是事实（我有足够的信心在上帝的审判台前支持这一点）——问题是，除了我以外，这个领域是否还有任何人适合这个任务……摆在我面前的做一个乡村牧师的任务基本上不在我的路线里。因此，我的想法一直只是表达普遍性；这一步骤的伦理意义在于，我宁愿如此，也不愿意看到闪闪发光的成功。但是现在，从现在开始，我作为一个作家的职业生涯真的不再闪闪发光了。很明显，我将成为一个祭物。"

所以他留下来勇敢地迎着暴风雨。他不仅放弃了做乡村牧师的念头，而且甚至不会撤退到柏林待一些天，尽管那样可以使他免于直接的烦恼，也会将《海盗报》的运动扼杀在萌芽状态，只要每天都能在街上看到 S. K.，这场运动就能激起大众的兴趣。他当时待在原点，意识到作为作家的自己想写一部宗教作品。1847 年，他写道："这是上帝恩典的一个实例，他在经历逆境的过程中表现出自己如此幸运地被创造出来，就像一种罕见的乐器一样，琴弦不仅在每一次新的逆境中都保持完好，弦乐不仅在每一次新的逆境中都保持原样，而且他的弦板上还额外获得了一根新弦。"两年后，他再次产生同样的印象："现头的张力将一根新弦放进了我的乐器里"；还说，"作为一名作家，我为自己的乐器获得了一根新弦，我已经有能力演奏出自己做梦也想不到的音调。"

因此，《海盗报》带来了这样的结果，即《附言》不是最后的作品，而是"转折点"。正如他说的，这不是严格意义上的宗教作品；然而，它是朝着宗教的方向发展的。他在某处说，《附言》体现了他在是否以及在多大程度上成为一名基督徒等问题上的"深思熟虑"。他也说自己所有的作品都是"对我成为一名基督徒的教育"。他的教育在当时已经如此超前，以至于从此以后，他使自己专心致力于创作宗教作品,它们越来越明确地变成了基督教作品。

在这 3 年里,他是一位审美作家,他将自己伪装成一个游手好闲的人。"这身外衣很合适,"他想。但是他认为,随着《附言》的出版和独特的宗教作品的出现,"外衣必须改变。"对他来说,这个改变是通过《海盗报》的迫害而实现的。

第十四章

34 岁

1847 年

1847 年 5 月 5 日,S. K. 走过了他的第 34 个年头,他仍然活着!他在这一天写给哥哥的信中,表达了自己的惊讶。他倾向于怀疑自己的出生日期登记不正确,他可能仍然会在 34 岁之前死去。这是父亲忧郁的预感灌输给他的固执观念的最后一点残余。我们记得,S. K. 在父亲去世后,也曾感到同样的惊奇。足够奇怪的是,彼得使父亲的预言作废了,因为他远比那个时间活得更久,但是这并没有削弱 S. K. 对这个预言的信念。

S. K. 本以为自己会如此早就死去,所以已经用完了很大一部分资金,而现在他的寿命不再有定期,如果他想要维持自己那奢侈的生活方式,却找不到新的生活来源的话,他不得不更深入地融入自己的人生。

S. K. 因挥霍财产而受到了严厉的指责。但是他采纳的只有那些更为清醒的资本主义批评者的建议。他确信自己活不了多久了,他没有什么家眷可以依靠,也没有什么亲戚需要他的钱,于是他谨慎地(难道我不可以这样说吗?)打算在有生之年将钱花光。不仅仅是迷信地依赖他父亲的预言,使他相信自己活不了多久。他的健康状况也非常虚弱,这似乎太有可能了。然而,现在,当他过了 34 岁生日时,这件事对他来说就不需要那么谨慎了。由于不知道能活多久,他剩下的财产能否坚持到如同他的寿命那样长久,就成了一个严肃的问题。这自然给他带来了新的忧虑,直到8年后去世,他才得以解脱。当他从银行里将最后一笔钱拿回家时,他在街上瘫痪了,被抬到医院,几周内就去世了,这似乎是神圣天意的一个让人吃惊的例子。

这种新的和非常紧迫的忧虑,促使他采取各种措施来确保自己的经济地位。1847年8月,他将自己所有未发行的作品卖给了韦策尔出版社,从那时起,他可以在那些作品出版时拿到版税。与此同时,他试图将《或此或彼》的再版权卖给菲利普森,只是因为他不能立即得到他要求的版税,所以出版推迟了一年多。S. K. 的主要资产是新市场2号的房产,这是他从父亲那里继承下来的一栋大房子,出于孝道他一直留着那栋房子。实际上,那栋房子是他唯一的财产,因为在他34岁生日时,他只有两张面值400丹麦克朗的股票,其中有一张他当时不得不卖掉。8月份,他以为有人会买自己的房子,于是他9月份就搬了出去,但是直到12月,房子才真正卖出去。他从中获得了丰厚的利润;但是三分之一的售价得用于支付他兄弟彼得的抵押贷款——遗憾的是,由于1848年的通货膨胀,其余的大部分利润都流失了,当时丹麦正在与德国打仗,同时发生了一场政治革命。S. K. 购买了皇家债券,这种证券曾在1813年挽救了他父亲的财富,然而当时已经贬值了一半。

这种新的忧虑又使他想起了乡村教区。当他不得不为生计而奔波时,他又从一个不同的角度来看待这个问题。我们必须记住,S. K. 曾经接受过从事这种职业的训练,他很难以其他任何方式谋生。在接下来的几年里,随着他财富的减少,这种想法反复出现了很多次;然而为了简洁起见,我将不再提及这一永恒的主题,日记对此进行了一次又一次的讨论,它总是以否定的结论结束,这个主题从来没有得到解决,只是暂时搁置了下来。他从来没有申请过一个教区,尽管他相信明斯特主教会很乐意给他这个机会——哪怕只是为了让他离开。后来,他非常明智地反思过,牧师学院的职位将更适合他,有几次他向明斯特透露了"关于这件事的只言片语"。主教似乎毫不在意——只有一次,主教机智地回答："你为什么不自己找一个教区呢?"就 S. K. 自己而言,有一个障碍是他无法克服的:他害怕的是,当他成为牧师后,他年轻时犯的罪,即 1835 年发生在他身上的那件可怕的事情,可能会以某种方式被揭露出来,使他蒙羞。由于没有人可以接受他的秘密忏悔,他想过公开忏悔,却又不忍心这样做。所以这个问题总是突然出现,又总是被搁置。

尽管如此,他并没有采取最明显的手段来维持自己的财富——他并不打算过更节俭的生活。当他搬家的时候(在他去世之前,他搬了 8 次家),他搬进了一个又大又贵的公寓,他去世前一直有两个仆人,一男一女。关于他奢侈的生活方式,人们说过很多,他自己也对此感到内疚,觉得这不符合福音的各种准则。他的辩护理由是,他需要奢侈品来让自己保持冷静,以完成如此惊人的文学创作。因此,他每天喝两次汤,他的秘书列文报告说,是"非常浓的汤"! 马车旅行对他来说是非常必要的,也需要一笔相当可观的花费。到目前为止,针对 S. K. 生活的微观研究已经进展到我们现在都知道他每天吃了什么。1847 年 11 月,他吃过 4 次烤鹅、4 次抹猪油的羊羔、2 次鲑鱼——更不用说更常见的野味了。他房屋内的财产清单显示,他去世时还剩下 30 瓶酒! 当然,我不是为他辩护,但是我对他深表同情。如果我不得不住在一间小屋里,我会对布劳格拉姆主教说,"我的小窝里应该有足够的稻草。"然而 S. K. 并非为生活在茅屋里而生的。1852 年,他尝试了一年半的禁欲主义的饮食起居制度——"只是为了看看我能忍受到什么程度"——但是他放弃了,因为他觉得这是一种诡辩。

当时对国王克里斯蒂安八世的若干次拜访无疑是对 S. K. 的一种慰藉,尽管这些拜访直到几年后才被记到日记里。国王的宠爱使 S. K. 从庸俗之辈的嘲笑和贵族的"背叛"中解脱出来,为他们的"撕咬提供了一点困难"。尽管如此,S. K. 还是不愿意进行这些拜访,也没有像国王希望的那样经常去宫殿。S. K. 有点冷漠,因为他知道国王为了感谢他对君主制的坚定支持,倾向于给他一个闲职。S. K. 暗示说,他只有在独立的情况下才能发挥作用,他还特别补充说,"我很荣幸能为一个更高的权力服务,我的一生都会奉献给它。"(几年后,S. K. 给国王写了一封信,恳请领取养老金——但是他没有寄出。)除了这个微妙的主题,S. K. 对国王非常坦率,也很随和。有一次,他对国王说:"我经常想到国王应该是什么样子。首先,他最好是丑陋的;其次,他应该是聋哑人和盲人,或者至少是装聋作哑的,因为这样可以减少许多困难——减少听见轻率的或者不合时宜的演讲,因为它是针对国王的,而你最好说一句'你在说什么?'应付过去,以表明国王陛下并没有听见。最后,一个国王不能说太多;他应该在每个场合都使用一些固定的措辞,结果他什么也没说。国王笑着说,'这个对国王的描述真迷人!'然后我说,'是的,还有一件事:一个国王必须注意时不时地生病;它会引起同情。'于是,国王惊叫了一声,欢呼起来:'啊!这就是为什么你总是说自己身体不好的原因吧。你要让自己变得有趣!'"S. K. 关于这个问题的最后一句话是:"总的来说,我对克里斯蒂安八世做了许多心理学方面的观察。也许心理学家们应该特别关注国王,尤其是专制君主,因为一个人越自由,就越能为人所知。"

这一时期外在的各种麻烦并不像"阿德勒案"那样使 S. K. 深感忧虑。1846 年春天,他奔赴柏林旅行了两周,一回来,他就买下了阿德勒去世前已经出版的所有作品,以及关于他案件的所有出版的材料,陪伴着这些显然不符合实际的材料暗示的思想,S. K. 专心致志地研究了 3 年,写下并且两次重写了自己的"关于阿德勒的厚书",这本书现在和其他文稿一起印了出来。另一方面,尽管他在写这本书时费了不少心血,他从未出版过这本书——一方面是因为它主要是为了澄清自己的想法,另一方面是因为它包含了对国教的一场为时过早的论战。

丹麦牧师 P. A. 阿德勒不久前因在其第一本书的序言中声称该书是根据耶稣基督的口述写成的而被免职,后来他尴尬地改口,以证明教会法庭的判决是正确的。S. K. 这本书的论战性特征出现在一段经文中,该段落将阿德勒的这个案件描述为写给"当今基督教的一首讽刺诗":

"所以,阿德勒主教出生、长大,作为地理上的基督教界的本地人接受了坚振礼——于是,他就是基督徒(就像其他所有人都是基督徒一样);他成为神学执照的一位持有人——并且是一名基督徒(正如所有其他人都是基督徒一样);他成为一名基督教牧师,然后,一个奇妙的机会第一次降临在他的身上,在他的一生中留下了深刻的印象,使他真正体会到成为一名基督徒意味着什么。就在这个节骨眼,由于受到宗教的感动,他不可否认地比自己一直以来作为一名基督徒时,更接近成为一名基督徒的经历——就在这个节骨眼,他的教职被废黜了。对他的废黜有相当正当的理由,因为国教现在才有机会确定自己与他的基督教之间的区别。尽管如此,讽刺诗一般的寓意仍然存在——作为一个异教徒,他成为一名基督教牧师,当他稍微更接近成为基督徒的经历时,他被废黜了。"

S. K. 对《海盗报》作为一种现象"的反思使他清楚地认识到,他的时代在民事权威问题上是完全挫败的,现在阿德勒案表明,宗教权威的本性让人感到困惑。他曾经为自己的书取过一个书名,暗示了促使他写这本书的原因:"被神学博士阿德勒描述为一种现象的当代宗教混乱。"

他在阿德勒身上认出了某种天才——"一个困惑的天才,基本上可以被描述为眩晕。"阿德勒将他令人眩晕的经历与启示录混淆了,他的同时代人也无法区分天才和使徒。当他们颂扬圣保罗是天才时,他们认为自己是在赞颂他,对他思想的深刻性和辩证技巧感到惊讶。各种纯粹的审美范畴!人们不妨赞美他这个织帐棚者的才能好了,并且确信从来没有也不会有一个室内装潢商能够做如此出色的工作。S. K. 在他的日记里意味深长地提到,"对于使徒们,我总是有单独的话要说。"使徒保罗在品质上是与众不同的,事实上,使徒保罗从耶稣基督那里得到了一个直接的、明确的使命。S. K. 也单独记录了教会中另一个非凡的职分，即先知的职分。在他的时代，只有他一个人对这个非凡的职分再次出现的可能性持开放的态度。先知的权威也是直接的和"无中介的"，然而它的各种凭证并不如此貌似真实。他根据使徒的比喻来想象常见的事工。它也是明确的和貌似真实的，但是由于它不是直接的和"无中介的"，它在性质上是不同的；它通过圣职授予（ordination）而产生，这是它貌似真实的象征，尽管不是绝对正确的象征。S. K. 从他关于阿德勒的厚书中唯一抢救出来的东西，是 1849 年出版的《两个伦理的-宗教的论述》（现在与《现时代》一起被翻译过来）中的第一个。

　　主要是出于一种个人的关心，S. K. 将注意力集中在阿德勒案上。《海盗报》的迫害使他比以往任何时候都更加强烈地感受到自己的独特性和异质性；然而这段经历同时也向他表明，他从童年时代起就有一种模糊的使命感，如此不寻常的人可能是异常的人，说得好听些是例外，他是一个"分别出来"的人，就像圣保罗在《加拉太书》1 章 15 节说的那样。他经常想，如果他不是如此辩证，他可能会成为像阿德勒那样的狂热者，以及那些夸耀"新光"特殊的"引导"的人，或者一个直接领受神召的人。他很好地抵御了这种诱惑，坚持自己"没有权威"的范畴；但是由于他当时的许多反思，他质疑自己是否会被挑选作为一名殉道者来见证真理。两年后，当他发表了上述两个"论述"，其中第二个的标题是"一个人有权利为了真理让自己被处死吗？"时，他想到了这一点。当时他对这个问题的回答是否定的，然而，他在公开攻击国教之前推翻了自己的判断，他预计自己将被处死。

第十五章

造就人的讲演

1843 年到 1855 年

前面的章节从 S. K. 作品的开头一直延伸到结尾(从 1843 年到 1855 年),如果必须将 S. K. 的"造就人的讲演"全部放在一个章节里来讨论,显然这是一个合适的地方;因为就在这时,《附言》刚出版不久,由于他遭受了来自《海盗报》的迫害,他成了一个正儿八经的宗教作家。除了一小部分审美批评以外,只能说,他还评价了作为一个女演员的海伯格夫人,他在 1848 年出版了这本书,经常引用这本书作为证据,证明即使他全神贯注于宗教主题,也没有失去对审美的兴趣。另一方面,他可以有更多的理由坚持这样一个事实,即从一开始,当他主要从事审美作品的写作时,他给出的证据表明,他其实是一个宗教作家。因为《或此或彼》的结尾不仅以 个布道词作为总结(关于"在上帝面前我们总是错的"这一思想的安慰),而且还"伴随着"两个造就人的讲演;每一部新的假名作品都有两个、三个或者四个以他自己的名义发表的类似的讲演,直到一年半之后,讲演达到了十八个,并且重新以一本书的形式再版。

伴随《诸阶段》出版的是《想象场合下的三个讲演》;伴随《文学评论》出版的是《三种不同精神状态下的讲演》;伴随《或此或彼》第二版出版的是《原野里的百合与天空中的飞鸟》。S. K. 可以有充分的理由说,"我用右手递出了造就人的讲演,用左手递出了审美作品——所有人都用右手抓住了我左手拿着的东西。"

这种情况让 S. K. 如此痛心疾首,不幸的是直到最近它才改变。在德国,人们对他的作品进行了最认真的研究,但是他的"讲演"翻译得很缓慢,大部分敷衍了事,只是为了完成一个版本;由于学生们无法获得这些作品,这些假名作品无法被正确地理解。由于这些假名作品是以"间接沟通"的形式出现的,所以它们需要解释,而这些总是以"直接沟通"的形式出现的讲演,在某些情况下(尤其是在《重复》《恐惧与颤栗》以及《诸阶段》的情况下),为 S. K. 的意思提供了非常宝贵的、具体的阐释,而非仅仅在通常意义上证明他的宗教意图。

除了上面提到的讲演以外,1847 年还出版了一本很厚的名为《爱的作为》的书;1848 年出版了《基督教讲演》,1849 年出版了"大祭司"—"税吏"—"那个有罪的女人"。这一时期更伟大的作品——不是在体量上更大,而是更精彩——我将在下一章进行讨论。然而,即使在《基督教中的训练》出版之后,还出现了三组造就人的讲演。其中一组是《在圣餐会上的两个讲演》,他在 1851 年将其献给了"一个无名之人"。这是施勒格尔拒绝 S. K. 与蕾琪娜重新联系之后,S. K. 作出的回应。最后一个是《上帝的不变》,它在他去世前 3 个月、在他攻击国教的过程中面世了,暗示自己向父亲告别,对他父亲的称呼和他在第一次演讲中使用的称呼完全一样。总共有 86 个讲演,现在收录在一个 7 卷本的英文版里。

作为一名翻译者,我一开始翻译的是宗教讲演,然后继续翻译审美作品,只是因为其他人没有被要求去翻译宗教讲演。斯文森教授很恰当地从哲学作品(《片段》和《附言》)开始,同时他也在翻译讲演,而斯文森夫人已经完成了他开始的工作。另外有 5 位翻译者积极翻译讲演——总共有 8 位翻译者,与之形成对比的是 4 位翻译假名作品的翻译者。在英国和美国,有 4 家出版社对出版"讲演"感兴趣,只有 2 家出版社出版过假名作品。这是一个引人注目的、自发的证据,证明了 S. K. 的宗教作品与我们当前处境的相关性,也表明我们终于伸出了右手,接住了他用右手递给我们的东西。这些讲演和其他的布道词不一样，S. K. 有充分的理由不用"布道词"这个名字来称呼它们。乔治·勃兰兑斯是个思想自由的犹太人，他这样评价这些讲演："威廉法官在《或此或彼》一书中评论道，'我对造就人的作品和印刷出来的布道词有一种特殊的癖好。'然而，即使一般人也会有这种感觉，人们读克尔凯郭尔的造就人的讲演时也会心怀敬意。它们里面弥漫着一种高贵的节制精神。听到同一个人在这里如此朴素地、如此沉着地、如此热切地向他的同胞们解释最狂野的激情下说出的话语，并且为他们一生的朝圣提供他知道的最好的安慰，这给人留下了深刻的印象。"

　　S. K. 对宗教哲学的一个重要贡献是他在《附言》中区分了两种类型的宗教，宗教 A 和宗教 B，即内在的宗教和一种超越的宗教，其特征是尤其重视基督教对罪的感知。起初，人们可能会惊讶地听到他说，他的造就人的讲演，相当于宗教 A；因为人们会认识到，它们比大多数人听到的布道词更真实地接近基督教；S. K. 走得越远，它们就越来越与众不同地接近基督教。事实就是如此。然而，除了反克利马科斯以外，所有的假名都代表S. K. 已经超越的立场，然而当他用自己的名字写作时，例如写作讲演时，他非常小心地准确地记录了自己在成为一名基督徒的道路上到达的位置，因为他害怕将一个自己并没有真正获得的结果，或者将并没有通过"双重反思"而占有的个人立场归因于自己。这是一个诚实的例子，可能会推荐给牧师们，他们总是暴露在所说的比自己的意思更多的诱惑之下。

　　在 S. K. 人生的尽头，在与"教区牧师们"激烈的争论中，他声称："我的全部要求只是诚实。"他自己的位置是不可动摇的，因为他总是诚实的，甚至对自己也是诚实的。当他谈论自己的作品时，"它们是我自己在基督教中受到的教育"，他无疑特别想到了讲演。斯文森对讲演的公正评价是："基督教论题的发展是循序渐进的、细心周到的、有条不紊的。"其中一些步骤由书名暗示了。S. K. 称第一个合集为"造就人的讲演"，由于一种奇怪的顾虑,他无法宣称它们是权威地"为了造就"发行的;然而,在1848年,他冒险将这一"更高的范畴"应用于《基督教讲演》的第三部分;1847年,他已经将《爱的作为》定性为"基督教的反思";1849年,《关于百合花和鸟儿的讲演》被称为"神圣的讲演"。这些是微妙的区别,但是它们清楚地表明了一种进步的意味。虽然如此,他甚至将后期的讲演视为宗教"A"的例子:它们体现了不同的基督教,然而,它们并不倡导基督教特有的悖论的宗教性。这本身就足以证明,在区分内在的宗教和超越的宗教时,S. K.并没有从根本上贬低前者,更不用说抛弃前者了;因为他不仅声称内在的宗教是所有宗教的永久基础,而且还声称它就是86个造就人的讲演中阐述的宗教性,以及他亲自举例说明的宗教性。因此,在出版他最引人注目的宗教作品《基督教中的训练》和《自我省察》时,他觉得有必要使用反克利马科斯这个假名,后者在宗教等级上的排名不比他低,而是要高得多。至于他自己,他谦卑地承认,即使他在对基督教是什么的认识上已经达到了最高点,但是他在人生中还没有充分地将它表达出来,还没有**成为**一名基督徒——直到他为自己的信仰而死。

第十六章

蜕　变

1848 年

　　1848 年,S. K. 已经是一位老人了———一个 35 岁的老人———但是他还没有老到经历过深刻的变化,使得这一年成为他一生中最多产的一年。这一年,法国大革命的各种理念延后的具体化所产生的外部影响在欧洲历史上是如此重要,对于S. K. 来说,这是他的精神活动最激烈的时期,导致他创作了许多最令人钦佩的作品。赫希教授说:"1848 年代表着克尔凯郭尔智力创作的高潮———《致死的疾病》和《基督教中的训练》(他作为基督教作家的两部杰作)和《观点》(一部如此独特的宗教自传,以至于它在世界文学中独一无二)比 19 世纪其他任何基督教神学作品都有更大的前景,它们可以在基督教的那些不朽作品中找到　席之地。"

　　关于这一年,S. K. 自己在一年后的一篇文章中写道:"从某种意义上说,1848 年挖掘了我的潜能,但是从另一种意义上说,它摧毁了我,也就是说,它在宗教上摧毁了我,或者,用我的话来说,上帝让我陷入了一种停滞。他允许我承担一项任务,即使是依靠祂,我也无法以更高的形式承担这项任务;我不得不以更低的形式承担这项任务。因此,以一种相反的方式,这件事已经成为我自己的宗教或者更内在的宗教教育。从某种意义上说,我很乐意去冒险[也就是说,公开攻击国教],我的想象力引诱着我,激励着我;但是我必须足够优秀,以一种更低的形式[即假名]冒险。它[即《基督教中的训练》]当然是我写过的最真实、最完美的东西;但是我与它的关系绝不能使它看起来好像是我带着几乎是毁灭性的审判降临到其他所有人身上——不,我自己必须首先接受它的教育;在我有权利出版它之前,也许没有人有权利像我一样被它深深地羞辱……经济上的焦虑突然降临到我身上,而且离我极其近。我无法同时举起两种异质的重量,就是世界的对立和对生存的焦虑。然后,混乱[战争和革命]突然爆发了。在几个月的时间里,情况是这样的,明天我可能一无所有,实际上没有一分钱。对我来说,那太艰难了。我的头脑反应更加强烈。我比以往任何时候都更高产,然而比以往任何时候都更像一个垂死的人。在基督教的方向上,这是迄今为止给予我的最高荣誉,这是肯定的。但从另一个意义上说,反过来,这对我来说太高了,我无法承担责任,也无法在性格上公开地向前一步。这就是比我更高的新假名[反克利马科斯]的深层意义。"

直到今天,人们仍然普遍认为,S. K. 如此专注于他的宗教思想——或者,正如一些人认为的,S. K. 被琐碎的利己主义利益吸引,比如失去了他称职的仆人安德斯,后者在主人不得不改变住所的时候被征召入伍——他如此专注于此,以至于他对自己国家与德国的短暂战争,以及对结束绝对君主制的不流血革命涉及的重大问题漠不关心。然而事实是,S. K. 已经忽视了那一年发生的大事件,并且超越了在他那个时代占主导地位的政治意识形态。两年前(在德鲁以《现时代》为标题翻译的《文学评论》的第二部分),S. K. 几乎预言性地洞悉了一个世纪后对我们来说已经变得非常明显的各种结果,对我们来说,1848 年的各种意识形态彻底失去了信誉,就像它们在 S. K. 那里失去了信誉一样。

幸运的是,在这一章中,我可以用 S. K. 自己的话讲述故事的大部分内容,我仅仅提供了一些结缔组织,这些可能是维持他零散的谈话所必需的。

S. K. 具有出生过两次的男人的心理性格特征,正如我们在他 12 年前的经验中已经看到"无法形容的高兴"。但是,出生过两次的男人很容易出生三次,S. K. 随后的经历同样生动,结果也同样重要。在这两种情况下,通过日记可以观察到一个潜伏期。无论事件多么突然,都并非没有动机。在这种情况下,8 个月前的 1847 年 8 月 16 日,有一个条目预示了这一点。谈到他不去柏林进行短暂访问的决定时,他说:"我留在家里有更深层次的实情,我觉得自己必须这么做。有时候,我必须开始让自己习惯这种没有太多消遣的生活。……我现在感到必须在一种更深的意义上使自己苏醒,通过理解自己而更接近上帝。我必须留在原点,**使内心得到更新**。……我必须设法更好地控制我的忧郁。到目前为止,它一直躺在最深的隐秘处,而我惊人的精神努力帮助自己控制住了它。我的工作使别人受益,上帝批准了我的工作,并且在各方面帮助我,这是完全肯定的。我一次又一次地感谢祂,祂为我做的远远超过了我的预期。虽然没有人在上帝面前有任何优点,但是毫无疑问,我感到安慰的是,祂很高兴看到我的努力,看到我在可怕的痛苦中,而我通过祂的帮助坚持到了最后。我在上帝面前知道我自己,我的工作是做一名作家,我愿意服从祂的信号,将一切世俗的考虑献祭,这将减轻我个人犯下的罪带给我的印象。正是因为我作为一个良心不安的作家开始自己的工作,我尽自己最大的努力使它变得如此纯洁,以至于它可能会稍微减轻我的罪债。这种清心、无私、勤勉,在世人眼中似乎是疯狂——却并未表明在祂眼中它可能是如此清心,以至于我敢在祂面前夸耀它。——但是现在,上帝要让它变得不一样。我身上有一种可以激动人心的东西,它暗示着一种蜕变。正是这个原因,我不敢去旅行——因为那会导致创作流产。因此,我将保持安静,不太努力地工作,甚至根本不努力工作,不是去写一本新书,而是努力恢复自我,**马上与上帝一起彻底思考我的忧郁的想法**。这样,我的忧郁可能会得到缓解,**基督教也会离我更近**。迄今为止,我一直在用智力劳作来抵抗自己的忧郁,这种劳作使我与忧郁保持一定的距离——现在,我相信,上帝通过赦免已经忘记了它里面的罪,我必须自己试着去忘记它,然而不是通过任何转向,不是通过任何远离它,而是通过上帝,这样,当我想到上帝时,我可能会认为祂已经忘记了它,因此我要学习在上帝的赦免中敢于忘记它。"

对于我们来说,上帝"忘记"这一想法的新奇之处,可能会使我们片刻模糊这一经历的感伤。对于 S. K. 来说,这是一次至关重要的经历,他发现要相信上帝赦免的现实并不像大多数人那样容易。在下面的条目中,没有一个词与上帝"忘记"有关,因为它只停留在这种经历的影响上,停留在突如其来的解脱感上;然而随后的条目明确地表明,这种突然解脱的基础与原因是相信上帝不仅赦免了,而且忘记了。条目如下:

NB NB

"4 月 19 日,星期三[1848 年复活节的那个星期三]。

"我的整个本性都变了。我的沉默寡言,我的内省性,被打破了——我必须说话。伟大的上帝,赐予我恩典吧!

"毕竟,那是我父亲对我说的一句真话,'只要你有钱,你就一事无成。'他预言说,他相信我将喝酒和狂欢。然而不完全是这样。不,我有敏锐的精神、我有忧郁,然后才是我有钱——哦,钱是一个多么有利的条件,使我的心灵受到自我折磨的各种折磨!(真是一个奇怪的巧合,正当我想说话的时候,我的医生进来了。然而,我没有和他说话,对我来说这太突然了。但是我要说话的决心是坚定的。)"

[以下是附加的,大概是在星期五。]"星期四的濯足节和星期五的耶稣受难节对我来说已经成为真正的圣日。哎呀,她无法打破我忧郁的沉默。我爱她——没有什么比这更确定的了——于是我的忧郁得到了足够的养料,此外,我还得到了一笔可怕的额外收益。我成为一名作家主要是因为她、我的忧郁和我的钱。现在,在上帝的帮助下,我将成为我自己,我相信基督将帮助我战胜自己的忧郁,然后我将成为一名牧师。

"在这种忧郁中,我仍然爱这个世界,因为我爱自己的忧郁。一切都提升了我的位置的张力:她的各种受苦、我所有的努力,最后是我被当成嘲笑对象的事实,现在终于,当我来到需要为自己的生存感到焦虑的关口,上帝的帮助促使我突破。"

[哎呀,他很快又旧病复发了:]

NB NB

"复活节后的星期一。

"不,不,我不能打破自己的保守,至少现在不能。一想到要用意志力来废除它,我就心事重重,因此每时每刻都如此,以至于它只会越来越牢固地在我心里扎根……我无法获得信心,无法相信这种痛苦的回忆会消失。但是我相信自己在抵抗绝望,在承受内省性的痛苦和惩罚——并且在上帝如此丰富地、仁慈地赐予我的精神活动中,我如此难以言表地幸福或者蒙福。"

紧接着我们看到了这些话:"基督对瘫子说,'你的罪赦了'或者'起来行走',这是一个神迹。"但是,即使这种神迹现在没有发生在我身上——相信罪已经完全被忘记,所以对罪的记忆没有什么可怕的,这个人真正相信自己是一个新造的人,他几乎不能再认出自己,这是一种多么不可思议的信仰的勇气啊。"

在一张活页纸上,我们发现这样一句话:"当一个人如此真实地经历并且体验了相信自己的罪得到赦免的意义时,他肯定就变成了另一个人,一切都被忘记了——但是他的情况不像一个孩子身上的情况那样,当孩子被赦免时,它再次变成了同一个孩子。不,他已经变成了一个永恒的老者,因为他现在已经变成了精神,所有的直接性连同它对世界和自身的自私的依附都消失了。从人的角度来说,他现在老了,老得惊人,然而他永远年轻。"

哎呀,在这一点上,我必须开始极度地节省笔墨,如果我要使这本书保持在"薄书"的定义规定的限度内的话。很难简明地讲述 S. K. 最后几年的故事;因为在这段时期,尽管除了他引起的骚动之外，没有发生任何外部事件，然而这是他一生中最有趣的阶段，对我来说也是最有启发性的阶段。在倒数第二个6年（1849年至1854年），当S. K.很少或者根本没有发表或出版东西时，日记不仅在数量上而且在质量上都有了巨大的增长。在最近的丹麦语版本中，这一时期的条目占了2 845页这么厚，其中包括一些他笔下最完美的创作。幸运的是，其中大约十分之一（270页）可以通过德鲁先生的翻译供英语读者们阅读，我感到欣慰的是，如果感兴趣的读者愿意的话，他可以移步到我那本厚书的最后几章，在那本书里，我用尽可能多的文字讲述了这些年的故事。

然而，不得不突然结束这一章并不会让我感到遗憾，因为老是想着S. K.频繁的旧病复发是痛苦的——也没有必要，因为我看到复活节经历的结果是一种激进的疗法，这清楚地证明，从这一次开始，他再也没有诉诸"间接沟通"，再也没有在此意义上使用他迄今为止使用过的那些假名。正如他说的，不再有"腹语术"了。在造就人的讲演中，他总是使用直接沟通；但是在《基督教讲演》中，我们通过更具争议性的注释可以很容易地认识到，最后一节（"背后受伤以后的想法"）是在复活节经历之后写的。这5本书是在1848年写的，随后出版了，我将在下一章简要描述，在此仅指出，从一本书到另一本书，直白地说，这方面有一个非常明显的进步。S. K.在"复活节星期三的讲演"中说，"我必须说话"，他暗示"我可以"：我可以做自己必须做的事情。当他意识到这是必须做的事时，他学会了相信罪得赦免："你要相信罪得赦免。"《基督教中的训练》是他在1848年写的最后一部作品，在言语的朴实无华方面，它几乎无法超越，然而两年后，《自我省察》超越了它，反过来又被《自我判断》超越——然而，S. K.认为这还不够直率，不足以在最后一场论战中使用，他一直在使自己的各种武器变得锋利。

如果我如此轻率地承认我是克尔凯郭尔的爱戴者，我会让人知道，这就是我所爱的克尔凯郭尔——他不是放荡绝望的年轻人,不是归来的浪子,不是不幸的情人,不是创造各种假名的天才,而是完全不适合应付这个世界的脆弱之人,尽管如此,他仍然能够面对拮据的真正危险以及他想象出来的各种徒劳的恐怖,他在《恐惧与颤栗》里与神话中的怪物搏斗,他作为一名孤独的游泳者冒险在深水之上游泳,在那里没有人能伸出手来救他,在那里,他的身体下方有 70000 英寻深的水,他坚持了 3 年,等待着他所受的任命,然后清楚地说出了他被要求说的那件确定的事情,他去世时唇间吐出了一句哈利路亚。除非我崇敬他,否则我不可能像现在这样爱戴他,而只有当我看到他有勇气作为真理的见证人去世时,我才开始崇敬他。

第十七章

冒 险 远 行

1849 年到 1851 年

1849 年初——也就是在加利福尼亚发现黄金的那一年，S. K. 手里握着一件更珍贵的宝物……他不知道该拿它怎么办。经过前一年的复活节经历，他写了 3 本最伟大的书：《观点》《致死的疾病》和《基督教中的训练》。这些是冠冕上最重要的珠宝，但是还有其他的珠宝："一个周期"的文章(关于阿德勒的书的最后的彻底改动)，其中一部分最终以《两个简短的伦理的-宗教的论述》出版；《全副武装的中立》(未完成，也从未出版)；还有《原野里的百合与天空中的飞鸟》——一共 8 部作品。他在出版我提到的最后一本书时没有经历任何困难，它是按照之前讲演的风格写的；事实上，在这一年里，他写了另一个系列的演讲，题为"大祭司"—"税吏"—"一个身为罪人的女人"，并且于 11 月 13 日出版。在这整整一年里，几乎没有什么别的东西出版，因为出版现存作品的问题完全困扰着他。

他感到窘迫的是，事实上，出版社要求再版《或此或彼》，因为他需要钱，所以他不得不同意出版，尽管在他看来，在他从事最具决定性的宗教创作的时候，他的第一部审美作品再次出现似乎是不恰当的。该书于 5 月 14 日出版，伴随它一同出版的是"关于百合与飞鸟的神圣的讲演"，他设想《或此或彼》就是自己诗意作品的封笔之作。在复活节星期三的经历之后，甚至在复活节当天，他立即想到了这些讲演，他说："这些讲演的目的将是表明诗与基督教之间的冲突,基督教在某种意义上是如何与诗对立的(诗是一厢情愿的、迷恋的、麻木的,倾向于将人生的现实转化为一个东方的梦,就像一个年轻女孩希望整天躺在沙发上,让自己陶醉一样)——与此相比,基督教多么像散文……然而,基督教恰恰是永恒的诗。因此,百合花与飞鸟(即对自然的描述)将在这种场合获得更具诗意的色彩和绚丽的色调,只是为了表明诗将被放弃。当诗真的要被放弃时(不是在一个闷闷不乐的牧师的咆哮面前被放弃),它必须穿上自己的节日礼服。"

S. K. 能够并且因此必须清晰地表达自己的经历,这促使他不仅在未来使用直接沟通,而且尽其所能地阐明他以前的假名作品的宗教目的。为了这个目的,他立即写了《作为作者对我作品的观点》。他写这本书时没有经历任何困难,尽管这是对他个人的最大限度的揭露,而且他有能力在大约一个月内完成,因为,正如它仔细地表述的那样,几乎每句话都已经在他称之为"报告"或者"描述"的日记的许多条目中得到了确切的表达。说到这本书的出版,许多困难被证明是无法克服的。他原以为这本书写完后不久自己就会去世,所以想将它留在去世后出版。经过多次讨论后,他最终决定这样做:他在扉页上将这本书命名为"一份历史报告",在他去世 4 年以后,他的兄弟彼得将这本书交给了出版社。但是必须马上采取一些措施。他在日记里说:"这就像 个人拥有一个巨大的宝藏,并且通过扔掉钥匙将它安全地藏了起来。困扰我的想法是,我是否有权利这样去做,是否允许自己带着对一项创作活动的尊重这样去做,因为它的意义如此无限地受惠于祂,让它仍然是一个谜,对许多人来说,它纯粹是一本勾起好奇的书。"因此,他写了一本枯燥无味的、不太个人化的描述,标题为《作为作者论我的作品》,出版于 1851 年,伴随它一起出版的是《周五圣餐会上的两个讲演》。

为了确保去世以后他的作品不会被完全误解,他决定"吸引我",拉斯穆斯·尼尔森这位哥本哈根大学的哲学教授是这样说的——也就是说,克尔凯郭尔给了他陪自己散步和边走边讨论哲学的特权。尼尔森曾经表示自己渴望被"吸引"，尽管这个经历证实了 S. K. 的观点，即"一个门徒是所有灾难中最大的灾难"，但是，对 S. K. 的奋斗目标的一个好处是，当他丧命于对国教的残暴袭击时，身边有人可以向困惑的国家解释这一切的意义。

必须清晰地理解，S. K. 出版《观点》的困难不在于过去不愿意使用直接沟通；不，这是许多人不会想到的一种顾虑："一个人是否有权利让人们知道自己有多么好。"在某种程度上，正是出于同样的顾虑，S. K. 在很长一段时间里推迟了《基督教中的训练》的出版。这本书在同样的意义上不是个人的，但是很明显，只有一个好人——或者一个伪君子——才能写这样一本书，它坚持效法基督，坚持"追随"和门训，在我们的英语文献中，它与劳威廉的《敬虔与圣洁生活的严肃呼召》最为相似。然而在这种情况下，还有一个额外的困难，这是非常严重的，事实证明，它并没有绝对的威慑作用。因为这本书除了呼吁虔诚的、圣洁的生活之外，还尖锐地抨击了以国教为代表的随波逐流的基督教。在当年的一个条目中（上一章开头引用了该条目），S. K. 说："我无法同时举起两种异质的重量，就是世界的对立和对生存的焦虑。"他的意思是，当他攻击国教引起了全世界的反对时，当他的最后一笔财产消失时，权威们可能不愿意任命他为牧师。必须承认，他面临着一种让人丧胆的局面。如果一个人的身体比 S. K. 强壮，能够以各种方式谋生，并且更能忍受苦难，就会对 S. K. 完全拮据的前景感到震惊，他不会非常严厉地指责 S. K.。所以出版的困难是复杂的。这个困难有 3 个要素：害怕让别人知道他有多么好；害怕陷入贫困；害怕"世界的反对"，这在他的生动想象中意味着身体上的受虐，意味着也许会殉道。他突然想到，要想避免这种痛苦的两难境地，他可以先找个教区或者在牧师学院找一个席位——**然后**再出版他的那些论战作品。这是一个精明的计划。S. K. 夸口说他的头脑中充满了各种精明的计划——他习惯性地不屑于遵循这些计划。

最终这个计划遭到了拒绝,他表现出最强烈的厌恶和自责。"呸,呸! 所以我一直愿意(或至少有想法)精明地采取行动,以确保自己先获得一个职位,然后以假名出版这些作品。这是对'先求神的国'的绝妙解释!"

然而,这个计划并不像它看起来那么粗俗。他想,这是他要去做的一件卑微的事情,所以作为一个牧师,他显然会受到自己说的话语的责备。而且,这也是他一贯的打算,没有人比他更忠实地珍惜最初的打算。应该记住,当复活节经历给了他信心,使他相信自己可以说话时,他呼喊道:"那么,我将成为一名牧师。"想到自己终于能够在这方面"实现普遍性",他感到很快乐。

他在出版这些论战作品时感到的各种困难,由于对蕾琪娜的想念而变得更加复杂。我们惊讶地发现,他当时正在考虑与施勒格尔夫人* **和解**的可能性。然而,我们可能已经猜到了结果。在一个重要的条目中有一个暗示,庆祝他新发现的说话能力,这提醒他,如果他能够在更早的时候说出来,他就不会失去她。除此以外,他还希望自己作为作家的名声能为她带来荣耀——然而他现在的写作方向很可能会让他——以及"她"——陷入与名声完全相反的恶名之中。现在与她**和解**的障碍是她父亲根深蒂固的敌意。然而就在这时,议员奥尔森于 6 月 25 日晚去世了。碰巧就在那时,S. K. 已经下定决心要出版《致死的疾病》。6 月 25 日下午,S. K. 想向明斯特主教和文化部部长马德维格询问是否有可能找到谋生的机会,在试图见他们却无望之后,他颇为恼火地决定问印刷商是否有空立即开始印刷这本书,他想以自己的名义出版这本书。他知道印刷商有空后,立刻将手稿送了过去。

直到 27 日,他才得知奥尔森议员的死讯,这立刻引起了"重重困难"。也就是说,它打开了接近蕾琪娜的可能性,并且促使他撤回这本可能阻碍这一希望实现的书。他讲述道,第二天晚

---

* 即蕾琪娜。——译者注

上,他睡得很不安稳,似乎听到了一个关于扑向灭亡的词。同一时期记录这段经历的一个条目是如此简洁,以至于我们几乎无法理解它。但是依据几年后记录的一些条目,我们了解到,他当时经历了一场幻听,这很可能吓得他做出了最后的决定。他清楚地记得他似乎在和自己进行的谈话中的几乎每一个字:"那么这就是我的要求吗?"——"他是怎么想的?"——"我可能等了一个星期。"——"看,现在他甘愿自取灭亡。"根据他最后的解释,并非他的本性更好,而是他的"常识"试图阻碍他,询问他是否需要这么多,是否至少允许他有一个短暂的拖延。这个经历让他决定不撤回这本书,然而他还是采用了一个新假名,反克利马科斯,S. K. 的名字仍然作为编辑保留在扉页上。

11 月 19 日,他决定与蕾琪娜建立了一种"姐妹般的关系",因为他相信自己掌握的"数据"表明她渴望这种关系。他放弃了给施勒格尔写的形式多样的长信(这些长信当然都写得很好),而是寄了一封短信,并且附上了一封给蕾琪娜的密封的信,如果她丈夫认为合适的话,可能会将那封信交给她。两天后,那封信被原封不动地退还给了他,她的丈夫写了一封愤怒的回信。这是一个残酷的打击,然而,我认为 S. K. 提出的三角关系不会增加其中任何一个人的幸福。

《致死的疾病》很快印刷好了,并且于 1849 年 7 月 30 日出版。下面的条目描述了当时 S. K. 的精神状态:"直到现在,我仍然是一个诗人,绝对不会超出这个身份,这是一场渴望超越我的各种极限的绝望的斗争。

"《基督教中的训练》这本书对我来说非常重要——难道我必须马上将它公之于众吗?"也许我是少数几个需要如此强效疗法的人之一。我不会通过它获取利益,也没有开始相当认真地成为一名基督徒,而是会首先将它公之于众。太棒了!

"这部作品和其他作品实际上都在创作中;时机也许会到来,当时机成熟时,我就有力量去出版它,而我出版它是正确的……

"所以现在,假名与作为编辑的我出现在了《致死的疾病》上。它被称为'为了造就'——'造就'超越了我的范畴,也就是诗意的范畴。

"瓜达基维尔河在某处沉入地下,所以有一段以我的名字命名(造就)。有一些更低的东西(审美上的)是假名的,有一些更高的东西也是假名的,因为我的个性与它不相符。

"这个假名叫约翰尼斯·反克利马科斯,与约翰尼斯·克利马科斯说自己不是基督徒的说法形成对照。反克利马科斯是另一个极端,即在非凡的程度上成为一名基督徒——而我只设法成为一名非常简单的基督徒。"

需要理解的是,S. K. 后来所有的这些作品都是以他自己的名义写的,并且打算以他自己的名字出版。反克利马科斯是一种事后的想法。事实上,当《基督教中的训练》最终于 1850 年被交给出版社时,S. K. 跑到办公室,希望去掉"反克利马科斯"这个名字对他来说不会太过分。哎呀,已经太迟了。然而,至少它没有出现在第二年出版的《自我省察》的扉页上。再强调也不过分的是,在这种情况下,使用假名并不像过去所说的那样,意味着书的主题通过"双重反思"被移开了一段距离;相反,它意味着主题被客观地强加在读者身上,而不用考虑作者的权威或者个性,并且(正如上一本书的书名所说)读者只能在《新约》的光照下自我判断。反克利马科斯的意思很简单,S. K. 想要"吸引注意",想要"迫使人们注意"基督教的本来面目。

虽然《基督教中的训练》直到 1850 年 9 月 27 日才出版,但是他的这个想法最初是在两年半以前的复活节经历中产生的。至少第一部分的文字"到我这里来"几乎是强加在他身上的,他在复活节前的最后几天到圣母教堂做礼拜的时候,托瓦尔森基督雕像的底座上醒目的字母映入了他的眼帘。*

关于这一章的主要主题——4 本厚书,我在这里几乎什么也

---

　*　这句话是"KOM TI MIG"(到我这里来)。——译者注

没说,我只恳求我的读者去阅读它们。它们如此直接地作证,以至于不需要介绍它们。我写这本书几乎没有其他目的,只是想诱使人们去读这些伟大的作品。

但是我要说一些事情,以避免误解,当《基督教中的训练》第二版在 S. K. 公开攻击国教期间出版时,他给了自己一个机会,同时为了使他的论战更加尖刻,他宣布,如果这本书出版了,那么他将首次收回出版了 3 次的"序言",还要收回第一部分里的"道德"。在他看来,他们似乎过分淡化了这本书的严肃性,甚至它可能被认为是一种撤回声明。我在这里引用"道德"的第一段:"这一切意味着什么?这意味着每个人应该安静地、发自内心地面对上帝,最严格意义上的基督徒意味着使自己谦卑,在上帝面前坦率地承认这一点如何与他同在,这样他就可以接受上帝给予每个不完美的人的恩典,也就是说,给每个人的恩典。然后没有进一步了;其余的人,就当专心办理自己的事,并且乐在其中,爱他的妻子,在妻子那里快乐,在高兴中抚养他的孩子们,爱他的同胞,在生活中喜乐。如果对他有进一步要求的话,上帝一定会让他明白,在这种情况下也会进一步帮助他;因为律法中可怕的语言是如此可怕,因为似乎人决定依靠自己的力量紧紧地抓住基督,而在爱的语言中,是基督紧紧地抓住他。所以,如果还有什么需要他做的,上帝一定会让他明白;然而这是对每个人的要求,在上帝面前,他应该根据理想的各种要求坦率地使自己谦卑。因此,我们应该一次又一次地去听它们无限的意义。成为一名基督徒已经变成了一件无价值的、纯粹的蠢事,变成了对每个人来说理所当然的事,变成了一件比最微不足道的灵巧把戏更容易滑进去的事情。"

我坚持这种道德——不仅是因为我个人需要恩典的安慰,而且因为我相信这是 S. K. 的思想中不可或缺的因素,他既是严厉的,又是宽容的。正如他本人声称的那样,他在以自己名义发表的讲演中表达了同情和宽容,而在公开攻击之前,他只通过假名表达严厉。

在这个合适的地方,我可以声称 S. K. 从广义上说是一个天主教徒,因为从这个词最好的意义上说,他是一个人文主义者。他反对宗教改革的片面性,更强烈地反对路德宗教会的每一种教派分裂。足够奇怪的是,他完全无视新教的加尔文分支,就好像它根本不存在一样。S. K. 预计,鉴于他的人生将在激烈的争论中结束,后人会认为他是一个脾气暴躁的、心胸狭窄的、倡导宗教狂热的人,尽管甚至在那时,他也没有为宗派利益而斗争,只为《新约》的基督教而战,他认为,他早期多产的审美作品应该足以驳斥这种错误的判断。他声称,审美在宗教阶段并没有被废除,只是被废黜了,他自诩在全神贯注于创作最具决定性的宗教作品时,他发表了对一位最受欢迎的女演员的一篇审美评论。

我们在理解他的作品时遇到的困难之一是,他的兴趣是如此多,而且他的文化如此广泛地人文。任何时代的神学家都不会对希腊和罗马的文化、早期的基督教作家、中世纪各种世俗的兴趣比较熟悉或者如此着迷,更不用说当代文学、音乐、现代戏剧,甚至是闹剧了。正是这种博大精深的人文主义,使 S. K. 在早期就批评了他在许多教会发现的"闷热的氛围",并且使他后来倾向于同情罗马教会。勃兰兑斯的观点可能并不完全正确,如果 S. K. 活得更久,他将别无选择,只能"要么跳进天主教的黑暗深渊,要么跳进自由的海角"——意味着他呈现的自由思想的领地。也许这是一个误解,但事实是,在他自己的时代,并且在随后的一个世纪,他促使许多人进入了罗马教会。

促使我发表这番评论的"道德",表达了天主教的一个非常典型的立场,无论 S. K. 是否意识到了这一点。我无法在这里追究更遥远的暗示;但是从本质上说,这意味着重新引入"**良心**"的概念,即"关于成圣的各种忠告"与每个基督徒必须履行的义务之间的区别。新教轻蔑地拒绝这种区别;其结果是,福音中更为严厉的格言不再是一种升华,而是一种降格,它们在字面上要求基督徒追随基督,经历苦难而成为殉道者。正如 S. K. 说的,"第一名的位置已经跌落,所以第二名的位置成了第一名的位置"——换句话说,"门徒"、"见证人"、圣人、殉道者甚至是修士的位置已经掉队,剩下的最高的东西即使可以作为一个理想,也是基督教界平均水平的基督教实践。这是 S. K. 对国教进行控诉的要点,"尤其是在新教中,更尤其是在丹麦";他要求的,只是国教通过其首席主教的口吻,承认通常灌输的基督教只是对人类弱点的一种温和的迁就。他认为,只有承认这一点,才会在这种情况下引入一点诚实,通过高举这个理想,人们会在他们的软弱中被教导,在恩典中得到庇护。然后,他准备对国教说:"你看见这大殿宇吗?将来在这里没有一块石头会留在石头上而不被拆毁……"他相信,他正在向明斯特主教提出为国教辩护的唯一方法。

本章的标题让人想起了 S. K. 在 1849 年用来描述他的危险位置时的表达:他正在"冒险远行"。那让平淡无奇的一年成为他一生中最激动的一年,即使不是最关键的一年的话。需要注意的一点是,尽管他感到恐惧与颤栗,尽管他在深渊的边缘蹒跚,尽管事实上,迄今为止,他还没有成功地克服自己的顾虑、没有大胆地完成自己承诺做的事情的一个实例——无论是结婚,还是从事他准备从事的职业——他现在冒险走了很远的路。我们将在下一章中看到,这次猛冲是决定性的。

第十八章

坚　　持

1852 年到 1854 年

虽然看起来很不可思议，但是我们正在交待的 S. K. 在当时是一个坚毅的人。在这 3 年里，他的日记比以往任何时候都更加浩繁，不再有关于他是否应该在国教寻求任命、这个任命是否会给他、他的钱能维持多久、他应该如何清晰地表达自己的想法等等令人极其痛苦的讨论。他已经下定决心，从此再也没有动摇过。从很早的时候开始，他就想解开一个极其复杂的结。我们同情地或者也不耐烦地看到，他在这方面作了多么长时间的、绝望的斗争；尽管他有最杰出的辩证技巧和最不懈的反思，他似乎无法解决那个问题。但是现在我们惊讶地见到，所有这些劳动没有白费，他已经得到一个简单的、清晰的、明确的解决方案，它事无巨细地说明了他迄今为止行为上的缺陷，并且准确地指出了分配给他人生的剩余几年的道路，事实上，这条道路已经终止，4 年后，在他坚定地执行他所理解的自己被指定为上帝和人类服务的明确任务时，他死了，这被他视为自己任务的恰当结束。

我引用了 1852 年 6 月这一时期开始时 S. K. 写的两个非常重要的条目中的几段话："事实上，我没有使自己的人生更舒适，没有试图保证自己的生计，人们可能会将其归因于骄傲和自大。是那样吗？那么，谁对自己如此了解呢？但是，如果是那样，或者至少是那样，我的想法是，只要以这种方式坚持下去，这个错误最终会显现出来,我必须承受自己的惩罚带来的痛苦。此外,我的想法如下:在我看来,我在道德上受到自己理解的东西的约束,即使只有最小的可能性,更高的兴趣也能要求我坚持下去。一旦我使自己的人生有限地安全(虽然我仍然有可能坚持更长时间),我就被限制住了,世俗的全部力量将立即理解的是,不再有任何危险。我持续地感觉到,我里面有某种更高层次的东西在激荡,我相信,我没有理由采取任何其他的做法,我将尽可能长时间地坚持下去,以便为它服务。如果我犯了一个错误——以上帝的名义!这种罪可以得到赦免,它的惩罚将在今生到来;但是如果我故意突然中止,可能这一点是真实的,我需要为自己的人生做点什么——如果我就这样突然中止……并且有某种更高的骚动会通过我来证明——啊,我将在永恒中首先发现这一点,那时为时已晚。"

"……现在我已经达到了 1848 年的那个点,但是我有了更高的理解。我理解了自己的异质性,理解了我与他人的不相似性。另一方面,我与基督教有一种直接的关系,所以我现在要遭受的苦难,并不属于对基督教是什么这个问题的智力热情方面的类目,而是属于为教义而受苦的类目,因此,在受苦的过程中,我得到了基督教的直接支持。

"必须强调的是追随基督——我必须保持与其他人的不相似性。哦,我的上帝,确实是祢将祢的手放在我身上,所以在我漫长的焦虑时期,我没有出发,也没有朝着相似的方向迈出一步,因此我犯了一种导致流产的罪(用当时日记里的强烈表述来描述我当时担心的事情),此外,我还纠缠于一件除了担心以外什么也不会发现的事情上,因为我在这件事情上不自在,最后,当我到达永恒的时候,这件事情可能会招致一个抗议。必须坚持'效法'。但是'没有权威'——这是而且仍然是我的范畴。

"哦,我的上帝,这一切现在多么清楚地摆在我的面前。祢已经为我无限地做了多少。我现在必须祈祷让自己摆脱的不是异质性,这不是任务,但是,哎呀,我永远不知道与他人一样存在的安全感。不,我仍然保持着不相似性。在那里,我与祢同在——我确实认识到与祢同在是蒙福的。唯一让我感到害怕的是,我认为这可能是一个不同的任务,我应该摆脱自己的不相似性——这种想法很可能是因为我想让自己的人生安然无恙。

"所以我是勇敢的、高兴的——确实不像1848年那样充满热情洋溢的高兴,因为当时对生计的焦虑更加遥远了——如果此刻我摆脱了对生计的焦虑,我应该再次欣喜若狂,因为所有的事情都是好的。然而,在过去的一年里,我遭受了太多的痛苦,不得不如此严肃地看待我的任务,毫无疑问,我已经有了很大的改变。然而,即使我有这样的经济上的焦虑,加上我对世界的了解使我能够描绘出将要发生的喧嚣,我很震惊、很快乐,也许更明确地说,和1848年的自信相比,我现在的自信更加宁静了。"

从那时起,没有任何复发,没有任何犹豫的症状,而犹豫是早期日记的如此痛苦的一个特色。他的职责越来越明确。1853年,他写道:"作为一个作家,我良心有些不安。让我准确地暗示一下自己的感受。有件事我确实得说出来,我的良心受到了太多的谴责,以至于(我觉得)我不敢在没有说出那句话的情况下就死去。在我死去并且因此离开这个世界的那一刻(我理解这一点),我将在同一秒内(这一秒的速度是如此之快!),在同一秒内,我将到达无限遥远的一个不同的地方,仍然在同一秒内(可怕的速度!)这个问题将会向我提出:'你是否已经**相当明确地**表达了这个明确的信息?'如果我还没有说出来,那该怎么办?……"

这些话不是在日记里写的,而是来自一篇为发表而写的文章,因此,他评论了自己作为一个作家在职业生涯中的每一步感到的勉强,却没有在这个明确的信息里清晰地说出来。每走一步,良心都在责备他。起初,他神秘地说出了这件事,然后他尽一切努力确保没有一个人注意到这件事。当他将这件事说得更清楚时,他更加努力地试图掩盖这种印象。在这一点上,他取得了成功,甚至在如此朴实的一本书《基督教中的训练》这个例子上取得了成功。我想,这是他不得不承认的最丢人的一件事,因为这意味着他要收回自己的假名,以及整套精心设计的"间接沟通"的手段。出于这个原因,它比其他任何段落都更好地显示了他在自知中达到的清醒程度。尽管如此,他当然不知道自己要做什么,1854 年 10 月,他对上帝说:"祢知道,祢还没有很清楚地告诉我必须做的事情。我只理解这么多,我必须坚持下去。"事实上,在这 3 年里,他除了坚持下去,别无选择。在他人生的最后时刻,他用这些比喻来表达自己的处境:

"想象有一只训练有素的大猎犬。他陪着主人去拜访一户人家,在我们这个时代,这户人家经常聚集着一群行为不端的年轻人。他们的眼睛几乎没有停留在猎犬身上,然后他们开始以各种方式虐待它。这只猎犬训练有素,而这些年轻人却并非如此,它立刻用眼睛盯着主人,以便从他的表情中弄清楚它要做什么。它明白这一瞥意味着自己要忍受所有的虐待,它确实接受了这一点,仿佛这完全是他们对它的善意似的。于是,那群年轻人当然变得更加粗暴,最后他们一致认为,这一定是一条极其愚蠢的、能够忍受一切的狗。

"与此同时,这条狗只关心一件事:主人的目光会命令他做什么。瞧,这目光突然改变了;它意味着——猎犬立刻理解了——使用你的力量。就在刹那间,它一下子抓住了那个块头最大的笨蛋,将他扔到地上,现在任何人都无法阻止它,除了主人的目光——而这一刹那,他还是和刚才一样。——我也一样。"

然后他在这后面附了另一番描述:

"你有没有见过一只猎犬——浑身是血,由于在狐狸洞里挣扎而失血过多、筋疲力尽?然而,它并没有放手。它用尖牙咬住狐狸,然后它死了。我也筋疲力尽了,但是我没有放弃自己的思想,我没有让自己的人生更舒适,这只会使我需要的东西变得不那么明显。正如我经常说的,'必须尽快打结'[也就是说,如果一个人想有效地缝合,就必须将线的末端打结——就像他曾经提到父亲的死,现在他有了对自己死亡的想法]……授讲课的习惯不能被一种新的学说阻止,只能被一种人格阻止。"

在这个漫长的停顿中,S. K. 当然不是无所事事。他在"给枪装填子弹",或者更确切地说,他在日记里或者活页纸上写下了一些观察结果,这些观察结果在发动进攻时可能会派上用场,而且无论如何,它们都提供了朴实地说话和尖锐地说话的实践。从某种意义上说,他从来没有比这个时候更是一个诗人,因为他知道如何使用各种重要的意象来表达自己针对国教的毁灭性的论战。

关于 S. K. 与马滕森教授和明斯特主教的关系,我必须参考自己更厚的那一本书,他们必然是 S. K. 首要的攻击对象,因为他们是国教最杰出的拥护者;然而在这里,我必须强调,对这两个人的攻击并非出于个人敌意的鼓动。诚然,S. K. 从来都不喜欢马滕森,但是他公开为马滕森辩护,反对诽谤者们,S. K. 声称马滕森不仅是丹麦最杰出的神学家,而且在德国任何一所大学都会大放异彩。S. K. 比他那个时代的每一个人都更崇拜明斯特,他以一种独特的虔诚爱着明斯特——哎呀,这注定是一种不幸的爱,就像他对蕾琪娜的爱一样。在公开的攻击中,这些人必须被点名,在日记里他们通常被称为"教授"和"主教"。我在这里引用暗示马滕森的(省略了引号)3 个条目,还有 1 个条目只是在标题中提到了明斯特主教。

教授

让我们以数学为例。例如,一位著名的数学家完全有可能成为他的科学的殉道者——因此,没有什么能阻止我成为他揭示的东西的教授;因为在这种情况下,最重要的是教导、是科学知识的获取,教师的个人生活对他们来说是偶然的。

但是,在伦理-宗教方面,尤其在基督教方面,没有任何教导在这个意义上说是本质的东西,人也不是偶然的东西;在这种情况下,效法是必不可少的。因此,与其追随基督或者使徒受苦受难,不如成为教授,这是多么荒谬,他是哪方面的教授?为什么,事实上基督被钉死在十字架上,使徒们被鞭打。要是在各各他有一位教授,他可以立刻自封为——神学教授吗?是的,你看,在那个时候神学还没有出现,因此在那个时候,很明显,如果一个人要成为什么事情的教授,那一定是基于基督被钉死在十字架上的事实。然后他成为教授,研究另一个人被处死的事实。让这样一位教授参加整个运动,可能会很奇怪。所以他首先成为教授,研究基督被钉死在十字架上的事实。这一点是从使徒们开始的。然后,彼得与雅各[原文如此]在公会面前受审,然后被鞭笞——这立刻变成了一个新的经文段落,而这位教授在同一天成为研究彼得与雅各被鞭笞这个事实的教授。因此,公会禁止使徒们传讲基督。使徒们怎么办呢?他们没有让自己偃旗息鼓,而是继续他们的传道,因为一个使徒必须比人们更敬畏上帝——教授也没有让自己偃旗息鼓;他成为教授是基于彼得与雅各的事实,尽管他们遭受了磨难,却不让自己在传扬真理上受到限制。教授更喜欢的应该是这个新的经文段落,而非上帝和真理。

教授不停地跟进。事实上,这也提示了教授追随的是什么——他们追随时代,而非追随或者效法基督。假设当神学还没有出现的时候,就有一位当代神学教授,那么人们能够审查使徒行传,通过观察他当时研究的东西来定位。所以它以使徒被钉死在十字架上作为结束——教授成了使徒被钉死在十字架上这个事实的教授。之后,教授镇静地、平静地离开了这个世界。

看哪,当所有这些科学方法变得过于自以为是和自命不凡时,这就是结束它的方法:人们抓住"教授",将他放在外面,直到他承认[即承认整件事情不是真正的基督教]——然后整个现存的制度也可以继续存在。

在任何情况下,"神学教授"是构成基督教界的一个点:在同样的程度上,"教授"被认为是最高的东西,在同样的程度上,人们在基督教中是最容易迷失方向的;通过"教授"的判断,人们可以看到基督教界的地位和基督教的灭亡。

在《新约》中可以找到一些段落,人们可以依据这些段落为主教、长老和执事辩护(无论目前的例子与原始情况多么相似),但是在《新约》中,人们很难找到提到神学教授的段落。因此,如果在那段经文中说上帝指派一些人做先知、一些人做使徒、一些人做牧师,要是加上一些人做神学教授,人们会不由自主地笑起来。或许恰好也能读到,上帝指派了一些人做枢密院议员。"教授"是基督教后来的发明。这确实是基督教一项后来的发明,它大约是基督教开始倒退的时候发明的,"教授"上升的顶点正好与我们这个完全废除基督教的时代吻合。

加略人犹大

基督亲自对他说了一句可怕的话:"如果这个人从来没有活过,对他来说更好。"但是,当基督教世界的一切都被安排好了,当犹大成为可能最黑暗的人时,我还是可以说,我可以想象他的整体品质会更糟。因此,正如我想象的那样,加略人犹大并不像现实中那样是一个绝望的人,他本来不会在愤怒的瞬间为了微不足道的30块银币出卖他的主人——在这个小小的金额里有一种宽慰,在他可怕的结局里也有一种宽慰。不,犹大是一个更有文化的人,也更冷静,对人生和利益有更精明的理解。于是他去见大祭司,对他们说:"我愿意背叛他。现在听听我的条件。我不在乎一次得到一大笔钱,几年后我可能会挥霍这笔钱。不,我希望每年都能得到一些钱。我是一个年轻人,健康而强壮,和所有人一样很可能长寿——我希望(结婚和拥有家庭)过上令人愉快的生活,有大把享受的机会。这就是价码。"根据我的观点,这是一种更令人厌恶的整体品质——我也不相信在更早的时期会发生如此令人厌恶的事情,它是留给我们的智力时代的。很容易看出,我将犹大描绘成一个有一点**效法**教授的人……

如果我是明斯特主教同时代的人，会有什么感受

想象有一艘非常大的船，如果你愿意的话，它比我们目前最大的船还要大，假设它能容纳1 000名乘客，当然它配备了可能是最大规模的便利、舒适、奢侈等等。天快黑了。在船舱里，他们玩得很欢乐，一切都被照得最光鲜亮丽，一切都闪闪发光；总之，一切都很欢乐，所有人都很振奋，他们没有放弃欢乐的喜悦和骚动，一直持续到夜晚。

船长站在桥楼上，在他旁边的是大副。后者取下自己的眼镜，递给船长，船长回答说："没有必要，我能很清楚地看见地平线上的白色斑点——这将是一个可怕的夜晚。"于是，他以一个有经验的海员应有的高贵而无畏的沉着下达命令："船员们将整夜待在甲板上；我将亲自担任指挥。"然后他去了自己的铺位。他带的藏书不多，但是他有一本《圣经》。他打开了它，奇怪的是，他打开它的时候正好看到这句经文："今夜必要你的灵魂。"奇怪！经过一段时间的灵修以后，他为了值夜班而穿戴整齐，现在他已经彻头彻尾地成了熟练的水手。然而在船舱里，欢乐仍在继续；歌声回荡、音乐和噪声、盘子和酒瓶的碰撞声、香槟闪闪发光、船长喝得烂醉如泥，等等，等等——"这将是一个可怕的夜晚"，也许这个夜晚必要你的灵魂。

这难道不可怕吗？然而我知道一件更可怕的事情。一切都一样，只是船长是另一个人。在船舱里，一切都很欢乐，其中最欢乐的是船长。

地平线上有一个白色的斑点；这将是一个可怕的夜晚。但是没有任何人看到这个白色的斑点，也没有任何人猜到它意味着什么。然而，不——这不是最可怕的事情——有一个人看到了它，也知道它意味着什么——然而他是一个乘客。他在船上没有指挥权，也无法做任何决定性的事情。然而，为了做他唯一力所能及的事情，他给船长发了个口信，让船长到甲板上去一会

儿。有相当长时间的拖延；最后船长出来了，但是他什么也不听，只说了一句笑话，就急忙跑到舱房里和那群吵吵闹闹的、无忧无虑的人混在一起，船长喝得烂醉如泥，他沾沾自喜地应和着人们。那位可怜的乘客在痛苦的时候再次冒险去打扰船长；然而，船长现在甚至对他变得无礼了。毫无疑问，地平线上的斑点仍然没有改变——"这将是一个可怕的夜晚。"

这不是更可怕吗？对于那些粗心大意的、吵吵嚷嚷的乘客来说，这是很可怕的，只有船长一个人知道即将发生什么事——啊，然而重要的是船长知道这一点。所以更可怕的是，当只有另一个人看到和知道的时候……他只是一个乘客。

地平线上（从基督教的意义上说）有一个白色的斑点，这意味着一场可怕的暴风雨即将来临——我知道；但是，哎呀，我过去和现在都只是一个乘客。

想象有一个年轻的军官——我们可以想象他是一个能干的年轻军官。那里有一场战斗。我们的年轻军官指挥的是半个炮兵连。他看到了（我们可以想象他看得很清楚），他看到："我的 3 门大炮瞄准了那个地方——胜利是属于我们的。"然而就在那个地点（或者如果不是确切地在那个地点，但是在这样一个位置上，不可能训练如何向那个点开炮），正好站着他自己的将军，老陆军元帅弗里德兰和他的部下们。想象一下那个年轻人一定会遭受什么样的痛苦！"我很年轻，"他对自己说，"如果我能成功地使用自己的大炮，我的未来就会前途无量。啊，现在就是做这件事的时候！"转瞬即逝。"这是我自己的一块遮羞布，"年轻的军官说，"然而，只要我可以使用自己的大炮，就可以决定这场战斗了。哦，这确实很可怕，因为我自己的将军就站在那里，所以我无法成功地使用我的大炮。"

S. K. 的目标是描述基督教在基督教界中的可悲状态，他的"一个论点"是"基督教不再存在"，只要他开炮，他就会伤害老主教和接替他成为丹麦大主教的那位教授。我用 4 个条目作为这一章的结尾,它们以各种方式描述了国教的悲惨状况。可以看出,这些段落虽然不是专门为出版而写的,但是在形式上与在他书里发现的任何内容都一样完美,如果其中一些没有翻译成英语,那将是一件憾事。在德鲁翻译的日记里,可以读到这一时期写下的 30 条论战性的条目(可能只占其中的十分之一),我在此引用了其中一个条目。

一座基督教城堡

想象一下,有一座绝对坚不可摧的、为永恒而预备的城堡。

那里来了一位新的指挥官。他认为,在护城河上建造桥梁可能是一个好主意,以便能够攻击围城者。**好极了!** 他将城堡变成了一个郡政府所在地——然后敌人自然而然地占领了它。

基督教也是如此。他们改变了方法——自然而然地征服了世界。

基督教—国家

用一个象征举例。例如,当一个马车夫看到一匹 5 岁的、毫无瑕疵的、令人敬佩的马时,他会说:"不,那是一匹我无法竞价的马,我也付不起钱,即使我买得起,对我来说也是大材小用。"但是过了几十年,那匹好马现在又跛又瘸,等等,然后马车夫说:"现在我可以出价了,现在我可以付钱了,我可以充分利用它,或者说我可以利用它剩下的东西,我真的可以享受花一点钱喂养它的乐趣了。"

那么国家和基督教也是如此。当基督教第一次进入世界时,它有一种骄傲的神气——"不,"每个国家都可能会说,"我买不起那种宗教,不仅如此,而且我可以说,上帝保佑我买不起那种宗教,它肯定会毁了我。"但是,当基督教在几个世纪的过程中变得跛脚、胸部塌陷、通常将事情弄得一团糟时,国家说,"是的,现在我可以竞价了；凭借我的狡猾，我很好地觉察到，我可以从中获得如此多的用途和利益，我真的可以高兴地花点钱，将它擦得更亮一点。"

如果基督教感谢它的擦拭，而非重新成为它自己，从而使这个国家完善——"哎哟！上帝保佑我们！每个国家都可以看到，这种宗教在毁灭我。"马车夫稳赚不赔，他精明地买下了老马，他没有冒任何风险，牵引出租马车的 20 岁老马可以再次变成 5 岁的，根据马车夫的判断，任何马车夫都不配由它服务，正如国家不配由……万古长青的基督教服务。

家鹅——一个复兴式的沉思

假设鹅会说话是事实。然后它们会这样安排，它们可以有自己的宗教崇拜，可以有自己神圣的服侍。它们每个星期日聚在一起，由一只公鹅传道。布道的基本内容是：鹅拥有多么崇高的命运，造物主将多么崇高的目标（每次提到造物主的名字时，鹅都会行屈膝礼，雄鹅都会低头）摆在鹅面前；它借助翅膀，可以飞到遥远的、气候舒适的地区，那才是它真正的家，它在这里只是一个陌生人。每个星期日讲的都是这个。聚会一结束，每只鹅就摇摇摆摆地回家处理自己的事情。下一个星期日又去做礼拜，然后回家——这就是它的结局，它茁壮成长，变得丰腴而滑嫩——然后在圣马丁节前夜被吃掉——这就是它的结局。

这就是它的结局。尽管星期日的演讲听起来如此崇高，鹅群在星期一还是准备向彼此讲述发生在一只鹅身上的事情，这只鹅希望认真地利用造物主给它的翅膀，它的翅膀是为了实现向自己提出的崇高目标而设计的——它出了什么事？它遭遇了多么恐怖的死亡。鹅群之间心知肚明地谈论着它。但是，当然，在星期日谈论它是不适宜的，因为，它们说，这样就会变得很明显，我们的神圣崇拜实际上只是在愚弄上帝和我们自己。

然而，在这些鹅群中，有一些个体看起来正在承受痛苦，而且变得越来越瘦。关于它们,当时在鹅群中流传着这样的说法,"当你认真对待飞行的时候,你可以看到飞行将引领你去向何处。因为它们的心被想要飞的念头占据,所以它们变得消瘦,无法茁壮成长,无法像我们这些变得丰腴而滑嫩的鹅一样得到上帝的恩典。"

所以下个星期日,它们又去敬拜上帝,老鹅传讲造物主摆在鹅面前的崇高目标(这里鹅再次行屈膝礼,雄鹅低头),也就是为什么造物主要设计翅膀。

所以,基督教界神圣的崇拜也是如此。人也有翅膀和想象力……

当有人读到这篇文章时,他说,"文章很漂亮"——最后,他摇摇摆摆地回到自己的事情上,变得(或者无论如何竭尽全力)丰腴、滑嫩、肥胖——然而在星期日,教区牧师讲道讲什么,他就听什么——就像鹅群一样。

圣灵

不像嘲笑者和自由思想家大胆声称的那样,也不像那些正在经历绝望或者反叛的人叹息或者喧闹地说的那样,不存在这样一种圣灵,当一个人唤起圣灵时,它会完全地新造一个人,更新他,给他克己的各种力量,尽所有可能克己。不,事实并非如此。这样一种圣灵真的存在。然而事实是,对于一个意识到这一点的人来说,呼唤这种圣灵是一件非常可怕的事情,以至于他不敢这样做,尤其是因为他从童年时代就被恩典宠爱着,被告知一切都被宽容地宠爱着。因为这样一来,他必须对上帝有一个完全不同的概念,而且,啊,他的祈祷必须完全不同于他童年时代习惯的那种祈祷,那曾经是让他蒙福的愉快。

用一个象征举例。有一匹长有翅膀的马,除了翅膀,它还有无限的速度,一旦你骑上它,你就距离这个世界超出了一个世界那么远,你远离了这个世界的思维方式、人生、观念和你对自己同时代人的理解。自由思想者、嘲笑者和经验不足的人都在警惕地否认这样一匹马的存在——然而他们都带着虚伪的伪装,如果这样一匹马真的存在,他们早已准备好随时骑上它。

而且,啊,这就是我们基督教界中仍然有基督教信仰的所有人面临的困难。我们无法否认这样一匹马的存在,它只是在等待我们完全地骑上它——然后它一定会做好剩下的事情。

第十九章

合神心意的讽刺

1854 年 12 月 18 日到 1855 年 9 月 25 日

当到他说话的时候，S. K. 确实说了自己必须说的明确的事情，他说了一遍又一遍，而且说得非常明确。从本质上说，他只有一个论点，那就是"基督教不再存在"。"哦，路德，"他呼喊道，"你写了《九十五条论纲》——太恐怖了！然而，从更深的意义上说，这些论纲越多，事情就越不可怕。现在的情况要糟糕得多——我只有一条论纲。"但是这个论点被滔滔不绝的讽刺伴随和阐释。他攻击丹麦国教、含蓄地攻击作为一个整体的基督教应该是广为人知的，无论它可以在哪里满足地找到庇护。事实上，它是第一份被翻译成德语和意大利语的东西——为的是反教权主义或者反基督教。那是一个误解，出于一种非常不同的兴趣，我渴望看到它被翻译成英语——现在 S. K. 的其他作品已经为人所知，这一点也不会被误解。此刻，这是他的作品中唯一没有找到翻译者的重要部分，如果没有其他人愿意承担这项任务，我将承担下来，尽管我不会急于去承担，因为我已经尽了自己的一份力，并且想要松一口气。它必须为人所知，因为它是一个合神心意的讽刺，重要的是神职人员至少应该听到它。这是一个合神心意的讽刺——因为在 S. K. 临终前，他对自己的老朋友博伊森牧师说："你必须注意，我一直正好是从基督教的内部去看。这是针对国教的唯一值得注意的讽刺，它不是由一个局外人和一个反对者写下的。然而，它是讽刺。因此，它是片面的、夸张的。"当博伊森牧师试图让他收回一些声明,声称这些声明"与现实不符,而且比需要的声明更为严厉"时,S. K. 耐心地回答,"所以它一定是这样的,否则是徒劳无益的;我肯定——当炸弹爆炸时,一定是这样的。"这个攻击不仅是片面的,而且我的印象是 S. K. 有充分的理由可以夸口说,"对方总是在我身上找到它最热情的拥护者",从这个意义上说,他在激烈的争论中不再是辩证的,他没有看到或者不允许自己看到"另一方"。

争论是如此尖锐,以至于当炸弹爆炸时,他等待 3 年以来积累的材料没有多少是合适的,这次攻击不得不直接针对瞬间的需要。然而他的足智多谋是无限的。他在这 9 个月里发表的作品占据了他最新版本全集的 369 页。然而这并没有他在过去 5 个月的等待中在日记里写的文字那么多。S. K. 是一个多产的人;他写了很多厚书,而且经常漫无边际地写作。他现在写的一切都是辛辣的、简明的,写给街上的人,写得让奔跑着的人都能阅读。它产生了巨大的影响,这种影响更为深远,因为它引起了人们对他后来作品的关注,而在这场斗争中出版的新版《基督教中的训练》增加了它的分量。虽然这无助于摧毁国教,却颠覆了主教明斯特高大的形象和马滕森太引人注目的形象。

但是在这个初步的定位之后,我必须从头开始。

尽管 S. K. 不愿意在老主教还活着的时候就开始攻击,但是他有很多次都想这么做。因为他怎么能确定自己会比主教活得更久呢?或者说他已经所剩无几的钱和财产还能维持多久呢?明斯特主教于 1854 年 6 月 30 日去世,7 月 7 日下葬。在 7 月 5 日,葬礼之前的那个星期日,马滕森教授发表了官方悼词,称这位"不可替代"的主教(他希望取代明斯特主教)是"一位真正的真理见证人,不仅在话语和职业上,而且在行为和真理上",他是"从使徒时代开始的神圣的见证人链条"的一部分。S. K. 毫不怀疑,马滕森如此强调和高度颂扬"真理的见证人"这个词,并且使用它,是为了激怒自己,S. K. 将它作为攻击的信号。他立刻写了一封严厉谴责马滕森的信,在里面揭露了已故主教的严重缺点,并且持续不断地问,教授说的是否是**真理**。这封信写好后发表在一份日报上,日期是 1854 年 2 月。但是,出于非常微妙的荣誉问题,他将稿件拿了回来。他觉得,在马滕森被任命到那个空缺的职位之前,他还不能公开对马滕森进行这样的攻击,如果没有这样的干涉,他肯定会发表这篇文章。马滕森于 4 月 30 日被任命为主教——并且于 6 月 5 日被祝圣——直到为举行纪念已故主教的活动而开始的民众捐款完成,S. K. 才开始感到自由。如果不是因为这样的耽搁,他的等待时间会缩短将近一年。

直到 1854 年 12 月 18 日,他才在《祖国》上发表自己在 2 月写的攻击材料,然而他还是以原始日期出版了这本书,以显示他已经等待了多久。这引起了人们最大的震惊——同时也引起了难以置信的惊讶。因为 S. K. 一直被认为是保守派,是教会和国家的忠实支持者;他同时代的人只能假设他已经疯了。所以今天人们经常这样认为。因为除非他失去了理智,否则如此虔诚的人怎么可能攻击教会呢?他是在这次攻击中去世的,这一事实使人们更加怀疑这一切都是他疾病的一种症状。但是,这次攻击的非凡能力,以及他在 9 个月内集中力量进行攻击的能力,足以证明他的精神是健全的;而我们这些追随他一生的道路直到现在的人,能够觉察到他从未如此理智,他对国教的攻击是自己所有思考的合乎逻辑的、必然的结果。

他从打下一个楔子的薄薄的边缘开始,将论战的范围缩小到两个人,这不是他这场运动最开始的计划的一部分,他继续在《祖国》上发表了 20 篇文章——平均每周一篇——这逐渐扩大了讨论的战场。最后一篇在 5 月底出现之前,他发表了一本单独的小册子,他称之为"哭喊",指的是《马太福音》25 章 6 节。其要点可以用寥寥几个词表达出来:

这是必须说的;所以我将它说了出来

"不管你是谁,不管你的人生是怎样的,我的朋友——如果你现在停止参与(如果事实上你参与了的话)神圣崇拜的公开表演,你的罪就会越少,你就不会同流合污地将上帝当成一个傻瓜,也不会将并非新约的基督教称为新约的基督教,否则你的罪就会越多。"

日期是 1854 年 12 月 24 日,以表明他本打算从这个条目开始。S. K. 预计这将"带来一场大灾难"——他的意思是自己将被逮捕,可能被监禁,也可能被暴民处死。在这种情况下,他生动的想象力使他误入歧途。文化部部长碰巧是个聪明人,据说首相让人们知道,如果一个曾经对丹麦有过如此大影响的作家被逮捕,他会立即释放这个作家;在民众中,尤其是在这个国家的年轻人中,S. K. 找到了自己最热情的支持者们。大部分神职人员会感到恼怒;但是由于他们对 S. K. 的作品普遍一无所知,他们既无法理解这场冲突的全部内容,也无法作出任何适当的回答。大多数回复都是匿名的。马滕森主教在差劲地试图回应对自己的指控后,认为保持沉默会更有尊严。"国教,"S. K. 说,"是如此意志消沉,以至于人们可以朝它的脸上吐唾沫,然后它设法偷偷溜走。"毫无疑问,国教没有对他采取暴力行动让他感到失望——因为那将有助于他的奋斗目标。他想知道那些习惯于去教会的人们是否仍然会继续对他采取暴力行动。这表明,关于"午夜哭喊",他有一个盲点。在我看来,它似乎是他的这场运动最起不了作用的特征,如果这不是一个战术上的大错误的话。在他写下这篇"哭喊"之前,他本人是一个经常去教会的人。他没有错过明斯特主教的任何一次讲道,除了最后一次。当然,他也没有想到国教像耶利哥城墙那样倒塌了,因为他知道那是一台"喋喋不休的机器"。

"让我们来做一个思想实验,"他说。"如果一个人能够证明基督从未存在,证明使徒也从未存在,整个事情都是一个诗意的发明——国家或者会众没有采取任何行动,没有任何迹象表明会废止牧师们的生计,我宁愿看看有多少牧师会辞职。"他期待一场改革,因为它显然是必要的;但是他不知道它什么时候会来——它尚未到来。在一个标题为"我如何理解未来"的条目中，他说："当然，必须对许多事情进行改革，这将是一场骇人听闻的改革，与之相比，路德的宗教改革不过是一场玩笑；这将是一场骇人听闻的改革，它的口号就是：'在世上能找到信仰吗？'它的特征是，数以百万计的人将脱离基督教，这是一场可怕的改革；因为，事实上，基督教真的已经不存在了，而当一代人被幼稚的基督教宠爱，被妄想自己是基督徒的虚妄观念迷惑时，他们不得不再次接受致命般的打击，即什么是成为一名基督徒，什么是做一名基督徒。"

在"午夜哭喊"之后，他在《祖国》上发表了最后一篇文章，然后开始出版一本薄薄的小册子，他将它称为《瞬间》，他要求公众订阅。它取得了巨大的成功，发行量超过了他一直在使用的那份日报，他可以肯定，只有对他的"恳求"感兴趣的人才会去买它。它大约每隔两周发行一次；每期大约有 24 页，包含大约七八篇简短的文章——当然都是 S. K. 写的。第九期是 9 月 24 日出版的，当他去世时，第十期正准备印刷。

在丹麦，这些小册子的影响是巨大的，它们被迅速翻译成了瑞典语。S. K. 又成为一个受欢迎的人物。"他是时候去死了，"戈德施密特在一个短评中说，"因为 S. K. 受欢迎的程度是他最不能忍受的事情。"自由思想家和教派应该理所当然地欢迎 S. K. 对国教的攻击，但是后续的发展证明，这些小册子在许多教会内部人士、甚至在许多牧师那里受到欢迎。从那时起，S. K. 作品的影响就是说服一些人相信他们没有恰当地属于教会，激励其他人成为更好的新教徒，并且诱使少数人成为天主教徒。

在这段冲突期间，S. K. 没有接待任何访客，没有回复任何信件，并且通常不与街上的任何人交谈。但是汉斯·布尔克纳说，他有若干次遇见 S. K. ，并且为他的表情和谈话表现出的信心和平静感到惊讶。

通过阅读一些节选，无法充分感知这场论战的特征；但我还是选择了 6 则节选。前 3 则来自《祖国》，另 2 则来自《瞬间》，最后一则来自还没有出版的那一期《瞬间》。

我想要的是什么

相当简单——我想要的是诚实。我没有，正如一个怀着许多最好意图的人想要代表我说的那样，我没有将基督教的严厉与基督教的宽容对立。

根本没有。我既不严厉，也不宽容——我……仅仅想要人的诚实。

我想要的是诚实。如果那是这个民族和这一代人想要的，如果它将正直地、诚实地、坦率地、公开地、直接地反抗基督教，并且对上帝说，"我们可以，但是我们不会让自己屈从于这个权威"——但是请注意，必须正直地、诚实地、坦率地、公开地、直接地完成反抗——那么好吧，尽管反抗看起来很奇怪，我要支持反抗；因为我想要的是诚实。无论哪里有诚实，我都可以参与。只有当一个人诚实地承认什么是基督教，以及承认他与基督教的关系时，才能对基督教进行诚实的反抗。

那么，神职人员为自己做了些什么呢？他们做的是（我很抱歉被迫如此有礼貌，然而这是真的）保持一种意味深长的沉默。奇怪的是，如果他们回应了，肯定会说出一些愚昧的东西来，也许他们曾经说过的所有话都是愚昧的；相反，由于这种意味深长的沉默，整个事情变得多么意味深长。那么这种沉默意味着什么？这意味着神职人员关心的是自己的生计。无论如何，它意味着神职人员不是真理的见证人，因为在那种情况下，所有神职人员——尤其是在右派牧师马滕森主教说出这种话语的不幸尝试以后——他想要保持沉默，因为他的话语公开地证明官方基督教在审美方面和智力方面都是荒谬的、不雅的，这是不可想象的，是基督教意义上的丑闻。

另一方面，假设神职人员关心的是生计，这种沉默是完全可以理解的。因为我攻击的目标不是有限意义上的生计；神职人员对我很熟悉,但是他们一定知道,这样的事情永远不会发生在我身上,我不仅不是一位政治家,而且我讨厌政治,如果有人在有限的意义上攻击那些人的生计,我可能真的倾向于为神职人员而战。

因此,这种完全的沉默——我的攻击并不真正涉及神职人员,也就是说,我所攻击的东西与他们关心的事情没有任何关系。举一个例子——我差点口误说"另一个世界"——举一个来自同一个世界的例子,商店店主的世界。假设有可能对一个商人进行攻击,证明他的商品是坏的,然而这对他的各种商品的惯常营业额只有最小的影响,那么他会说,"这样的攻击对我来说完全无关紧要;我的各种商品是好是坏与我本身无关,那是它自己的事情;记住,我是一个商人,我关心的是营业额。事实上,我在很大程度上是一个商人,如果一个人不仅可以证明我卖掉的咖啡已经损坏和变质,而且我以咖啡的名义出售的根本不是咖啡——只要我确信这样的攻击对营业额不会有任何影响,这样的攻击对我来说就是完全无关紧要的。对我来说,人们在咖啡的名义下大口大口地喝着什么样的东西,这有什么关系呢?我关心的只是营业额。"

真理的见证者

这就是重点——可以证明,新主教借此将明斯特主教封为圣人,使整个国教成为一种厚颜无耻的不雅。

因为如果明斯特主教是真理的见证人,那么同样——即使是眼睛最瞎的人也能看到——这片土地上的每一位牧师都是真理的见证人。明斯特主教在审美方面的杰出和非凡与他是否是真理的见证人这个问题毫无关系,这个问题与人生、性格、存在有关,在这方面,明斯特主教与这片土地上的其他所有不违背公民正义的各种要求的牧师完全是同质的。因此,这片土地上的每一位牧师也都是真理的见证人。

的确,我认识几个人,他们都是最高尚、最能干、非常能干的神职人员,但是我大胆断言,在整个领域里,没有一个"真理的见证人",这并不滑稽可笑。

宗教状况

如果你愿意的话,我们有一支由主教、主任牧师和教区牧师组成的完整的守卫军,他们都是博学的、有才华的或者有天赋的学者。他们都怀着善意的热情宣称:要么将它做好、做得非常好、出奇地好,要么将它做得相对地好、无所谓地好、不好。但是其中没有一个人持守的是新约的基督教,甚至没有一个人是朝着新约的基督教方向努力的。但在这种情况下,基督教驻军的存在远远没有对基督教有利,实际上是一种危险,因为它很容易引起误解和错误的推论,即当我们有这样一支完整的驻军时,我们自然也就有了基督教。例如,一位地理学家在向自己保证存在这个驻军之后,会认为他完全有理由在自己的地理学中引入一个声明,基督教在这片土地上是盛行的。

我们有一份完整的清单,包括教堂、钟声、风琴、暖脚器、奉献箱、灵车等。但是当基督教不存在时,这份清单的存在,从基督教的角度来看,对基督教远远没有好处,实际上是一种危险,因为它很容易引起误解和错误的推论,即只要拥有如此完整的基督教清单,我们也就自然地拥有基督教。例如,一个统计学家在让自己确信基督教清单的存在之后,会认为他在统计学中引入一个声明是完全正确的。基督教是这片土地上最主要的宗教。

S. K. 对抑制自己、扑灭自己已经点燃的火焰的各种善意的努力感到恼火,他写下了这些:

消防队长会说什么?

在发生火灾的情况下也是如此。火几乎不会叫喊! 可以听到有一群人先冲到了现场,他们是善良的、亲切的、有同情心的、乐于助人的人;这个人有水罐,那个人有脸盆,另一个人有水枪,等等,他们都是善良的、亲切的、有同情心的、乐于助人的人,渴望为扑灭大火提供帮助。但是消防队长会说什么? 消防队长会说——当然,在其他场合,消防队长是一个令人非常愉快的、有教养的人;但是在一场火灾中,一个人可能会说他满嘴脏话,他说,或者更确切地说,他大声叫喊道:"带着你的水罐和水枪去地狱吧。"然后,当这些好心人可能被消防队长冒犯时,他们会认为他以这种方式对待他们是非常不恰当的,并且要求他至少要尊重他们,然后消防队长会说什么? 嗯,在其他场合,消防队长是一个令人非常愉快的、有教养的人,他知道如何向每一个人表示他应得的尊重,但是在火灾中,他表现得相当不同,他说,"警力到底在哪里?"当几个警察赶到时,他对他们说:"将这些带着水罐和水枪的该死的人赶走;如果他们不肯听好话,就在他们背上抹上一些污渍,这样我们就可以将他们赶走,并且开始工作了。"

弗雷德里克和朱莉安娜

　　一个活着的人——然后是朱莉安娜——弗雷德里克和朱莉安娜可以走到一起。哦,那些为基督教真理而产生的证明,这些有着鬼才的、深刻的和完全令人信服的证明——与朱莉安娜和弗雷德里克以这种方式走到一起的事实相比,它们又算得了什么呢? 如果弗雷德里克在任何时候都有这种想法,"我自己并不真正相信这种教义,然后我不得不向其他人传播它——"如果这样一些想法让弗雷德里克很挣扎,他得去找朱莉安娜,她可以将这些想法赶走。"亲爱的弗雷德里克,"她说,"只有让我们设法走到一起。你为什么要用这样的想法折磨自己? 像你这样的教区牧师肯定有 1 000 个;简而言之,你和其他人一样是个教区牧师。"

　　的确,朱莉安娜在为国家招募神职人员方面发挥了巨大的作用。因此,在介绍朱莉安娜和介绍生计时,他们应该小心谨慎。正如唐璜对泽林娜说的那样,真正的幸福可能只存在于一个无可指摘的妻子温柔的怀抱中,正如诗人和散文作家证明的那样,在这些温柔的怀抱中,人们忘记了世界的警报;然而问题是,在这些温柔的怀抱里,是否还有什么东西是人们过于容易忘记的——即,基督教是什么。随着年龄的增长,我越来越清楚地认识到,基督教已经陷入的胡扯在很大程度上是由于这些温柔的怀抱,尤其是在新教中,更尤其是在丹麦,事实上温柔的怀抱已经干涉得有点太多了,所以为了基督教的缘故,人们可能会要求这些温柔的怀抱各自的所有者们,退隐到更远的背景中一点吧。

下一段话,也就是 S. K. 这场论战中写的最后一席话,也是如此反讽的一席话,可悲的是,因为他突然生病,它没有发表。

你这个普通人!

新约的基督教是无限地高的,但是请注意,在这样的一种意义上它并不高,即这与人和人在智力方面的差异有关,等等。不,它对所有人都是"高"的。每一个人,绝对是每一个人,如果他绝对地愿意,如果他绝对地憎恨自己,绝对地忍受一切,忍受一切的痛苦(这里的每一个人都可以忍受,只要他愿意)——那么他就可以达到这个无限的高度。

你这个普通人! 我没有将自己的人生与你分开;你知道,我住在街上,所有人都认识我;此外,我没有获得任何重要性,我不属于任何阶级的利己主义,所以,如果我属于任何地方的话,我必须属于你,你这个普通人,你曾经(当一个人从你的钱中获利时,他假装希望你很好),你曾经非常愿意发现我和我的存在是可笑的,你至少有理由不耐烦或者忘恩负义,因为我是你的同伴;而确切地说,那些优秀的人没有理由这样做,因为我从来没有坚定地与他们联合起来，只是保持着一种松散的关系。

　　你这个普通人！我不会向你隐瞒这样一个事实，依据我的观念，做基督徒这件事是无限地高的，在任何时代，当一个人考虑到他生活的时代时，他自己的人生都证明了这一点，而他的布道词也表明了他是否按字面理解这一点。然而，对所有人来说，这是可能的。但是有一件事，我为了天上的上帝和一切神圣事物的缘故恳求你，避开教区牧师们……

第二十章

死亡与葬礼

1855 年 10 月 2 日到 11 月 18 日

　　当 S. K. 在忙《瞬间》最后一期的时候,他突然倒在地上不省人事。后来他走路有困难,然而,他恢复得足够好,可以照常散步。10 月 2 日,他倒在街上不省人事。他的双腿瘫痪了。他被送到弗雷德里克医院,他走进医院时说:"我将在这里去世。"他的病大概是由于脊柱的疾病引起的。他声称自己的病是心灵上的病,他们的物理治疗都是徒劳的。40 天后,他去世了。

　　在医院里,他受到了体贴入微的照顾,他认为,即便自己是一个在普遍规律以外活着的例外者,也应该以普通的方式死去。S. K. 不允许兄弟彼得进入自己的房间,乔德瓦德也不被允许,他是《祖国》的编辑,S. K. 一定与他发生了一场我们一无所知的争吵。但是 S. K. 允许两个姐夫克里斯蒂安和费迪南德·隆德进入病房,最受欢迎的客人是他们的孩子,S. K. 的侄子和侄女。彼得很少为他的兄弟说好话,只有一次,他评论说 S. K. "有当叔叔的特殊才能"。侄子和侄女都很喜欢 S. K.,亨丽埃塔·隆德在一本名为《对家的许多回忆》的书中,留下了一张她挚爱的叔叔索伦的迷人图画,描绘了他早前更幸福的时光,也描述了他在病床上的最后时光。当她走进病房时,从他脸上发出的光芒淹没了她:"我从来没有看见灵魂以这样的方式突破尘世的躯壳,并且赋予这躯壳一种荣耀,就像复活的早晨那变像的身体一样。"她的同父异母兄弟特罗尔斯·隆德在晚年成为一名杰出的历史学家,他清楚地记得在自己 5 岁的时候,他一生中最重要的经历之一是拜访索伦叔叔:"他握着我的两只手——他的两只手都很小,又瘦又苍白地透明——只说,'谢谢你的到来,特罗尔斯;现在再见了';而伴随着这些简单话语的,是我从未见过的一种表情。它从一种崇高和蒙福的光辉中照耀出来,在我看来,它使整个房间都亮了起来。一切都集中在这两只眼睛里,它是光明的源泉:发自内心的爱,悲伤因蒙福而消解,敏锐清晰的头脑,还有一个闹着玩的微笑。"亨里克·隆德是克里斯蒂安的儿子,当时是一名年轻的医生,在同一家医院当实习医生维持生计,对他的舅舅有深厚的感情。他悉心照料舅舅,却没有留下任何描述。

　　关于 S. K. 最后的那几天,我们从博伊森牧师那里得到了最宝贵的信息。博伊森牧师是 S. K. 年轻时的朋友,他每天都来看望他,直到 S. K. 行将就木时,博伊森才受召离开哥本哈根。作为一名忠实的牧师,博伊森对 S. K. 进行了一次教义问答式的审问,对一个垂死的人来说,这一定是一次非常艰难的审问,但是 S. K. 耐心地接受了审问。重要的是,他每天都会记录自己与 S. K. 的谈话。我已经引用过其中的一次,我在这里再多报告一些谈话,用引号来区分 S. K. 的回答。当被问到他是否不想领受圣餐时,他说:"我想领受,但不是从牧师那里。"那就很难做到。"我去世前不需要牧师的圣餐。"那是不对的。"我不会讨论这件事。我已经做出了自己的选择。然而凡事都要顺服祂。"当被问及他是否能够平静地向上帝祷告时,他回答说:"是的,我可以。所以,首先我祈祷的是上帝宽恕罪人们,他们都得到宽恕。然后我祈祷的是自己可以在死亡的那一刻免除绝望。接着,我祈祷的是自己如此渴望的东西,就是我提前知道死亡会在什么时候到来。"那么,这一切都是因为你们相信,并且在基督里投靠上帝的恩典吗?"为什么? 当然了,还有什么问题?"当博伊森说 S. K. 看起来很好,好像可以站起来走出去时,S. K. 回答说,"是的,唯一的问题是,我无法行走。然而事实上,还可以用其他交通工具将我抬起来；我曾经有一种成为天使并且获得翅膀的感觉；这确实是即将发生的事情：跨坐在云朵上唱歌，哈利路亚！"

　　S. K. 于 11 月 11 日去世。他的兄弟彼得急忙赶到哥本哈根。他的葬礼是一个棘手的问题，在哥本哈根最重要的教堂圣母教堂（也是主教大教堂）举行葬礼的决定，非常不恰当地解决了这个问题，11 月 18 日是一个星期日，届时最大量的人群将自由地前来。教区牧师们是皇家公职人员，而皇家公职人员与基督教没有关系。这是不对的，这不符合现实。当然，上帝是主权者；但是后来所有这些人都来了，为了他们的方便，他们想要安排基督教的各种事情——还有 1 000 名教区牧师——这样，没有人在蒙福地死去时能够不属于他们，所以他们成为至高无上的主权者，这完全超越了上帝的主权。彼得将进行布道。教堂在整点之前很久就挤满了人，许多看起来衣衫褴褛的人挤向棺材旁。除了彼得·克尔凯郭尔和主持牧师特里德以外，教堂里没有任何别的牧师，他俩负责在坟墓前主持葬礼。看来，可能会有一场群众抗议，反对国教以高压手段夺走这位拒绝国教之人的尸体。然而在最后一刻，一大群学生毅然挤到前面，在棺材周围站岗。彼得的布道非常巧妙，目的是消除群众的敌意，一切很平静地进行着。

　　在公墓，事情进展得并不顺利。亨利克·隆德声称自己有发言权，不仅仅是作为一个外甥，而且是作为一个因同情死者的思想而与死者有密切关系的人。他激烈地提出质疑，教会是否有权评价他的舅舅，他读了《启示录》里给不冷不热的老底嘉教会写的信，证明 S. K. 得到了《新约》的支持，他就《瞬间》第二期的一篇文章"我们都是基督徒"发表了评论。主持牧师提醒他，法律只允许接受过"按立礼"的授教的牧师在葬礼上讲话。于是，本来打算说话的拉斯穆斯·尼尔森教授耸了耸肩，离开了。天气很冷，人群逐渐散去。

　　S. K. 被埋在家族墓地里，但是没有人知道确切的地点。

彼得没有对那个点做任何标记,直到很久以后,索伦的名字才被刻在一块大理石板上,上面还有 S. K. 曾经从丹麦语赞美诗中选择的诗句,这块大理石板现在依然靠在他父亲墓碑的基座上。

第二十一章

克尔凯郭尔的遗言

　　每一个"智力的悲剧英雄"都一定会说一句遗言来阐明他人生的意义，并且使自己祭物的意义变得清晰。在《恐惧与颤栗》一书中，S. K.（或者沉默的约翰尼斯）是这样说的。因此，他探索过亚伯拉罕的遗言和苏格拉底的遗言。当然，他并非指一个垂死之人的最后那种含糊不清的呻吟；我也没有从医院的死亡记录里去寻找 S. K. 的最后一句话。他曾经很有远见，及时地说出了自己的遗言，并且将其作为一份"历史报告"记录在自己的日记里。我不应该怀疑他将什么视为自己的"遗言"，然而两段不同的文字似乎有同样的声称。尽管很久以前他就放弃了诗，但是这两段文字都以精湛的艺术手法表达了出来。我无法在两者之间作出选择，因此必须同时引用它们。第一则遗言形象地阐明了他人生的意义，第二则遗言更贴切地阐明了他的死亡。安徒生在"丑小鸭"的故事中讲述了自己的人生故事，这是一个奇怪的巧合。S. K. 在"野鹅"中讲述了自己的故事，他可能会成为一只家鹅的念头不符合他的经历。这两则"遗言"中的第二则是他在两年前有先见之明地写下的。

野鹅——一个象征

　　每一个对鸟类世界的生活有点了解的人都知道，他们之间有一种默契。当地面上有家鹅听到野鹅在空中飞的声音的时候,后者立刻意识到是怎么回事;在某种程度上,他们理解飞行意味着什么;于是,他们也开始行动起来,拍打着翅膀,咯咯地叫着,他们沿着地面扑腾了一小段距离——然后行动结束了。

从前有一只野鹅。秋天,当迁徙时间临近时,他注意到一些家鹅。他对他们怀有一种感情,在他看来,飞离他们似乎是一种耻辱,他希望能将他们争取到自己的身边,这样,当野鹅群要飞走时,他们会下定决心追随他。

为此,他想尽一切办法与他们接触,试图诱使他们飞得高一点,然后再飞得更高一点,希望他们能够追随野鹅群,从这种可怜的平庸生活中解脱出来,别再作为体面的家鹅在地上摇摇摆摆地走路。

一开始,那些家鹅觉得这很有趣;他们喜欢这只野鹅。但是他们很快就厌倦了他,所以他们对他说了尖刻的话,嘲笑他是一个爱幻想的傻瓜,既没有经验,也没有智慧。哎呀,这只野鹅将自己完全托付给了那些家鹅,他们甚至控制了他,他们的话也对他起了作用——这个故事的结局就是,这只野鹅变成了一只家鹅。

在某种意义上可以说,这只野鹅想做的事情很漂亮,尽管如此,这是一个错误;因为——这是规则——家鹅永远不会变成野鹅,但是一只野鹅很可能会变成家鹅。

如果说这只野鹅做的一切都值得称赞的话,他应该首先关注一件事:保护自己。当他注意到家鹅以任何方式控制他的时候——那么他就得离开,与野鹅群一起离开!

这句话也适用于天才——规则就是:家鹅永远不会变成野鹅,但是另一方面,野鹅很可能会变成家鹅——因此,野鹅要保持警惕。

这条规则不适用于基督教。毫无疑问,圣灵孕育的真正的基督徒与别人的区别,就像野鹅与家鹅的区别一样。但是基督教教导我们的是,一个人在人生中可以**成为**什么,然后就有希望将一只家鹅变成一只野鹅。所以,你和他们待在一起,只专注一

只家鹅,想要赢得这个个体的一种转变——为了天堂里上帝的
爱,你要注意这一点:一旦你看到家鹅开始获得控制你的力量,
你就撤退、撤退吧,与野鹅群一起离开! 免得最后你变成一只家
鹅,满足于一种可怜的境遇。

"被献祭的那些人",许多纠正措施

正如一个熟练的厨师说的那样,对于一道已经混合了大量
配料的菜,"它只需要一小撮香料"(我们可能很难从味道上判断
出这一小撮香料是否已经进入其中,但是厨师确切地知道它为
什么能影响以及如何影响整个混合物的味道);正如一位艺术家
针对由许多颜色组成的整幅画的色彩效果说的那样,"在那里,
在那个点上,必须用一丁点红色"(我们可能甚至很难发现那里
的红色,艺术家如此小心地抑制了它,尽管他确切地知道为什么
应该引入那一丁点红色),神圣统治也是如此。

哦,统治世界既是一项惊人的家务活,也是一幅宏伟的画。
然而祂,主,天堂里的上帝,表现得就像那位厨师和艺术家。他
说,"现在一定要放一小撮香料,一定要加一丁点红色。"我们不
明白这是为什么,我们几乎没有意识到,因为那点零碎的东西是
如此彻底地被整体吸收了。但是上帝知道这是为什么。

一小撮香料! 那就是说:在这里,一个人必须被献祭,他需
要使其他混合物带有一种特殊的味道。

这些是许多纠正措施。如果习惯于使用纠正措施的人变得
不耐烦,并且将纠正措施规范化,它就是一个可悲的错误。这是
一种让一切都变得混乱的诱惑。

一小撮香料! 从人的角度来说,就这样被献祭,成为那一小
撮香料,是多么痛苦的一件事情啊! 但是另一方面,上帝非常了
解祂选择以这种方式雇用的这个人,因此祂也知道,在内心他会
理解,如何将他被献祭变成一件如此蒙福的事情,在数千种不同
的声音中,每种声音都以自己的方式表达同样的事情,他的声音

也会被听到,也许尤其是他的声音会被听到,那是真正**深沉的**一个宣告:上帝就是爱。树枝上的鸟儿、原野里的百合花、森林里的鹿、海里的鱼、无数快乐的人,他们欣喜地宣告:上帝就是爱。然而在所有这些女高音的背后,正如男低音的角色所做的,我们可以听到来自被献祭的那个人发出的**深沉的**声音:上帝就是爱。

译成英语的克尔凯郭尔作品

1. *Either/Or*, Feb. 29, 1843, 792 pp., Princeton University Press 1944 in 2 volumes, the first by Mrs. Swenson, based on her husband's translations, the second by Walter Lowrie. [《或此或彼》,1843 年 2 月 29 日,792 页,普林斯顿大学出版社,1944 年,共 2 卷,第一卷由斯文森夫人依据她丈夫的翻译完成,第二卷由沃尔特·劳瑞译。]

2. *Either/Or*, Doubleday 1959, Anchor paperback A 181 a‑b, translated by David F. and Lillian Marvin Swenson and Walter Lowrie. Translations and notes revised together with a foreword by Howard A. Johnson. [《或此或彼》,双日出版社,1959 年,锚丛书平装本 A 181 a‑b,大卫·F. 斯文森、莉莲·马文·斯文森和沃尔特·劳瑞译。译文和注释一同被修订,并且附上了霍华德·约翰逊的导言。]

3. *Fear and Trembling*, 1843, Princeton University Press 1941, translated by Walter Lowrie. [《恐惧与颤栗》,1843 年,普林斯顿大学出版社,1941 年,沃尔特·劳瑞译。]

4. *The Sickness unto Death*, 1849, Princeton University Press 1941, translated by Walter Lowrie. [《致死的疾病》,1849 年,普林斯顿大学出版社,1941 年,沃尔特·劳瑞译。]

5. *Fear and Trembling* & *The Sickness unto Death*, Doubleday 1954, Anchor paperback A 30, translated by Walter Lowrie. Translation revised by Howard A. Johnson. [《恐惧与

颤栗　致死的疾病》,1954 年,双日出版社,锚丛书平装本 A 30,
沃尔特・劳瑞译。霍华德・约翰逊修订译文。]

6. *Repetition*, 1843, Princeton University Press 1941.
Harper Torchbook TB 117, 1964. Translated by Walter
Lowrie. [《重复》,1843 年,普林斯顿大学出版社,1941 年。哈珀
出版社,火炬丛书 TB117,1964 年。沃尔特・劳瑞译。]

7. *Edifying Discourses*, 1843‐1844, Augsburg Publishing
House 1948, Vols. Ⅰ‐Ⅳ, translated by David F. and Lillian
Marvin Swenson. [《造就人的讲演》,1843—1844 年,奥格斯堡出
版社,1948 年,共 4 卷,大卫・F. 斯文森和莉莲・马文・斯文
森译。]

8. *Edifying Discourses*, Harper & Row 1958,
Torchbook paperback TB 32, edited with an introduction by
Paul L. Holmer. Translated by David F. and Lillian Marvin
Swenson. [《造就人的讲演》,哈珀与罗出版社,1958 年,火炬丛
书平装本 TB 32,保罗・L. 霍尔默编辑,并且附上了他的导言。
大卫・F. 斯文森和莉莲・马文・斯文森译。]

9. *Philosophical Fragments Or A Fragment of
Philosophy*, 1844, Princeton University Press 1941.
Translated by David F. Swenson. Published for the American‐
Scandinavian Foundation. [《哲学片断或者哲学的一个片断》,
1844 年,普林斯顿大学出版社,1941 年。大卫・F. 斯文森译。
美国—斯堪的纳维亚基金会赞助出版。]

10. *Philosophical Fragments*, Princeton University Press
1963. Originally translated and introduced by David F.
Swenson; new introduction and commentary by Niels
Thulstrup; translation revised and commentary translated by
Howard V. Hong. [《哲学片断》,普林斯顿大学出版社,1963
年。最初由大卫・斯文森翻译,并且附上了他的导言;尼尔斯・
图鲁拉普提供了新的导言和评论;霍华德・V. 洪修订译文,评注

也由他翻译。]

11. *The Concept of Dread*, 1844, Princeton University Press 1944. Translated by Walter Lowrie; 2nd edition, translation revised by Howard A. Johnson, 1957. [《畏惧的概念》,1844 年,普林斯顿大学出版社,1944 年。沃尔特·劳瑞译;第二版,霍华德·约翰逊修订译文,1957 年。]

12. *Stages On Life's Way*, 1845, Princeton University Press 1940. Translated by Walter Lowrie. [《人生道路诸阶段》,1845 年,普林斯顿大学出版社,1940 年。沃尔特·劳瑞译。]

13. *Thoughts on Crucial Situations in Human Life*, 1845, Augsburg Publishing House 1941. Translated by David F. Swenson, edited by Lillian Marvin Swenson. [《对人生中关键情况的思考》,1845 年,奥格斯堡出版社,1941 年。大卫·F. 斯文森译,莉莲·马文·斯文森编。]

14. *Concluding Unscientific Postscript to the Philosophical Fragments*, 1846, Princeton University Press 1941. Translated by David F. Swenson and Walter Lowrie. Published for the American-Scandinavian Foundation. [《作为〈哲学片断〉之结论的、非科学性的附言》,1846 年,普林斯顿大学出版社,1941 年。大卫·F. 斯文森和沃尔特·劳瑞译。美国—斯堪的纳维亚基金会赞助出版。]

15. *The Present Age & Two Ethico-Religious Treatises*, 1846 & 1859, Oxford University Press 1940. Translated by Alexander Dru and Walter Lowrie. [《现时代》和《两个伦理的-宗教的论述》,1846 年和 1859 年;牛津大学出版社,1940 年。亚历山大·德鲁和沃尔特·劳瑞译。]

16. *Worlds of Love*, 1847, Princeton University Press 1946. Translated by David F. and Lillian Marvin Swenson. [《爱的作为》,1847 年,普林斯顿大学出版社,1946 年。大卫·F. 斯文森、莉莲·马文·斯文森译。]

17. *Works of Love*, Harper & Row 1962. Translated with an introduction and notes by Edna and Howard Hong. [《爱的作为》,哈珀与罗出版社,1962 年。埃德娜和霍华德·洪译,并且附上了导言和注释。]

18. *Purity of Heart*, 1847, Harper & Row 1938; revised edition 1948; Torchbook paperback TB 4, 1956. Translated by Douglas V. Steere. [《清心至于一事》,1847 年,哈珀与罗出版社,1938 年;1948 年修订版;火炬丛书平装本 TB 4,1956 年。道格拉斯·V. 斯蒂尔译。]

19. *Purify Your Hearts!*, C. W. Daniel Co. 1937. Translated by A. S. Aldworth and W. S. Ferrie. [《清心至于一事!》,C. W. 丹尼尔公司,1937 年。A. S. 奥尔德沃斯和 W. S. 费里译。]

20. *Consider the Lilies*, C. W. Daniel Co. 1940. Translated by A. S. Aldworth and W. S. Ferrie. [《对百合花的思考》,C. W. 丹尼尔公司,1940 年。A. S. 奥尔德沃斯和 W. S. 费里译。]

21. *The Gospel of Suffering & The Lilies of the Field*, Augsburg Publishing House 1948. Translated by David F. and Lillian Marvin Swenson. [《苦难的福音 田野里的百合花》,奥格斯堡出版社,1948 年。大卫·F. 斯文森和莉莲·马文·斯文森译。]

22. *Gospel of Sufferings*, J. Clarke 1955. Translated by A. S. Aldworth and W. S. Ferrie. [《苦难的福音》,J. 克拉克出版社,1955 年。A. S. 奥尔德沃斯和 W. S. 费里译。]

23. *Christian Discourses*, 1848, Oxford University Press (New York) 1938; Galaxy paperback 49. Translated by Walter Lowrie. This volume also contains: The Lilies of the Field and the Birds of the Air, 1849, and The High Priest—The Publican—The Woman that was a Sinner, 1849. [《基督教讲

演》,1848 年,牛津大学出版社(纽约),1938 年;银河丛书平装本
49。沃尔特·劳瑞译。这一卷还包括:1849 年的《原野里的百
合与天空中的飞鸟》和 1849 年的《大祭司—税吏——个身为罪
人的女人》。]

24. *Training in Christianity*, 1850, Oxford University
Press (New York) 1941. Translated by Walter Lowrie. This
volume also contains An Edifying Discourse, 1850. [《基督教中
的训练》,1850 年,牛津大学出版社(纽约),1941 年。沃尔特·
劳瑞译。这本书还收录了《一个造就人的讲演》,1850 年。]

25. *For Self-Examination & Judge for Yourselves!*,
Oxford University Press (New York) 1941. Translated by
Walter Lowrie. This volume also contains Two Discourses at
the Communion on Fridays, 1851, and The unchangeableness
of God, 1855. [《自我省察　自我判断!》,牛津大学出版社(纽
约),1941 年。沃尔特·劳瑞译。本卷还收录了 1851 年的《星期
五圣餐会上的两个讲演》,以及 1855 年的《上帝的不变》。]

26. *Attack upon "Christendom" 1854 - 1855*, Princeton
University Press 1944; Beacon Press paperback 1956. [《对"基
督教界"的攻击 1854—1855 年》,普林斯顿大学出版社,1944 年;
灯塔出版社平装本,1956 年。]

27. *The Point of View for My Work, as an Author*,
1859, Oxford University Press (New York) 1939; newly edited
with a Preface by Benjamin Nelson, Harper & Row 1962,
Torchbook paperback TB 88. [《作为作者对我作品的观点》,
1859 年,牛津大学出版社(纽约),1939 年;新编本提供了本杰
明·纳尔逊所作的序言,哈珀与罗出版社,1962 年,火炬丛书平
装本 TB 88。]

28. *On Authority and Revelation*, Princeton University
Press 1955. Translated with an introduction and notes by
Walter Lowrie. [《论权威与启示》,普林斯顿大学出版社,1955

年。沃尔特·劳瑞译,并且附上了导言和注释。]

29. *Johannes Climacus*, Stanford University Press 1958. Translated with an assessment by T. H. Croxall. [约翰尼斯·克利马科斯,斯坦福大学出版社,1958 年。T. H. 克罗萨尔译,并且附上了一则评价。]

30. *The Concept of Irony*, 1841, Harper & Row, forthcoming. Translation and introduction and notes by Lee M. Capel. [《论反讽概念》,1841 年,哈珀与罗出版社,待出。李·卡佩尔译,并且附上了他的导言和注释。]

文选与选集

31. *The Journals of Kierkegaard*, Oxford University Press (New York) 1938; Harper Torchbook edition forthcoming. Edited and translated by Alexander Dru. [《克尔凯郭尔日记》,牛津大学出版社(纽约),1938 年;哈珀出版社火炬丛书,待出。亚历山大·德鲁编译。]

32. *The Journals of Kierkegaard*, Harper & Row 1959; Torchbook paperback TB 52. Edited and translated by Alexander Dru (an abridgment of No. 31). [《克尔凯郭尔日记》,哈珀与罗出版社,1959 年;火炬丛书平装本 TB 52。亚历山大·德鲁编译(节选自第 31 本日记)。]

33. *Kierkegaard's Diary*, Philosophical Library 1960. Edited by Peter P. Rohde, translated by Gerda M. Andersen. [《克尔凯郭尔日记》,哲学图书馆出版社,1960 年。彼得·罗德编,格尔达·安德森译。]

34. *A Kierkegaard Anthology*, Princeton University Press 1946; Random House (Modern Library) 1959. [《克尔凯郭尔选集》,普林斯顿大学出版社,1946 年;兰登书屋(现代图书馆),1959 年。]

35. *Kierkegaard*, Cassell 1955. Selected and introduced by W. H. Auden. [《克尔凯郭尔》,卡塞尔出版社,1955 年。W. H. 奥登选文,并且附上了导言。]

36. *The Living Thoughts of Kierkegaard*, David McKay 1952. Edited by W. H. Auden. [《克尔凯郭尔鲜活的思想》,大卫·麦凯出版社,1952 年。W. H. 奥登编。]

37. *Selections from the Writings of Kierkegaard*, The University of Texas Bulletin, No. 2326, 1923; revised edition, Doubleday 1960, Anchor paperback A 210. Edited and translated by Lee M. Hollander. [《克尔凯郭尔作品选》,《得克萨斯大学公报》,第 2326 期,1923 年;修订版,双日出版社,1960 年,锚丛书平装 A 210。李·M. 霍兰德编译。]

38. *The Prayers of Kierkegaard*, University of Chicago Press 1956; Phoenix paperback 1964. [《克尔凯郭尔的祈祷》,芝加哥大学出版社,1956 年;凤凰丛书平装本,1964 年。]

39. *The Witness of Kierkegaard*, Association Press 1960. Edited and translated by Carl Michalson. [《克尔凯郭尔的见证人》,联合出版社,1960 年。卡尔·迈克尔森编译。]

40. *Meditations from Kierkegaard*, Westminster Press 1955. Edited and translated by T. H. Croxall. [《克尔凯郭尔的冥想》,威斯敏斯特出版社,1955 年。T. H. 克罗萨尔编译。]

克尔凯郭尔的作品是如何
被翻译成英语的

  牛津大学出版社的查尔斯·威廉姆斯先生从一开始就热心地支持将 S. K. 的作品译成英语出版,几年前他向我提议,我应该写一本关于这个故事的薄书。虽然这个故事包含了一些有趣的情节,但是一整本关于这个故事的书会显得很自命不凡,我认为,正因为事实上我在这项事业里出类拔萃,所以一想到要讲这个故事,我就很害羞。然而终究找不到其他能讲述这个故事的人。现在也是如此,当这个版本的传记几乎完成的时候,讲述这个故事的理由就更加明显了,而且,就如我在序言里说的,这里有一个机会,它本身的呈现就是在讲述这个故事,而不必宣称它有过分的重要性。将它视为"垫脚料"的可能是,人们说没有人想购买它,也没有人被要求去读它。我或许可以用这句说明性的文字来恰当地介绍它:它可能与谁有关。

  在讲述一个可能只涉及 S. K. 向自己说明的"那个单独的个体"的故事之前,我要简明扼要地描述一下将克尔凯郭尔作品译成英语的现状,在这个节骨眼上,可能不止一个人对此感兴趣,即使还有很多人对此并不感兴趣。从随后的两份列表中可以看出,有 6 家出版社参与了 S. K. 译著的出版,另外有 5 家出版社出版了关于他的东西。这里我没有考虑那些书评文章,我只列出了专门讨论 S. K. 的书。可以看出,牛津大学出版社负责出版了 10 本厚薄不均的书,包括德鲁翻译的那本厚厚的日记选和我写的厚厚的传记,此外还有我的 3 本书,它们囊括了最初单独出

版的 6 部作品——除了《日记》以外,总共已经出版了 16 本
S. K. 的译著。虽然不是很明显,但是普林斯顿出版社最终负责
出版了大量的译著,这套书总共有 7 本,其中有 3 本是 S. K. 最
厚的作品。位于明尼阿波利斯的奥格斯堡出版社紧随其后,以 7
本书位居第三。值得赞扬的是,其中 4 本是译著。哈珀出版社
出版了 1 本译著,丹尼尔出版社出版了 1 本译著,而存在时间并
不长的龙出版社在当时也出版了 1 本译著。第二份名单显示,
还有 5 家出版社出版过关于 S. K. 的书籍,为了使这些名单更加
简洁,我用"Oxon."表示牛津大学出版社,用"Prin."表示普林斯
顿大学出版社,用"Augs."表示奥格斯堡出版社。一本书的页数
(有时我只是估计一下)只能大致反映它的厚薄,因为根据尺寸
和字体的特征,一本书的页数会有很大的差异。尽管这些译著
没有考虑作品最初出版的顺序,然而现在我可以按照 S. K. 创作
的顺序将它们列出来。

译成英语的克尔凯郭尔作品

1. *The Journals*, 1834 - 1855, selections from 20 vols.
translated by Alexander Dru, 665 pp., Oxon. 1938. [《日记,
1834—1855 年》,亚历山大·德鲁从 20 卷日记中选译,665 页,
牛津大学出版社,1038 年。]

2. *The Concept of Irony*, 1841, his Dissertation for the
Master's Degree. Mr. Lund, Librarian of Duke University,
has undertaken to translate it. 288 pp. A pity that it cannot be
ready this year to celebrate the centennial of its production.
[《论反讽概念》,1841 年,S. K. 的硕士学位论文。杜克大学图
书管理员伦德先生已经着手翻译,288 页。可惜今年还不能准备
好出版,以庆祝创作 100 周年。]

3. *Either/or*, Feb. 20, 1843, 792 pp. Mrs. Swenson and
I are translating it, being stimulated to this task by the fact

that Professor Swenson left translations of nearly half of it. All that has been published of this first and most brilliant work of S. K. is The Diary of a Seducer (which ought not to be published separately), translated by Knud Fick, The Dragon Press, 1935. [《或此或彼》,1843 年 2 月 20 日,792 页。斯文森夫人和我正在翻译,斯文森教授留下了将近一半的译文,这个事实激励我去完成这项任务。这是 S. K. 的第一部也是最辉煌的作品,已经出版的只有其中的《诱惑者日记》(它不应该单独出版),克努德·菲克译,龙出版社,1935 年。]

4. *Eighteen Edifying Discourses*, published from time to time in twos and threes etc. to "accompany" the pseudonymous works, and ultimately collected in one volume. Swenson has translated a few of them, and Mrs. Swenson is translating the rest for publication in 1942. They come to 360 pp. [《十八个造就人的讲演》,伴随着假名作者的作品三三两两地出版,最终汇集在一本书里。斯文森已经翻译了其中的一些,斯文森夫人正在翻译剩下的,准备在 1942 年出版。它们多达 360 页。]

5. *Repetition*, Oct. 16, 1843, 200 pp., by W. L., Prin. 1941. [《重复》,1843 年 10 月 16 日,200 页,沃尔特·劳瑞译,普林斯顿大学出版社,1941 年。]

6. *Fear and Trembling*, Oct. 16, 1843, 200 pp. by Payne, Oxon. 1939; by W. L. (a duplication), Prin. 1941. [《恐惧与颤栗》,1843 年 10 月 16 日,共 200 页,佩恩译,牛津大学出版社,1939 年;沃尔特·劳瑞译(这部作品被重复地翻译了),普林斯顿大学出版社,1941 年。]

7. *Philosophical Fragments*, June 13, 1844, by Swenson, 135 pp., Prin. for American-Scandinavian Foundation 1936. [《哲学片断》,1844 年 6 月 13 日,斯文森译,共 135 页,普林斯顿大学出版社。美国—斯堪的纳维亚基金会赞助出版,1936 年。]

8. *The Concept of Dread*, June 17, 1844, 280 pp., by

Dru, who promises to publish it soon. Oxon. [《畏惧的概念》，1844 年 6 月 17 日，共 280 页，德鲁译，他承诺很快会出版。牛津大学出版社。]

9. *Prefaces*, June 17, 1844, an amusing book only for those who are familiar with Copenhagen in that age. It will never be translated. [《序言》，1844 年 6 月 17 日，这是一本有趣的书，专门给那个时代熟悉哥本哈根的人看。它尚未被翻译。]

10. *Three Discourses on Imagined Occasions*, April 29, 1845, 160 pp. , by Swenson, Augs. 1941. [《想象场合下的三个讲演》，1845 年 4 月 29 日，共 160 页，斯文森译，奥格斯堡出版社，1941 年。]

11. *Stages on Life's Way*, April 30, 1845, by W. L. 479 pp. , Prin. 1940. [《人生道路诸阶段》，1845 年 4 月 30 日，沃尔特·劳瑞译，共 479 页，普林斯顿大学出版社，1940 年。]

12. *Concluding Unscientific Postscript to the Philosophical Fragments*, Feb. 27, 1846, by Swenson (finished and edited by W. L.), 584 pp. , Prin. for American-Scandinavian Foundation. 1941. [《作为〈哲学片断〉之结论的、非科学性的附言》，1846 年 2 月 27 日，斯文森译（沃尔特·劳瑞完成翻译并编辑），共 584 页，普林斯顿大学出版社，由美国—斯堪的纳维亚基金会赞助出版，1941 年。]

13. *Edifying Discourses in Various Spirits*, March 13, 1847, 416 pp. The first discourse, by Professor Steere, Purity of Heart, 207 pp. , Harper's, 1938; and（a duplication）by Mrs. Aldworth and her brother the Rev. Mr. Ferrie, Purify Your Hearts! Daniel（London）1938. In 1941 they issued the whole work through the same publisher. [《各种精神下的造就人的讲演》，1847 年 3 月 13 日，共 416 页。第一篇讲演由斯蒂尔教授翻译，《清心至于一事》，共 207 页，哈珀出版社，1938 年；奥尔德沃斯夫人和她的兄弟费里牧师先生译，《清心至于一事!》

（这部作品被重复地翻译了），丹尼尔出版社（伦敦），1938 年。1941 年，他们通过同一家出版社出版了整部作品。]

14. *A Literary Review*, March 30, 1846. The latter part (all that need be translated) by Dru, *The Present Age*, 70 pp. , Oxon. 1940. [《文学评论》，1846 年 3 月 30 日。后半部分（所有需要翻译的内容）由德鲁翻译，《现时代》，共 70 页，普林斯顿大学出版社，1940 年。]

15. *The Works of Love*, Sept. 29, 1847, 400 pp. , by Mr. and Mrs. Hong, presumably to be published by Augs. [《爱的作为》，1847 年 9 月 29 日，共 400 页，洪夫妇译，据推测将由奥格斯堡出版社出版。]

16. *Christian Discourses*, April 26, 1848, by W. L. , 309 pp. , Oxon. 1939. [《基督教讲演》，1848 年 4 月 26 日，沃尔特·劳瑞译，共 309 页，牛津大学出版社，1939 年。]

17. *The Crisis and a Crisis in the Life of an Actress*, July 1848. It need not be translated. [《危机和一个女演员生活中的危机》，1848 年 7 月。不需要翻译。]

18. *Two Minor Ethico-Religious Treatises*, May 19, 1849, 93 pp. , No. 1 by Dru, No. 2 by W. L. (in *The Present Age*), Oxon. 1940. [《两个简短的伦理的-宗教的论述》，1849 年 5 月 19 日，共 93 页，第一个由德鲁翻译，第二个由沃尔特·劳瑞翻译（收录于《现时代》），牛津大学出版社，1940 年。]

19. *Discourses about the Lilies and the Birds*, May 14, 1849 (to accompany the 2nd ed. of Either/Or), by W. L. (in *Christian Discourses*), Oxon. 1940. [《关于百合花和鸟儿的讲演》，1849 年 5 月 14 日（伴随《或此或彼》第二版出版），沃尔特·劳瑞译（收录于《基督教讲演》），牛津大学出版社，1940 年。]

20. *The Sickness unto Death*, July 30, 1849, by W. L. , 125 pp. , Prin. 1941. [《致死的疾病》，1849 年 7 月 30 日，沃尔特·劳瑞译，共 125 页，普林斯顿大学出版社，1941 年。]

21. "The Big Book on Adler," though twice revised, was never published in Danish. ["关于阿德勒的厚书",虽然修订了两次,但是从未以丹麦语出版。]

22. "The High Priest," "the Publican," and "the Woman that was a Sinner," Nov. 13, 1849, by W. L. , 30 pp. (In Christian Discourses), Oxon. 1940. [《"大祭司""税吏""一个身为罪人的女人"》,1849 年 11 月 13 日,沃尔特·劳瑞译,共 30 页(收录于《基督教讲演》),牛津大学出版社,1940 年。]

23. *The Point of View for My Work as an Author*, 1849 (published posthumously), by W. L. , 103 pp. , Oxon. 1939. [《作为作者对我作品的观点》,1849 年(死后出版),沃尔特·劳瑞译,共 103 页,牛津大学出版社,1939 年。]

24. "The Individual," 1849 (published posthumously), by W. L. , 36 pp. (in The Point of View), Oxon. 1939. ["那个个体",1849 年(去世后出版),沃尔特·劳瑞译,共 36 页(收录于《观点》),牛津大学出版社,1939 年。]

25. *About My Work as an Author*, about Aug. 7, 1851, by W. L. , 24 pp. (in The Point of View), Oxon. 1939. [《作为作者对我作品的观点》,大约 1851 年 8 月 7 日,沃尔特·劳瑞译,共 24 页(收录于《观点》),牛津大学出版社,1939 年。]

26. *Training in Christianity*, Sept. 27, 1850, by W. L. , 254 pp. , Oxon. 1941. [《基督教中的训练》,1850 年 9 月 27 日,沃尔特·劳瑞译,共 254 页,牛津大学出版社,1941 年。]

27. *An Edifying Discourse*, Dec. 20, 1850, by W. L. (included in the above), Oxon. 1941. [《造就人的讲演》,1850 年 12 月 20 日,沃尔特·劳瑞译(收录于上一本书),牛津大学出版社,1941 年。]

28. *Two Discourses at the Communion*, 1851, by W. L. , 25 pp. (included in the next volume), Oxon. 1941. [《圣餐会上的两个讲演》,1851 年,沃尔特·劳瑞译,共 25 页(收录于下一本

书),牛津大学出版社,1941 年。]

29. *For Self-Examination*, Sept. 10, 1851, by W. L.,
81 pp., Oxon. 1941; and (a duplication) by Mr. and Mrs.
Hong, Augs. 1940. [《自我省察》,1851 年 9 月 10 日,沃尔特·
劳瑞译,共 81 页,牛津大学出版社,1941 年;以及洪夫妇译(这部
作品被重复翻译了),奥格斯堡出版社,1940 年。]

30. *Judge for Yourself!* written in 1851／2, first
published in 1876. By W. L., 115 pp. (bound with the
foregoing) Oxon. 1941. [《自我判断!》,写于 1851—1852 年,
1876 年首次出版,共 115 页(与前述内容合出),牛津大学出版
社,1941 年。]

31. *God's Unchangeableness*, Aug. 1, 1855 (preached
May 18, 1851), by W. L., 18 pp. (bound with the foregoing)
Oxon. 1941[《上帝的不变》,1855 年 8 月 1 日(1851 年 5 月 18 日
的布道词),沃尔特·劳瑞译,共 18 页(与前述内容合出),牛津
大学出版社,1941 年。]

32. *The pamphleteering attack upon established Christianity*,
381 pages, must eventually be published. It is well that it has not
been published in English before all the other works are known. In
an anticlerical interest it was the first thing published in German and
in Italian—and the only thing in Italian. [《对国教进行攻击的小
册子》,共 381 页,最终一定会出版。众所周知,在所有其他的作
品都为人所知之前,它还没有被译成英语出版。出于一种反教
权主义的兴趣,这是第一本用德语和意大利语出版的书——也
是唯一一本译成意大利语出版的书。]

关于克尔凯郭尔的书

此刻,我们掌握了一份列表,它包括了所有译成英语出版的
关于克尔凯郭尔的书。一个好的迹象是,到目前为止,S. K. 的

英语译著比关于 S. K. 的书更多, 当然, 几年之内, 情况会发生逆转, 而且是不出所料的逆转。

1. The Rev. Francis M. Fulford, *Soren Aabye Kierkegaard*, a brochure of 75 pp. privately printed in Cambridge. It has, as the writer confesses, little worth, but it deserves honorable mention as the first attempt to make S. K. known in England. [弗朗西斯・富尔福德牧师写的《索伦・奥碧・克尔凯郭尔》是一本 75 页的小册子, 在剑桥私下印刷。正如这位作者承认的, 它没有什么价值, 但是作为第一次让 S. K. 在英国家喻户晓的尝试, 它值得被尊敬地提及。]

2. Professor L. M. Hollander, *Selections from the Writings of Kierkegaard*, 239 pp. University of Texas Bulletin, 1923. This book is out of print, but it too deserves honorable mention as a pioneering venture, the first attempt to translate S. K. into English. [L. M. 霍兰德教授,《克尔凯郭尔文集》, 239 页,《得克萨斯大学公报》, 1923 年。这本书已经绝版, 但是它也值得被尊敬地提及, 这是第一次有人尝试将 S. K. 的作品翻译成英语。]

3. E. L. Allen, *Kierkegaard, his Life and Thought*, 210 pp. Nott, 1935. [E. L. 艾伦,《克尔凯郭尔, 他的人生和思想》, 210 页, 诺特出版社, 1935 年。]

4. The Rev. John M. Bain, D. D., *Soren Kierkegaard, his Life and Religious Teaching*, 160 pp. Student Christian Movement, 1935. (These two books are unsympathetic toward S. K.) [约翰・M. 贝恩牧师,《索伦・克尔凯郭尔, 他的人生和宗教教导》, 160 页, 学生基督教运动出版社, 1935 年。(上述两本书并不赞同 S. K. 的观点)]

5. Alexander Dru, translation of Haecker's *Soren Kierkegaard*, 67 pp., Oxon. 1937. [亚历山大・德鲁译, 转译自海克尔的《索

伦·克尔凯郭尔》,67 页,牛津大学出版社,1937 年。]

6. Professor Eduard Geismar, *Lectures on the Religious Thought of Soren Kierkegaard* (with a long and valuable introduction by Professor Swenson), 147 pp., Augs. 1937. [爱德华·盖斯玛教授,《关于索伦·克尔凯郭尔的宗教思想的讲座》(斯文森教授提供了一篇很长的、有价值的导言),147 页,奥格斯堡出版社,1937 年。]

7. Walter Lowrie, *Kierkegaard*, 656 pp., Oxon. 1938. [沃尔特·劳瑞,《克尔凯郭尔》,656 页,牛津大学出版社,1938 年。]

8. M. Channing-Pearce, *The Terrible Chrystal*, 250 pp., Kegan Paul, 1940. [M. 钱宁-皮尔斯,《可怕的水晶》,250 页,凯根·保罗出版社,1940 年。]

9. The Rev. Wiliam F. Riviere, D. D., *A Pastor Looks at Kierkegaard*, 231 pp., Zondervan (Grand Rapids), 1941. [维利亚姆·里维尔牧师,神学博士,《一个牧师眼中的克尔凯郭尔》,231 页,宗德文出版社(大急流城),1941 年。]

10. Professor David F. Swenson, *Something about Kierkegaard*, 300 pp. Augs. 1941. [大卫·F. 斯文森教授,《关于克尔凯郭尔的一些事》,300 页,奥格斯堡出版社,1941 年。]

11 年前,我作为一名退休的神职人员回到美国,在欧陆断断续续地生活了 27 年之后,我不禁将自己视为一位宣教士,我被呼召(尽管不是派遣)是为了将欧陆成熟的文化传递给思想狭隘的英国人,以及传递给北美大陆上思想更为狭隘的人。尤其是传递给后者,因为众所周知,最近我们不仅与古希腊和古罗马文化,而且与欧洲传统文化的智力接触不断减少。因此在宗教领域,我们已经走得如此遥远,以至于我们几乎无法完整地理解中世纪的基督教,从一个遥远的角度来看,宗教改革时期的基督教新教似乎与天主教毫无区别地融合在了一起。因此,我们的那些发言人令人不安地意识到,在他们参加的每一次普世会议上,对他们的同事来说,他们说的是一种完全陌生的语言。这当然不是来自我的使命的一种骄傲的观点,即使它看起来是目中无人的,而我从来没有主张自己有任何东西可以提供。

上次大战以后,克尔凯郭尔这个名字在整个欧陆,尤其是在德国获得的重要性给我留下了深刻的印象。我随便拿起一本严肃的书都能在里面找到他的名字。每一个主张自己与现代思想并驾齐驱的作家都必须说点关于他的东西,每一个有声望的出版社都必须拿出一些东西。在更高层次的圈子里,S. K. 已经取代尼采成了文学时尚。我试图在这个新的领域找到自己的方向,但是这件事并不容易。我只能读懂 S. K. 的德语译本,其中大部分都不是忠实的译介。我读过很多评论家写的东西,但是我承认自己从他们那里得到的东西很少,除了盖斯玛和赫希以外。德国学术界认为,最近一直在写关于 S. K. 的文章的人里面,很少有人煞费苦心地学习丹麦语,然而这并不可信。当时我对乌纳穆诺非常好奇,他在自己的《人生的悲剧性》一书中,所有引用都可以追溯到 S. K. 的丹麦语文本。最近,我从约翰·麦凯博士那里得知,乌纳穆诺曾经在某处说过:"我学习这门语言是为了阅读易卜生的作品,然而,我从克尔凯郭尔的作品中得到了回报。"当时,优秀的法语译本尚不存在,现在法国人对他表现出如此浓厚的兴趣,而我饶有兴趣地记得 S. K. 的未婚妻在她成年时曾说过的话:"法国人永远无法理解克尔凯郭尔。"

然而就在我讲这些的时候,卡尔·巴特开始让 S. K. 在宗教界广为人知,S. K. 的作品被迅速翻译成英语。既然巴特明确地宣称 S. K. 是他精神方面的前辈,似乎只有相信他的话才有礼貌。这被证明是一个误解,因为在 1934 年,他一口气将 S. K. 和布伦纳驱逐出了教会……理由是他们本质上是天主教徒。然而,两年前,他说出了自己著名的"NEIN"(不行)！我天真地开始用 S. K. 的各种术语来阐释巴特,那是我在博伦基金会上(对一位听众)发表的一系列讲座。在出版这些讲座(《我们对"危机神学"的关注》)时,我加入了一小部分关于 S. K. 的德语书籍列表(没有其他书籍可用),并且为这种"作为一种入侵的、遭人遗弃的书目"道歉,然而我补充道:"我们为什么有这么多大学? 是为了确保勤奋好学的青年不接触任何当代思想吗?"这些话用如此小的字体印刷的,而且是在一个微不足道的地方印刷,我有理由预计它可能被忽略。然而,正如针对 S. K. 译著的两位评论家引用的那样,在将 S. K. 引入英语世界的运动中,它也许被视为第一枪,仅仅由手枪射出的一枪。

我当时并不知道,明尼苏达大学的哲学教授大卫·F. 斯文森多年来一直试图以一种更温文尔雅的方式翻译 S. K. 的作品,却没有取得更多明显的成功。迄今为止,他是英语世界里最有能力的 S. K. 方面的翻译家和阐释者,现在在他去世后,他的研究成果已经向公众公布。

起初,我支持 S. K. 的活动是极其杂乱无章的——依据 S. K. 给那个词附加的字面意义,也就是说,我在 S. K. 的作品中间蹦蹦跳跳。尽管我已经"退休",我拒绝了任何神学院或者牧师团体的邀请。我有时以卡尔·巴特作为一个切入的楔子。我仍然认为自己对巴特的误解是可以原谅的;因为当我变得熟悉了 S. K. 的作品后,我发现巴特虽然大方地承认自己受惠于克尔凯郭尔,但是他的受惠远远超过自己承认的,因为他自己的许多最有力的措辞都受惠于 S. K. 。当时我责备威廉·帕克教授没有向巴特表达全心全意的钦佩,他恰当地回复说,如果他觉得可以自由地只选择他喜欢的那部分学说,他也可以像我一样热情地去写作。

在毫无计划的活动中,我跳出一大步去了中国,应邀为燕京大学的教授们做讲座。我急切地抓住了这个邀请,不是因为我对推动 S. K. 的事业抱有任何幻想,而是因为我从小就对中国怀有一种富有激情的兴趣,作为一个严肃的人,我不能不顾面子地做这么长的旅行,除非我能够提出一个严肃的托词。北京的冬天是一次难忘的经历,但是我当然没有让任何人归信 S. K. 。现代中国对美国的现代文化如此排斥,以至于 S. K. 在那里并不为人所知,这种推论是不可避免的,所以中国人不可避免地认为他不值得了解。但是,正如我所说,在北京的那个冬天是一个难忘的冬天。我们放弃了李鸿章侯爵的宫殿,转而选择了乾隆的宰相更富丽堂皇的官邸,他为了维持自己个人的奢侈生活而勒索钱财,使帝国陷入贫困,并且在各省挑起叛乱,被下一任皇帝判处死刑。燕京大学就建在宰相的避暑山庄的美丽园子里,在美国宣教院的一个院落里,我惊奇地看到 S. K. 被礼貌地允许竖立为纪念碑,以纪念他的美德。所有这一切都是为了颂扬 S. K. 。说实话,我们买下了这栋大房子,因为我们找不到我们想要的小房子。我理由并不充分地采用了自己的风格:罗马和北京的劳瑞博士。然而 S. K. 几乎没有在罗马和北京传播出去。

日本的情况大不相同,因为日本的文化丰富程度与欧陆相当。在那里,我发现自己被迫仅仅有机会在整个同志社大学面前发表演讲。我抗议说,我无法谈论关于 S. K. 的东西。在如此广泛的听众面前,我确信没有什么比这更能被接受的了,因为有人最近在《大学书评》上写了几篇关于他的文章。

然后我的兴趣是在美国宣教,在国内,我很快就与英国和美国所有的人取得了联系,他们当时都对 S. K. 感兴趣,我也有足够的兴趣对此想做点什么。相关人士真是少之又少! 在英国,除了亚历山大·德鲁,我只知道 3 个人。他们中的两位,贝恩博士和艾伦先生,在完成他们的小册子的极短时间内,就与克尔凯郭尔就此别过了——艾伦先生更积极,因为像施伦普夫一样,他受到 S. K. 的引导放弃了基督教信仰……他无法原谅自己陷入了 S. K. 为自己安排的窘境。在美国,除了斯文森,我能列举的相关人士只有 6 个人,而且最终只有其中一个人有所作为。我和斯文森教授进行了 7 年的浩繁通信被斯文森夫人收集了起来,她将其赠送给了明尼苏达大学。这对我是极大的鼓舞和帮助。

几年来,我和德鲁先生的通信相当频繁,从他的角度来说,这是高端的娱乐。我与他和威廉姆斯先生的通信,可以补充我与斯文森之间的信件,为整个故事提供丰富的文件。查尔斯·威廉姆斯是我的神交,是我唯一"没有见过的人"。当我最终不得不退出与牛津大学出版社的合作时,这对我们双方来说都是一个打击。德鲁曾经两次来到美国,因此我有幸与他见面。也许他更倾向于接受我作为一个搭档,因为我不像斯文森教授那样是一个学究,也因为我没有住在美国的中西部。有一年夏天我在意大利,我们差点就可以聚到一起。他答应带海克尔到偏远的阿尔卑斯山谷来见我,我同意带来正在合作翻译法语译著的费尔洛夫,还有隆巴尔迪教授,他刚刚以意大利语写完关于S. K. 的第一本书,然后就不再触及这个主题了。但是最好的计划……德鲁的自我教育非常自由,甚至包括学习丹麦语。他是一个年轻的天主教平信徒,也是一个追求时尚的人(如果我可以毫无冒犯地这么说的话)。在我看来,他最适合做 S. K. 的翻译者和阐释者。S. K. 非常正确地担心自己会成为教授们墨守成规的猎物,甚至更有理由担心教区牧师们的狭隘。事实上,德鲁为 S. K. 的事业做出了显著的贡献,他曾经打算做更多的事情,直到自己的计划被战争打乱。然而,也许他的各种宏大计划在任何情况下都不会实现,这正是因为他不是教授或者教区牧师,因此,他缺乏教授和牧师有时拥有的坚持不懈的努力。

最近,约翰·麦康纳奇博士对我说的一句话给我留下了深刻的印象:"坚持不懈的沃尔特·劳瑞博士。"至少我是第一个读到这句话的。它不是一种恭维的表达。然而,它是多么真实!我极其勤奋——我知道将天才定义为"拥有一种承受痛苦的无限能力"是极其离谱的。除了有其他事情要做以外,我还设法在去年出版了 4 本克尔凯郭尔的译著,今年出版了 6 本。事实上,麦康纳奇博士形容我是"无法抑制的",我不喜欢那个词。然而,麦康纳奇博士在评论我的许多书时通常都很慷慨。但是这本特别的书不是关于 S. K. 的,而是关于纳粹党卫军的。书名是《彼得和保罗在罗马》,而那年冬天我在罗马度过,所以当我将奥古斯都帝国和法西斯政权进行比较时,我并不用走太远的路。但是与此同时,战争爆发了。而且我对苏格兰人的坏脾气有一些认识。然而,也许"无法抑制的"这个词还是有一定道理。斯文森夫人谈到她的丈夫时说,他没有成功地让 S. K. 广为人知,因为他没有劳瑞博士那么"好斗"。这是个充满仇恨的词,但是我知道它在美国很常用,没有任何暗示好战的意思。不仅仅是旅行推销员,基督教平信徒也被告知,他们必须好斗。也许按照这个词的恰当意思,我是好斗的。我有过一次经历,它表明情况可能是这样的。在普林斯顿研究生院一年一度的花园派对上,有人告诉我亨利·戈达德·利奇正在找我。利奇先生是论坛的编辑,同时也是美国—斯堪的纳维亚基金会的主席。我发现他身边围绕着几个仰慕他的年轻人,他们正准备带着奖学金去瑞典深造。当我走近他时,他将他们的关注转移到我身上,并且对我说了这样一句话,"这个人在将斯堪的纳维亚与美国团结在一起,他做的贡献比任何人都多……而且他做到这一点的方式让每个人都疯狂。"这些话对我来说是一个启示——因此我必须长篇大论地讲述一个故事,因为这就是天意的来临,天意统治与推翻我们,神圣塑造我们的结局,随我们的意愿粗略地修改它们,天意在丹麦语中有一个与众不同的名称"Styrelsen",我曾经冒险将它翻译成统治,我太好斗,以至于我无法放弃这个译法,尽管这个译法既没有得到任何赞扬,又没有得到一些批评。因为在我看来,遗憾的是,我们在英语中没有任何名词可以用来区分统治的天意与供应的天意。

在我看来,显然必须为 S. K. 作品的出版获得一笔资金,因为无法期待公众在初期阶段支持这个冒险。向美国—斯堪的纳维亚基金会求助是很自然的事情,利奇先生和我也熟络了起来。他热切地投入这个计划,毫无疑问,通过向基金会的朋友们恳求,他可以筹集到一万美元。那一刻,牛津大学出版社的坎伯利奇先生正好在纽约。利奇先生要求我与他起草一份合同。提出的合同是大家都同意。利奇先生只要一拿到钱就准备签字,他立刻草拟了一封信的初稿,准备寄给可能的捐助者,他先寄给我,请我批评它的格式。我天真到不敢相信他的话,也许我对那封信批评得太严厉了。无论如何,他回信告诉我,出现了意想不到的障碍,整个事情都结束了。甚至在那时,我也没有想到自己曾经让"每个人都疯狂"。几年后,我在一个花园派对上得知了这一点。

然而这就是天意降临的地方。坎伯利奇先生回到英国时,对 S. K. 的重要性印象深刻。德鲁先生立刻写信给我说,他曾经徒劳地敲过的出版社大门,终于向他敞开了。他已经得到了查尔斯·威廉姆斯先生的支持,他一直是我们事业的养父。当德鲁将门打开的时候,我走了进来——隐喻地。这是在 1936 年。那时,我已经准备好了一本关于克尔凯郭尔的厚书。我可以肯定牛津大学出版社会出版这本书,德鲁可以自信地继续翻译日记的庞大工程,斯文森翻译了《哲学片断》,比我们所有人都领先,并且由普林斯顿出版社为美国—斯堪的纳维亚基金会出版,该基金会后来又捐赠了出版斯文森教授翻译的《附言》的部分费用,这再次显示了它的慷慨。

但是当然,牛津大学出版社尚未承诺出版 S. K. 所有作品的计划,它只准备一步一步地尝试,因此为了鼓励它参与这项事业,我承诺支付自己可能翻译的任何作品的出版费用,并且默契地理解,它会承担所有其他将出版的译著的责任。当时我不知道自己可以参与到什么程度,因为当时我只想翻译《观点》和标题为《基督教中的训练》和《自我省察》的两本书,《观点》在 1939 年出版了,由于各种原因,后两本书直到今年年中才出版。另一方面,英国的合作者们似乎正在全力以赴地往前赶。1938 年 1 月 21 日,威廉姆斯在他的一封信中写道:"《恐惧与颤栗》和《重复》已经翻译完了……《畏惧的概念》和《致死的疾病》的翻译正在进行中。"除了第二年出版了《恐惧与颤栗》以外,这一切都没有发生——我不得不从头再来。结果就是,牛津大学出版社因为开展了一项如此大胆的冒险活动,而受到了应有的一切称赞,我承担了大部分的费用。现在,由于战争和其他各种原因,我不

得不将完成英文版的责任交给普林斯顿出版社,此外,英文版的
费用仍然由我承担,或者由我和斯文森夫人共同承担。我可以
顺便说一句,以英文出版 S. K. 的作品涉及的总成本远远超过了
利奇先生和我最初估计的总额,而且翻译者们根本没有得到任
何报酬。那肯定是一种出于爱心的劳作。然而,如果翻译不那
么迅速,而且留出更多的时间进行周转,那么这笔总额作为循环
基金可能已经足够了。

　　直到 1938 年 5 月,牛津大学出版社才决定承诺出版 S. K.
的所有作品的计划,这也是以一种天意的方式出现的,我必须讲
述一些细节来表达自己的感激之情。我可以说这个版本的成
功,就像 S. K. 在谈到他的作品时说的,如果我必须将它归于任
何人的话,我必须将它归于统治。

　　从我的克尔凯郭尔传记出版的那一刻起,我就一直在努力
压低价格。我主要关心的是美国的价格,因为,尽管看起来很奇
怪,在美国我们从来不愿意为质量多付钱;在这种情况下,对国
外出版的书征收关税必然会提高美国的书价,如果作者碰巧是
美国人,这种关税就会提得相当高,这可以看作是对背叛行为的
一种惩罚。当纽约分支机构以 10 美元的价格宣传我的《克尔凯
郭尔》时,它在英国的售价是这个价格的一半,即 5 美元,这肯定
是太过分了。我对此非常气愤,因此我立即(也许是"好斗")写
信给牛津大学出版社,要求他们归还当时持有的手稿,以便我能
在美国出版。在 1938 年 5 月 26 日的回信中,威廉姆斯先生写
下了他自己称之为"一个富有激情的呼吁"的内容,要求我重新
考虑自己的决定。他承诺"官方和非官方地"消除我抱怨的委
屈,除了价格问题外,还包括无理取闹的印刷延误和纽约分支机
构的疏忽,它未能保持足够供应需求的图书库存。这封信的后
面附有如下文字:

　　我写这封信时,汉弗莱爵士一直在牛津。他刚回来,看到了
　　信件。他赞同我上面说的一切,并且请我告诉你,副校长

（林赛博士，贝列尔学院院长）对自己拥有你的书感到非常
兴奋，以至于他发现很难转而去处理他面前的会议事务。

他坚持要得到关于这件事的所有可能的信息，以及任何进
一步的可能性。这是决定性的。它不仅决定了我继续与牛津大
学出版社合作，保证价格将保持在一个可以容忍的水平（我的
《克尔凯郭尔》立即降到 7 美元），而且决定了由汉弗莱·米尔福
德爵士继续坚定地出版 S. K. 的作品。德鲁立即写信给我：

> 现在牛津大学出版社对 S. K. 感到非常兴奋（尽可能地兴
> 奋），一切都应该会顺利进行。威廉姆斯一直很在行，现在，
> 正如你知道的，汉弗莱爵士确信他在支持一匹正确的马。

对这些书价格的质疑，仍然是一个严重的问题。普林斯顿
出版社不可能大大降低价格，因为大部分书籍不仅体积庞大，而
且难以印刷，在这个阶段，版本必然很小巧。我很高兴奥格斯堡
出版社能以更低的价格出版书籍，因为我高于一切的渴望是神
职人员能得到它们。必须承认的是，这些书更便宜了，我常常
想，如果牧师们知道他们在发狂地寻找主题的过程中会省去多
少麻烦，他们可能会认为自己完全可以花 50 美元买一整书架 S.
K. 的作品。或者，一个教区将这件礼物送给他们的牧师的话，很
可能影响会更好，成本也低得多，而非像有时做的那样，送牧师
去圣地旅行，徒劳地希望这个经历会使牧师的布道更加迷人。

但是这里我夸大了。因为我很清楚，许多牧师，尤其是在美
国，如果他们与 S. K. 相识，就会愤怒地拒绝他。S. K. 是一个
"纠正措施"，而他们不想要任何纠正。今天，就像在 S. K. 自己
的时代一样，他提出了一个或此或彼——要么选择新约基督教，
要么一无所有——也许没有多少人愿意面对这个困境。此外，
现在和过去一样，并非所有的教区牧师——都有能力理解他。
对他们来说，如果他们是怀有善意的人，他的思想必须普及（最

好是通过廉价的书），否则他们一定无法接近他。因为，S. K. 渴望被"普通人"听到，他的作品，甚至是"讲演"，都是针对有文化的阶层。因此，它们的英译本在大学出版是恰当的。尽管有战争和其他一切因素，第一批作品由牛津大学出版社出版被证明是一个很大的优势。如果不是这样的话，评论家们就不会那么友好了。当普林斯顿大学出版社决定在我的家乡出版我的译本时，得到了约瑟夫·A. 勃兰特先生的大力指导，他对这一版本有浓厚的兴趣，这也是上天的眷顾。应该理解的是，这种变化并不涉及对连续性的绝对破坏，因为普林斯顿大学出版社很注意保持版本的一致性，牛津大学出版社不仅急迫地在欧洲销售，在某些情况下，它还采取了一种政策，即大量购买由普林斯顿出版社出版的译本。

然而我在这个故事上已经走得太超前了。我必须回到接近开始的一个点。

一开始，很明显，在 S. K. 的作品出现在完全没有准备好理解他的公众面前之前，需要一个引入的楔子，其形式是一本关于他的颇厚的书。我现在想知道，我竟敢做这样一件事，就是针对 S. K. 的人生写一本厚书。当时我几乎没有意识到，尽管丹麦学者们收集了海量的传记材料，却没有人写过任何可以称之为传记的东西。我并没有因为必须学习丹麦语而感到惊恐；因为，虽然我没有学习语言的天赋，但是我有时不得不学习许多种语言，以至于在清单上增加一门新的语言并非一个骇人听闻的障碍。当我勉强获得关于丹麦语的各种入门知识后，我和我的妻子去了一趟丹麦，约翰·普里普·莫勒博士和他的妻子对我们极度友好，他们是我们在中国结识的朋友，在我们的整个逗留期间，他们一直是我们的向导和指导者。回美国以后，为了以防万一，我雇了一个丹麦管家，在必要的时候，他可以在困难的地方帮我。这个管家比人们想象中的更有能力提供这种帮助，因为他碰巧对语言学有一种激情。虽然我很少需要求助于他，但是有他在家里，我的头脑可以得到平静。虽然我的这本书有三分之一是翻译 S. K. 的作品,但是在这种情况下,我可以自由地避开或者跳过对我来说太难的段落。我当时还没有预见到,自己随后必须承担更艰巨的翻译任务,即将这些作品作为一个整体来翻译,这并不允许我避免各种困难——就像德语译者面对的各种困难。由于种种原因,我为自己的书搜集了太多的材料,最后我不得不删除所写内容的三分之一,以便将书缩减到可能的篇幅。

勃兰特先生现在请我为普林斯顿出版社写一篇简短的梗概,对我来说,这份邀请非常有诱惑力。当 S. K. 的所有作品都以英文出版后,我应该写些什么呢?这当然与他单独的一个作品出版前必须写的东西有很大的不同。现在我已经没有必要引用如此丰富的引文,就可以对他的思想进行一些分析,并且在一定程度上追溯其发展脉络。当我说现在在翻译了 S. K. 的大部分作品以后,我对他的思想有了更深入的了解,我的意思并非是贬低我的第一本书。

起初,我纯粹将自己看作一个推动者。作为一名推动者,我写了一本关于 S. K. 的书。我不认为自己有能力成为一名翻译者。但是渐渐地,我通过翻译 S. K. 学会了翻译,我逐渐地被迫走得更远。我从 S. K. 晚期具有独特宗教色彩的作品开始翻译,但是由于很少有翻译者自愿参与,我被迫往回走,颠倒了 S. K. 的写作顺序,以翻译"审美"作品作为结束。我现在想知道自己为什么会这么简单地假设,只要能筹集到足够的资金,翻译就会自行完成。斯文森博士让几个翻译者做过试译,但是都不成功。有若干个丹麦人将他们的翻译稿寄给了我,然而,译文都不是用"她应该说的英语"写的。我很快意识到,并非每一个懂丹麦语的人都能理解 S. K. 的思想,首先必需的是,一个翻译者知道如何用英语写作。因为 S. K. 是一个伟大的追求独特风格的人,让他变得枯燥乏味或者没有影响是一种犯罪。在我看来,用另一种风格取代他的风格是一种极大的犯罪。我们的成语很像他的,足以使直译成为可能。因为通过优雅的意译翻译希腊语和拉丁语的学术传统腐蚀了许多译者。可以肯定的是,西塞罗等罗马修辞学家的简明话语无法用英语简洁地翻译,但是对任何相同程度的现代语言来说,并非如此,尽管 S. K. 的行文风格带有拉丁语的品质。在 S. K. 去世后,他的一位同学讲述了一个奇特的故事,大意是年轻的索伦学习拉丁语后,他的丹麦语风格变得如此复杂,以至于他的同伴们不得不改写他的学校练习。有个故事听起来令人难以置信,教科书曾一度引用 S. K. 的作品作为丹麦语发音的范本;但是我可以相信,尽管他克服了自己的尴尬,他在结尾仍然保持着一种特定的不连贯(例如很少使用连词"and"),诱使大多数译者为他垫底。人们可能还记得,他不仅精通拉丁语(正如他的老师所说的那样,"无论是书面的还是口头的"),而且有一段时间他是一名拉丁语教师。

另一个天意的安排是爱德华·盖斯玛博士访问美国,针对 S. K. 问题开展了一系列讲座。1936 年春天,他应邀在普林斯顿神学院的斯通基金会举办了一系列讲座。在一次穿越欧陆并且返回丹麦的旅程中,他多次重复进行那些讲座。哥本哈根大学的神学教授盖斯玛博士是研究 S. K. 的生平和作品方面最杰出的欧洲权威。他的美国之行正是在那个时候,我们可以设计出最有效的宣传。他的讲座,加上斯文森教授令人钦佩的导言,第一年由明尼阿波利斯的奥格斯堡出版社出版,这一版很快就售罄了。这个最初的成功无疑是由于这家出版社对出版 S. K. 译著的兴趣。这是盖斯玛一生中为了克尔凯郭尔的奋斗目标所做的最后一次奉献,他在回到丹麦后不久就去世了。

他对美国的访问就是在这种情况下产生的。日内瓦大学的阿道夫·凯勒教授不久前在普林斯顿做了"斯通讲座",当时他提议说盖斯玛教授是做这个讲座的合适人选——所以当我在欧洲某处遇见凯勒教授时,他将这个提议告诉了我。这个信息使我更有勇气向当时的普林斯顿神学院院长 J. 罗斯·史蒂文森博士提出这个问题。我沮丧地发现凯勒博士的提议被遗忘了。然而,我的建议得到了赞同,主要是由于约翰·麦凯博士热情的干预,他是 S. K. 最热心的拥护者之一,并且很快接替史蒂文森博士担任神学院院长,负责委员会接受了我的建议,邀请盖斯玛博士来美国。由斯文森教授与我组织全国巡回演讲。斯文森教授在安排火车时刻表方面有让人惊讶的效率,这使我怀疑他不可能是一个真正的哲学家。他非但没有怨恨这种指责,反而谦卑地解释说自己"只是一个教授"。但是我认为,对于一般的教授来说,不能指望他们如此灵活地处理时间表,这是真的。我爱盖斯玛博士,他的来访是这个故事中最幸福的一幕。

尽管普林斯顿这次的译著版本是在没有编辑的情况下出版的,但是它的一致性比人们想象的更高。从一开始,我煞费苦心地防止在翻译 S. K. 最独特的术语时出现分歧,尤其是翻译他使用的各种书名时。出于这种兴趣,我与每一个可能感兴趣的人是一致的。这种努力确实在某种程度上取得了成功。但是我和斯文森教授就这本书的书名发生了一点争论,我将这本书叫作《片断》,这表明我的努力是多么的无望。我在《诸阶段》的第一个注释中讲述了这个故事。其他的分歧,虽然它们并不重要,但是可能值得一提,以免读了不止一本书的读者对它们感到困惑。我与德鲁将"Øjebliket"这个词翻译成了"the instant",而斯文森用的是"the moment";对于"Moment"这个词,他也使用"moment",我通常使用"factor";对于"Praest"这个词,斯文森通常使用"clergyman",而我用"parson";还有,德鲁用"scandal"来表达新约中的"冒犯"或者"绊脚石"的概念。如果美国—斯堪的纳维亚基金会赞助这项事业,当然会有一位编辑,毫无疑问,他必须是斯文森,不管他多么不愿意承担这样的责任。那么这些书就会以更合理的顺序出版。随着事情的发展,出版的顺序完全靠自己发展起来,现在它已经完成了,没有太多的理由再抱怨了。不久前,莱因霍尔德·尼布尔教授向我抱怨说,应该有一位编辑。他为自己最想要的书还没有出版而烦恼。我的回复能够让他满意,所有这些书都将在一年内出版。至于没有编辑的问题,我提醒他注意这样一个事实,那就是,我不自觉地变成了比翻译者更多的角色,我不仅翻译了大部分的作品,并且合作编辑了其他一些作品。

　　除了 S. K. 的教导的实质以外,还有两个因素会使大多数现代读者反感:一个是他的圣经主义,另一个是他的古典主义。关于读者,他希望读者对《圣经》有所认识,这在我们的时代是很少见的,同时他要求读者对希腊和罗马的文学,即对古典遗产有彻底的了解。那在我们这个时代已经很少见了,即使在有文化的阶层中也很少见。这对翻译者来说是个严峻的考验。除了丹麦语词典,读者手头还必须有一本丹麦语圣经和一本索引——最好是 S. K. 用过的那种老版本圣经。也许更引人注目的是,他不断引用从中世纪到他自己时代的欧洲文学作品,这更加远离读者的普遍兴趣。但是这表达了一个事实,S. K. 是一个最杰出的人文主义者。如果我到了写第二本也是最后一本关于 S. K. 的书的时候,我会着重强调这个事实。它通常被忽视了。由于他的基督教教导的严肃性(他抗议的程度比福音要宽容很多),他常常被认为是不宽容的、狭隘的和沉闷的——尽管他主要的作品是"审美的"。的确,S. K. 的倾向是"远离审美",走向伦理和宗教;但是他强调,通过宗教,"审美不是被废除了,而是被废黜了。"他也会这样说人文主义,即最广义上的古典文化。他不愿意像圣奥古斯丁那样抛弃自己曾经爱过的一切,认为不必将审美作为基督教的严肃观点的一个祭物。在他自己"成为一名基督徒"的经历中,人文精神确实从人们通常声称的主要地位上被废黜了,但是他夸耀说人文精神没有被废除。当 S. K. 成为一名严肃的基督徒时,他仍然是一名人文主义者,因此,正如普兹瓦拉神父承认的那样,S. K. 本质上是一名天主教徒。正是因为这个原因,巴特拒绝了 S. K. 。正是由于 S. K. 的人文主义,他蔑视每一种教派运动,无论那种运动是多么狂热。尽管如此,他还是经常被认为是一名狭隘的、偏执的基督徒。没有比这更离谱的了。在他的最后一部也是最尖锐的宗教作品中,他经常抗议,"我不是严厉的,我是宽容的";当他向教会领袖们建议,他们应该正式承认他们教导和实践的宗教不是严格意义上的基督教，即《新约》的基督教时，他在某种程度上是在推荐天主教的劝诫教义。他的人文主义将使他受到今天一些人的喜爱，同时受到另一些人的谴责。但是如果要我说关于克尔凯郭尔的最后一句话，我会强调他既是一个人文主义者，又是一个圣经主义者。现在他的作品的完整版本已经清楚地证明了这个说法。然而，这可能并不可靠，因为在一个现代人身上，特别是在一个新教徒身上，这种组合几乎是独一无二的。

最近有人告诉我，保罗·埃尔默·莫尔就是这样一个例外。他公正地称自己是人文主义者，他也成为一名基督徒……而且没有放弃他的人文主义。在我的劝告下，他在生病前不久读了S. K. 的一部作品，当然，在第一次阅读时，他对它知之甚少。对我来说，他无法走得更远，这激怒了我，因为我极其渴望目睹他的反应。这就像勃兰兑斯的失望，当他试图将克尔凯郭尔介绍给尼采时，却发现尼采的头脑已经过于糊涂，无法阅读 S. K. 的作品。

在我的私交里，罗马的埃内斯托·博纳伊蒂教授完美地结合了人文主义者和基督徒的理想。在他的第一个阶段，他是一个人文主义者和自由主义者——但是这很难说是一个组合，它不是一个综合体，而是身份的一种联系。但是与此同时，他是一个天主教徒，并且通过他被除名的事实成为一个深刻的基督徒。我想说，当他在乔基诺·达·菲奥雷和后来的圣方济各追随者们崇高的灵性主义里找到避难所时，他甚至成为一个更深刻的天主教徒……但是他仍然是一个人文主义者，能够像阐述福音那样深刻地阐述希腊悲剧。

S. K. 也是希腊宗教深刻的阐发者。对他来说，没有什么宗教是陌生的。虽然作为纠正措施，鉴于目前的反常现象，他坚持上帝的超越性，虽然他坚持得不那么频繁，但是他更强调上帝的无所不在。他经常"训练面对上帝的临在"，这几乎可以证明，关于他是一个神秘主义者的普遍看法是正确的。虽然他坚持认为,对于成年的基督徒来说,基督教必须通过反思表达悖论的宗教性,但是他也坚持认为,它的基础是"直接性",即包括基督教在内的所有宗教的元素是生命、活动和存在;他表示,当放弃"第一直接性"时,基督徒就达到了"反思以后的直接性"。

我很晚才想起"人文主义"这个名词,今天最公然反对基督教的那些人经常使用这个名称。很明显,在上面说的那些话中,我并没有想到这个词的这种用法。我对这种误用深恶痛绝。这种过于人性化的人文主义与希腊古典文化有什么关系呢?古希腊古典文化的倡导者通常对古希腊古典文化一无所知。它的相似之处只有这一点,那就是它是异教——但是请注意,异教没有宗教,也不追求上帝。希腊的异教主义,以其悲剧作家和哲学家为范例,代表了人在上帝之后的最大的成就以及独立于上帝的启示。雅典的这种人文主义是无辜的,圣保罗宣称:"上帝对这个无知的时代视而不见,但是现在祂命令世界各地的所有人悔改。"它又不再是无辜的,当它停止"寻求上帝"和拒绝将福音视为"愚蠢"时,我小心翼翼地防止这样的误解,甚至在 S. K. 叛逆的青年时代,他在此意义上是一个人文主义者,即他曾经是一个完全反抗上帝的人。他离深渊的边缘如此之近,以至于他能有效地发出关于危险的警告。这种人文主义正是他在自己的审美作品中描绘的、他称之为恶魔的东西,他明确地设想为导致灭亡的绝望,基于此,作为燃烧的烙印,他试图通过福音的和平,甚至是受苦的和平来吸引人们。S. K. 最令人震惊的一句名言在这里是适用的:"为什么如此难以相信?因为要顺服是如此困难。"

索　引

A

B

I

J

Q

R

克尔凯郭尔哲学思想的
心理学内蕴

　　现代心理学已经成为对人类生活不同领域具有深远影响的学科。现代心理学的繁荣和进步是显而易见的,但现代心理学面临的危机和困境也有目共睹。究其根源,与现代心理学过于强调研究对象的客观性的科学观和方法论有着密切关系。心理学在创立之初,受到摆脱哲学母体的欲望的激励,产生了要成为不同于哲学学科的决心,于是从自然科学的成功中获得了有益的启示;另外,受实证主义哲学的影响,心理学把经验自然科学的科学观和方法上升为一种哲学世界观、方法论,把经验自然科学的科学观和方法论视为唯一正确的科学观和方法论。迄今为止,世界范围内的实证心理学取得了非凡的成就,看似繁花似锦,实际上却是危机四伏、弊端严重,尤其是理论心理学发展比较零散和缓慢。可以说,当今的心理学与人们心目中心理学的形象相差甚远。①

　　理论心理学是研究心理学根本性质和理论的一个心理学分支,以揭示各种心理现象之间以及心理现象与现实之间相互联系的规律为任务,是研究心理现象、探讨心理科学基本原理的一门学科。理论心理学的历史由来已久,实验心理学创立之前的

---

　　① 原文见[挪威]斯文·卢瓦尔·克莱默裴:《译序》,《克尔凯郭尔与现代心理学》,刘邦春译,北京:知识产权出版社,2014年。略有改动。

哲学心理学,在某种意义上说,已经具有理论心理学的性质。但是,在世界范围内,系统的理论心理学研究发展却比较缓慢。直到 1985 年,理论心理学国际协会才在英国建立。可以说,理论心理学正呈现出蓬勃发展之势,展现出较强的生命力。

与实证心理学研究成果相比,我国关于西方理论心理学的研究成果还相对较少,这不能说不是当代心理学研究的一个缺憾。充分了解西方理论心理学研究领域的已有研究成果,既是我们进行现代理论心理学研究的前提,也是为了满足目前理论心理学研究发展的内在需要。选取那些代表性强、学术功底深厚、对中国理论心理学发展启示意义较大的西方优秀著作,并及时推荐给中国广大心理学工作者,不失为推动现代理论心理学发展的有效途径之一。

索伦·克尔凯郭尔(Søren Aabye Kierkegaard, 1813—1855)既是丹麦哲学家、思想家、现代存在主义哲学之父、后现代主义哲学先驱,也是现代人本主义心理学的先驱。他曾就读于哥本哈根大学,之后继承了父亲的巨额遗产,终身隐居哥本哈根,笔耕不辍,大多数著作为自费出版。他反对黑格尔的泛理论,认为哲学应该研究的不是客观的存在,而是个体的“存在”,哲学的起点是个体,而终点是上帝,人生道路也就是天路历程。克尔凯郭尔的全部思想与他个人的生活体验紧密相连,他的著作实际上都在不同程度上具有精神自传的性质,我们从中可以聆听到他在各种生活情况下的内心独白和生命的呼唤。克尔凯郭尔本人也坦率地承认自己所写的一切仅仅并且完全是他自己。在克尔凯郭尔短暂的生命里,他不仅出版了大量以个人生活经历和体验为背景的著作,还留下了卷帙浩繁的日记和笔记,这些文本不仅真实地记载了他的生活,也展示了他心灵转变的轨迹。与叔本华和尼采一样,克尔凯郭尔也具有非理性倾向,强烈关注生命和人生问题,将思想观点聚焦于人的存在和人的自由选择。

要理解克尔凯郭尔的哲学,首先要清楚克尔凯郭尔本人是个什么样的人,他短暂的生命中曾经发生过什么样的事情,对他本人的思想和性格的形成发生了怎样的影响。克尔凯郭尔比宣称"上帝已死"的尼采早出生几十年。不同之处在于,尼采生前就已声誉遍地,到 20 世纪时,更是几乎家喻户晓。但克尔凯郭尔却注定要久久等待。在克尔凯郭尔去世之后半个世纪,人们才开始意识到他的存在。第一次世界大战前后,各个文化领域中最有代表性的人物先后注意到他。从那时起,他的思想开始对人类文化悄悄地产生着深刻的影响。但是,直到第二次世界大战以后(人们会普遍质疑尼采的一些学说,如"强力意志""超人哲学"等等,甚至认为希特勒以及"二战"的爆发也受到尼采思想的影响;战争带来的空前灾难,转而让人们深刻地思考人生的存在价值和意义,克尔凯郭尔的哲学思想正好与人们的所思所想不谋而合),更准确地说,直到 20 世纪 60 年代,随着存在主义思潮越来越流行,克尔凯郭尔的影响才达到甚至超过尼采,而且这种影响还只是为文化精英们所认识,并不为一般人所了解。不过,随着人类在现代化的道路上走得越远,全球性或个人性的生存问题暴露得越多,其思想的深刻意义越是显示出来。针对抽象的"公众"概念,他提出的"个体"(the individual)概念被称为"天才释放出的尖利的闪电"。①

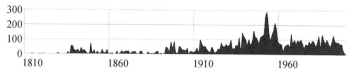

19 世纪 30 年代至 20 世纪 80 年代,克尔凯郭尔著作出版数量示意图

存在主义或者存在哲学领域三位公认的大师雅斯贝斯、海德格尔和萨特,都是在对克尔凯郭尔进行了深刻的专门研究的

---

①　见[丹麦]克尔凯郭尔:《前言》,《非此即彼:一个生命的残片》上卷,京不特译,北京:中国社会科学出版社,2009 年。

基础上,建立起自己的学说的。这三位大师特别注意将他与尼采进行对比,并赋予他和尼采同等重要的地位。尤其是雅斯贝斯,他反复声称"克尔凯郭尔和尼采都是一等星","克尔凯郭尔和尼采使我们睁开了眼睛"。海德格尔大肆宣扬克尔凯郭尔的存在思想,并且将这一思想视为其思想渊源。萨特也是在汲取克尔凯郭尔哲学精神的基础上,创作自己的存在主义文学作品,他呼吁人们采取行动,承担自我的责任,消除绝望,实现"自由选择"式的救赎。

克尔凯郭尔所处的时代是一个理性主义的、实利主义的时代,物质的体系和思想的体系趋向于把人变成机器上的齿轮,变成无个性的群体性元素,变成大众社会的最小公分母,变成体系中的片断、传媒的复制品、被消费的消费者、公共伦理规范和道德标准的受害者或牺牲品。深入研究克尔凯郭尔哲学思想的学者都会意识到,一个克尔凯郭尔意义上的存在主义者原来是多么痛苦。正如克尔凯郭尔所说,一个人要成为他那样的"个体"式的存在,首先就需要"把眼睛从理性中挖出来"。可以设想,其实克尔凯郭尔自己就正是那从理性中挖出来的眼睛,自己已是那么血肉淋漓、惨不忍睹,却没有放弃对人之命运的焦切关注。具体而言,克尔凯郭尔哲学思想主要体现在以下几个方面:

第一,克尔凯郭尔对黑格尔哲学思想的批判。克尔凯郭尔所处的时代是黑格尔哲学大行其道的时代。黑格尔哲学认为对立统一决定了理性的总体,认为理念是唯一完整的实在。意识和哲学存在的任务,就是去发现对立中的统一。黑格尔的辩证法和综合不是在个体的具体存在中探讨个体,相反,它把个体性和特殊性当成抽象观念来处理,所以在黑格尔那里,才会出现对个体这样的轻视。不仅如此,个体的人身上与生俱来的个性、主观性、情感、非理性、想象力、信仰等等的存在也是这样,它们只是一些相互依赖的范畴,只能用于对人的历史描述,离开历史,它们本身没有完整的实在意义。

在黑格尔那里,无足轻重的个体及其生命,恰恰是克尔凯郭尔关注的中心。克尔凯郭尔设定了一个反对黑格尔的正题、反题和合题学说的基督徒存在的根本悖谬性：作为一个个体，而这个个体在这一程度上是独自立于上帝(或者死亡)之前却依然没有一个自我的个体，这个自我作为一个"个体"，如果其存在被否定了的话，在上帝面前什么也不是。在克尔凯郭尔看来，这个悖谬是人的存在的基本结构。由此，在黑格尔那里的"正题"与"反题"的悖谬，在"合题"这个更高的层次上得到了"调和"。克尔凯郭尔所说的"存在"，即人的生活的悖谬，在克尔凯郭尔看来，是根深蒂固的。

克尔凯郭尔一直谈论的只是他自己。而黑格尔把个体当成他体系中的一个例子来谈论。克尔凯郭尔在某种意义上也能普遍地谈论个体，但是他的普遍陈述不是将个体普遍化。更确切地说，他是"根据它们运用于单个的人的存在的这一事实"，来谈论"运用于全部的普遍性"，因为每一个人都是一个个体。在克尔凯郭尔看来，当黑格尔把历史解释为一个逻辑上合理的事件序列和一个遵循必然路线的过程时，他就否定了现实和偶然性，因而也否定了个体。这种对黑格尔的驳斥是对全部哲学体系的驳斥。在克尔凯郭尔看来，黑格尔哲学在某种程度上抹煞了个体及其个性、情感、想象力、激情、信仰等精神层面，本身的存在意义被否定了。黑格尔哲学还是对良知的蒙蔽。克尔凯郭尔甘愿为他的同胞充当讽刺的牛虻，刺激他们，让他们了解自己的无知，让他们觉察人群中隐藏的危险，从而珍惜自己作为个体的独特存在。

第二，克尔凯郭尔心理学哲学对"异化"思想批判。德语中的"异化"(entfremdung)一词愿意为"疏远、绝交"。德国哲学家费希特首先把"异化"思想引入"自我意识"的哲学论域中，此后，黑格尔将"异化"纳入"绝对理念"的概念体系，将"异化"视为一种逻辑中介和被超越的状态。

在马克思那里，"异化"的内涵得到进一步发展，可以说，异化的范畴贯穿于马克思主义思想的始终，无论是青年马克思或者成熟时期的马克思,都没有放弃对异化的运用,两个时期的马克思的不同之处在于角度的转换,即从青年马克思的道德伦理角度向成熟时期马克思的历史必然角度的转换。可以看出,道德伦理角度的异化,是以谴责资本主义社会中工人阶级遭受的非人待遇为特点的,对异化持有否定态度。历史必然角度的异化是以承认异化在历史上的必然性和积极性为特征的,认为共产主义以及个体的全面发展的实现,是经过"普遍异化"的炼狱之后产生的必然结果。

　　克尔凯郭尔对异化思想的批判,主要体现在对时代异化的批判、对主体异化的批判、对社会活动的异化批判和对人际关系异化的批判。克尔凯郭尔对时代异化的批判,源于对他所生活的时代与法国大革命时代的对比与反思。他认为法国大革命时代是充满激情的、勇于推翻一切的、富于革命精神的时代。这种革命年代人们赞成激昂的善,强烈谴责恶。而他所处的当今时代单调贫乏,缺乏激情和创造力,人们沉迷于虚假,不敢行动,不敢承担责任,造成了时代的异化。人们公开赞成善,却私下里亵渎它。人们小心谨慎,沉溺于反思,把反思看成避免做出选择的逃命与借口。生活在惰性生活方式中,不愿意冒险做出决定,也不愿意采取行动,倾向于用浮夸式的可能性来诱骗自己,缺乏激情,沉迷于宣传和好辩之中,驻足于虚幻的无限可能的王国。为此,他做出了精彩、生动的比喻:"大革命时代,大众为滑冰者能在薄冰上滑行和大胆的冒险而喝彩,当今时代的大众为滑冰者在安全边缘上的滑行技巧而喝彩。这种称赞不是为滑冰者能更进一步,因为前进任何一步越界都是愚蠢的和不谨慎的。在大革命时代,观看滑冰者冒险行为的人受到鼓舞而去效仿,当没有达到标准程度时,会觉得卑下;当今的时代只有对戏剧化笑话的空洞赞颂,懒惰和消极伪装成为活力和创造力。"

　　第三,克尔凯郭尔的存在心理学哲学思想。尽管对于当今的一些心理学工作者来说,克尔凯郭尔还是一位比较陌生的人物,但作为颇有影响的思想家和哲学家,他的思想已经为不少西方思想家接受和传播,并且成为今日西方文化的一个重要组成部分。克尔凯郭尔及其思想产生的时代因素和社会因素对于现在依然具有影响。克尔凯郭尔本人所表达的个体的恐惧、绝望等苦难还没有消失,他所关注的理性和信仰的矛盾还没有消除,他所描述的人的存在的心理状态,在一定程度上也是 21 世纪西方普遍存在的状态。他的心理学哲学思想,对于当今的心理学界产生了重要影响。因此,了解、研究、批判克尔凯郭尔的心理学哲学思想,成为当代心理学工作者需要完成的一项重要使命。

克尔凯郭尔认为,黑格尔创造了世界上最完整的思想体系,但却偏偏遗漏了哲学最主要的问题"存在"(exist)。"存在"对应的拉丁语词汇是 eksistere,意思是"站到……之外"。"之外"是有待实现的各种各样可能生活的领域,存在就是选择并实现一种可能性生活。克尔凯郭尔强调的自由,就是强调选择的无依据和不确定性。按照无个性的理性规则和公认的道德准则行事,不是自由的选择,而是像被马拉着的不由自主的人,那并非存在的正确方式。自由选择总是朝着一个目标的飞跃(leap),而非偏离目标的堕落。这种飞跃,就是个体在有限的生活中实现无限可能性的过程,是不断努力的过程。

克尔凯郭尔对个体存在之脆弱深感惋惜。他对理性主义抱有不信任的乃至敌对的情绪。克尔凯郭尔把人的问题看作是自己的问题,把人的自由放在高于一切的地位,重视人的处境和人的心理问题研究,以他的血和肉来撰写他的奇文,认为主观的激情就是存在,主观的信仰就是存在。

克尔凯郭尔强调个体存在的独特性。他认为个体的存在是"唯一者"(the unique one)的存在,激情是由于个体意识到有限和无限之间的矛盾、由于个体的无常不定而激发出来。个体的存在是个体不断认识自己、同时也不断面临危险的、却又必须完成的任务。存在还是一种思想的活力。这种思想不是去压抑而是磨练创造力的沉思。他认为存在和思想既相互矛盾,同时又有着本质的联系,一旦个体去思考存在,个体也就消灭了存在,但由于个体思考着存在，个体才存在，因此，存在是生命的强烈颤动，是主观的敏感点。

克尔凯郭尔强调时间的主观性。他认为时间是一种由转折组成的、不断跳跃的、不能被解释的、不连贯的生成。这种主观性的时间有一个中心，这个中心就是永恒将自身转化为人的这一荒谬的瞬间（moment），也是化身的瞬间。因此，在克尔凯郭尔看来，未来就是个体可以感受到的未来，是个体为自己安排的可以实现的任务。

克尔凯郭尔强调主观的可能性。他对于可能性的论述源于对黑格尔体系的批判。在克尔凯郭尔看来，可能性是人的生活和行动必不可少的氧气。然而黑格尔并没有给真正有生命的可能性保有一点预留，他剥夺了人的生活和行动所必不可少的氧气，把可能性变成了不可能，从而世界变得令人窒息。而克尔凯郭尔相信，世界充满了使个体可以进行自我超越的可能性，也是个体可以摆脱诱惑的可能性。

克尔凯郭尔还关注瞬间的主观性。他认为，化身的瞬间是历史的中心。这个瞬间可以使个体去掉思想的概念化习惯，被想象成在真正的过去和未来的连接中的生成，但同时瞬间又把个体提高到过去和未来的水平之上，使瞬间成为时间和永恒的相调。

第四，克尔凯郭尔哲学思想的绝望思想研究。克尔凯郭尔的绝望思想以个体生存体验为基点，生动地勾勒出绝望的状态与类型，认为孤独的个体只有运用意识深刻地领会绝望，才能获得信仰拯救的契机。克尔凯郭尔的绝望体验以及在绝望中寻求救赎与希望的观点，与鲁迅的"反抗哲学"在某种意义上形成了精神上的回响。鲁迅通过揭发病态社会下不幸的人们的病苦，拷问现代中国人的灵魂，引起疗救的注意。[①] 他通过剖析人们

---

① 鲁迅：《我怎么做起小说来》，《鲁迅全集》第四卷，北京：人民文学出版社，1981年，第512页。

的精神痛苦,比如华老栓的愚昧精神、闰土的心灵麻木、祥林嫂的恐怖心理、单四嫂子的空虚,以及知识分子的精神创伤和心理危机,引导人们在绝望中对社会、对人自身进行反抗。"鲁迅的小说在结构上往往有一个'定点':或者是情节上人物的死亡,或是情感、心理上的绝望;又反弹出死后之生,绝望后的挑战,然后戛然而止:这当然不是纯粹的结构技巧,而是内蕴着'反抗绝望'的鲁迅哲学和他的生命体验的。"①鲁迅用虚妄和希望之否定诠释着绝望的含义,把对绝望的反抗作为一种生存态度,赋予了孤独、荒诞的个体生存的意义。这种反抗就不是对希望的肯定,而是个体的自由选择。

第五,克尔凯郭尔哲学思想对西方马克思主义哲学的启示。克尔凯郭尔的存在哲学思想为西方马克思主义者提供了批判资本主义社会令人绝望的现实哲学依据,并且描绘了具有乌托邦色彩的理想蓝图,探寻了人类解放的可能。现代资本主义社会,工具理性和科学技术不断从解放人、确认人本质的文化力量转化为束缚和统治人的异化力量。受克尔凯郭尔思想的启发,西方马克思主义者深刻体会到西方资本主义社会的危机和资本主义意识形态的欺骗性,以及资本主义社会在精神文化方面对人的奴役、控制和异化。西方马克思主义作为一种影响广泛的社会思潮,以改造、拯救资本主义异化现实中文化困境和人的精神世界为目标,理论具有乌托邦和救赎的色彩,也是源于绝望之后的希望,体现了对现代西方社会中人的命运的关怀,对社会的批判展现了人本主义的立场。

中国众多的心理学工作者并不熟悉克尔凯郭尔哲学思想的心理学内蕴,及时回顾克尔凯郭尔的心理学、哲学思想内涵,就显得格外重要。沃尔特·劳瑞早在 20 世纪 40 年代左右就翻译了大量的克尔凯郭尔著作(他为了翻译克尔凯郭尔,在年事已高

---

① 钱理群、温儒敏、吴福辉:《中国现代文学三十年》修订本,北京:北京大学出版社,1998 年,第 43 页。

的情况下发奋学习丹麦语),而他写的传记,入木三分地刻画克尔凯郭尔的生平,并且引用了克尔凯郭尔的不少文本,进一步推动了克尔凯郭尔在欧美世界的流行,可以视为克尔凯郭尔著作的一本经典入门读物。

《哥本哈根的守夜人——克尔凯郭尔短暂的一生》中文版的问世,既是耗时耗力、又是具有创造性的事情。① 对译者而言,将异域的一部传记力作转化为中文版,本身就是巨大的挑战。这既是译者自我成长的过程,也是痛苦并快乐的心路历程,还是与作者心意相通、共感互动的过程。优秀的译著不仅要求译者对作者的专业素养、知识背景、文字功底、表达方式具有清晰的把握,同时也要求译者充分考虑读者的阅读习惯、文化习俗和价值判断,这对译者来说何尝不是莫大的考验。我与田王晋健博士为了使本书的译稿达到"信、达、雅",就一些疑难字句的把握可谓殚精竭虑,查阅了大量的哲学、美学、心理学等领域的专著和工具书,就某些术语表达反复斟酌,辛苦程度不言自明。田王博士对克尔凯郭尔情有独钟,见解深刻,曾公派到哥本哈根大学克尔凯郭尔研究中心学习13个月,并走访了不少与克尔凯郭尔相关的地点。他负责翻译的《索伦·克尔凯郭尔:丹麦黄金时代的苏格拉底》(华夏出版社,2019年)《索伦·克尔凯郭尔:爱的物品,爱的作为》(上海三联书店,2022年)《丹麦语语法大全》(西南交通大学出版社,2022年年底或2023年年初出版)等书体现出他深厚的学术造诣、精益求精的治学态度、细腻清晰的写作文风、真诚通达的人格魅力。这些优点无不让我敬佩和折服。与田王博士的合作过程愉快而默契,这本译著亦是我们深情厚谊的真切见证。或许若干年后回过头来再看,他正如一位生在中国的"沃尔特·劳瑞",兢兢业业地翻译克尔凯郭尔的著作,并传

---

① 本书的第一个中文版由孟祥森先生翻译并在台湾出版,加上已过去数十年,对大陆读者影响较小。见[美国]Walter Lowrie:《存在主义先河:齐克果一生的故事》,孟祥森译,台北:商务印书馆,1984年。

播其思想。

　　本篇译者跋放置书后，与书前田王晋健的译者序形成呼应，使这本传记的结构更为完整。为了准确地向读者介绍传主克尔凯郭尔的思想，我首先要保证译文忠于原文，但这并不代表我完全赞同作者的观点。克尔凯郭尔是一位具有浓郁的西方意识形态的思想家，某些学术观点和言论未必能为我国的读者所接受。相信读者们凭借高度的鉴别能力，在阅读过程中有能力做出自己独立的分析和判断。

刘邦春

2022 年 7 月 28 日

于北京怀柔雁栖湖畔